安徽省省级质量工程一流教材项目成果
普通高校国际经济与贸易应用型本科系列规划教材

商务谈判

主编　杨 桔　韩 梅

中国科学技术大学出版社

内容简介

本书在介绍商务谈判基本概念的基础上，论述商务谈判的理论基础，介绍商务谈判人员的组织与管理，商务谈判战略规划、各阶段的策略、僵局处理策略，商务谈判中的语言和非语言沟通技巧，以及世界不同国家和地区的商务谈判风格、礼仪与禁忌等。注重基本概念的讲解，并对知识点进行拓展，以期学生在掌握基础知识的基础上，能够进一步提升理论修养。

本书可作为高等院校管理学和经济学等学科门类下各专业学生使用的教材。

图书在版编目(CIP)数据

商务谈判 / 杨桔，韩梅主编. -- 合肥 ：中国科学技术大学出版社，2025. 5. -- ISBN 978-7-312-06234-6

Ⅰ. F715. 4

中国国家版本馆 CIP 数据核字第 2025K61C83 号

商务谈判

SHANGWU TANPAN

出版 中国科学技术大学出版社
安徽省合肥市金寨路 96 号，230026
http://press. ustc. edu. cn
https://zgkxjsdxcbs. tmall. com

印刷 合肥华苑印刷包装有限公司

发行 中国科学技术大学出版社

开本 787 mm×1092 mm 1/16

印张 15. 5

字数 384 千

版次 2025 年 5 月第 1 版

印次 2025 年 5 月第 1 次印刷

定价 58. 00 元

前　　言

随着我国市场经济稳步发展，对外开放不断深化，国内经济主体之间开展商务活动越来越频繁，我国企业与国外厂商进行的交往和合作越来越紧密，商务谈判在这个过程中功能渐显，发挥着不可替代的作用，已经发展成为沟通信息、促进交易、提供服务的重要桥梁和纽带。

当前，从国内外的情况来看，商务谈判相关的教材和书籍数量繁多，种类多样。本书在广泛参考和引用国内外权威专家学者提出的观点和理论的基础上，力求去粗取精，去伪存真，成为一本理论与实践相结合、知识与能力相融通、案例与实务相互补，适合高等院校管理学和经济学等学科门类下各专业学生使用的教材。

全书共分为11章，第一章和第二章介绍商务谈判的概念、特点、构成要素、基本原则、基本程序和相关分类，围绕商务谈判的基本概念进行概述；第三章论述商务谈判的理论基础，重在说明商务谈判过程中的思维导向；第四章阐述商务谈判人员的组织与管理，强调团队分工协作的重要性；第五章至第七章分别阐明商务谈判战略规划、各阶段的策略、僵局处理策略，旨在说明商务谈判是一个完整的过程；第八章至第十章分别描述商务谈判中的语言和非语言沟通技巧、礼仪、风格，强调如果要取得商务谈判的成功，商务谈判人员要注重礼仪、适应风格和运用技巧；第十一章阐述世界不同国家和地区的商务谈判风格、礼仪与禁忌，为开展国际商务谈判提供有益的指导。各个章节在编写过程中，非常注重基本概念的讲解，并在一定程度上进行知识点的拓展，以期学生在掌握基础知识的基础上，能够进一步提升理论修养，为后续的学术深造打下坚实的基础。

本书的特色具体表现在以下方面：

一是前瞻性。本书吸纳国内外同行专家学者的最新理论研究成果，同时根据市场最新的发展趋势，立足国内外经济社会现状，进行理论体系和知识体系的构建，从而确保相关理论既满足当下的需要，又能为未来的发展做好准备。本书深入推进党的二十大精神进课堂，安排了能够体现党的二十大精神的分析案例或知识链接。

二是实用性。本书以培养实用的商务谈判能力为重点，以商务谈判过程为切入点，着重阐明在商务谈判各个环节中应如何准备、如何进行、如何结束等，从而提高学生处理问题和解决问题的能力。

三是系统性。在编写过程中，每章通过“学习目标”明确章节的学习任务，通过“导入案例”引起学生深入学习的兴趣。在正文部分，适当添加“知识链接”，进一步拓展知识面。在每章正文后面，有“内容提要”“关键词”模块，帮助学生复习相关知识点，进一步掌握重难点。通过设置"复习思考题""应用训练",提升学生将理论知识转化为实践技能的能力。

本书为安徽省省级质量工程一流教材项目(2021yljc129)成果。皖西学院杨桔、合肥师范学院韩梅担任主编;皖西学院查林涛、邹春艳、倪辰琛及合肥师范学院李洋担任副主编;此外,皖西学院张正琴、姜丹丹、何琴、李敏洁,南昌航空大学科技学院周丰镭,合肥师范学院曹国志参加了本书的编写。其中,杨桔编写第一章,韩梅编写第二章,邹春艳编写第三章,张正琴编写第四章,倪辰琛编写第五章,李洋编写第六章,曹国志编写第七章,姜丹丹编写第八章,查林涛编写第九章,李敏洁和周丰镭编写第十章,何琴编写第十一章。

本书在编写过程中,参考了有关书籍、论文和资料等,在此谨向这些作者表示诚挚的谢意。由于编者的学识和写作水平有限,书中难免存在疏漏与不足之处,敬请指教匡正。

编　者

2025 年 1 月 18 日

目　　录

第一章　商务谈判概述

学习目标

掌握商务谈判的概念、特点；熟悉商务谈判的特征；了解商务谈判的程序。

导入案例

C和D两家互联网公司进行商务谈判，C公司在社交网络领域有优势，D公司在电商平台运营方面经验丰富。双方希望通过合作，整合资源，打造一个社交电商平台。

谈判开始，C公司提出以自己的社交用户流量为基础，与D公司的电商平台进行嫁接，双方按照用户引流后的交易金额分成。D公司则认为C公司的流量质量和精准度需要评估，而且在平台整合过程中，双方的技术对接成本和风险需要明确分担方式。

在用户数据共享方面，C公司希望能够获取D公司电商平台用户的部分购买行为数据，用于优化社交平台的广告推送；D公司担心用户数据安全和隐私问题，对数据共享持谨慎态度。

为了推动合作，双方成立了联合项目小组，对流量质量、技术对接成本、用户数据安全等问题进行详细分析。经过多次讨论，确定了流量质量评估标准和技术对接的责任分工。

在用户数据共享方面，双方制定了严格的数据加密和隐私保护协议，规定了C公司获取和使用用户数据的范围和方式，确保用户数据的安全。

最终，双方确定了合作模式，按照一定比例分成用户引流后的交易金额，同时在技术、数据等方面明确了各自的责任和权利，成功打造了一个社交电商平台。

第一节　商务谈判的概念及特点

说起谈判，大家通常认为与我们的日常生活毫不相关，似乎只是存在于政府组织之间或者公司之间。然而，事实上，谈判充斥在我们生活的方方面面，其包含的内容非常广泛。就国家而言，国与国之间为了政治利益、经济利益、军事利益等需要进行谈判；就企业而言，企业可以从与政府进行的谈判中获得政策支持，从与竞争对手的谈判中达成利益联盟，从与目标客户的谈判中得到经济利益；就个人而言，人们可能会为假期时间的安排与家人和朋友磋商，为工作的具体分工与同事沟通、讨论，等等。这些我们都可以称之为谈判。因此，谈判普遍存在于人们生活的各个方面。只要社会中存在利益冲突，存在追求目标的差异，就需要进行谈判。谈判可以是正式的谈判，也可以是非正式的谈判。

一、谈判的含义和动因

为了更好地阐述商务谈判的含义，我们有必要先来了解一下谈判的含义。

（一）谈判的含义

谈判（negotiation）的含义比较宽泛，不同的人从不同的角度出发，就会产生不同的理解，所以给谈判下一个准确的定义是比较困难的。但是，学者们还是从多个角度对谈判进行了描述。法国谈判学家克里斯托夫·杜邦（C. Dupont）在《谈判的行为、理论与应用》一书中，从社会关系角度阐述了谈判的含义，即，谈判是相互对立、相互依存的双方，为了消除分歧，达成协议，而进行的一种创造、维持、发展两者之间关系的面对面的活动。英国谈判学家马什（P. D. V. Marsh）则在《合同谈判手册》一书中明确指出，所谓谈判是指有关各方为了自身的目的，在一项涉及各方利益的事务中进行磋商，并通过调整各自提出的条件，最终达成一项各方较为满意的协议，是一个不断协调的过程。美国法学教授罗杰·费希尔（R. Fisher）和谈判专家威廉·尤瑞（W. Ury）合著的《谈判技巧》一书把谈判定义为"谈判是为达成某种协议而进行的交往"。美国谈判协会会长杰勒德·尼伦伯格（G. I. Nierenberg）在《谈判的艺术》一书中所给出的定义最具有代表性：谈判是人们为了改变相互关系而交换观点，或为某种目的企求取得一致，并进行磋商的一系列活动。

从上述内容可以看出，谈判的含义至少包括以下几个方面内容：

第一，谈判是建立在人们需要的基础上。尼伦伯格指出，当人们需要交换意见、改变关系或寻求同意时，人们开始谈判。需要包括物质的需要、精神的需要、低级的需要和高级的需要。需要推动人们进行谈判，需要越强烈，谈判的动因就越明确。

第二，谈判是至少涉及两方的交际活动。从采购员与推销员的一对一谈判，到联合国的多边谈判，都说明谈判至少要有两方及以上的参加者。谈判是一种交际活动，需要运用交际手段、交际策略实现交易的目的。这是谈判活动与人类其他行为的重要区别。

第三，谈判寻求建立或改善人们的社会关系。人们的一切活动都是以一定的社会关系为背景的。买卖活动看起来是买卖行为，但实际上是商品的所有者和货币持有者之间的关系。买卖行为之所以能发生，取决于买方和卖方建立新的关系。谈判的目的是要获得某种利益，要实现追求的利益，就需要建立新的社会关系，或改善原有的社会关系，而这种关系的建立是通过谈判实现的。

第四，谈判是一种协调行为的过程。任何谈判协议的达成，都是寻求协调、达到统一的结果。没有达成协议，则是协调活动的失败。谈判的整个过程，就是提出问题和要求，进行协商，又出现矛盾，再进一步协商的过程。这个过程可能会重复多次，直至谈判终结。

第五，选择恰当的谈判时间、地点。谈判是两方及以上面对面地接触，这就需要选择谈判时间和谈判地点。一般来讲，是谈判各方根据实际需要协商确定的。谈判的参与者都十分重视选择恰当的时间和地点。这在政治谈判和军事谈判中尤为重要。例如，20 世纪 70 年代，越南人和美国人的停战谈判将地点选择在法国巴黎。

综上所述，本书认为，谈判是指参与各方出于某种需要，在一定的时空条件下，采取协调行为的过程。

（二）谈判的动因

人类为什么要谈判呢？从本质上说，谈判的直接原因是因为参与谈判的各方有自己的需要，或者是自己所代表的某个组织有某种需要，而一方需要的满足又可能无视他方的需要。

因此，谈判各方参加谈判的主要目的，就不能仅仅以追求自己的需要为出发点，而是应该通过交换观点进行磋商，共同寻找使各方都能接受的方案。

例如，发展中国家与发达国家谈判建立一个合资企业，由发展中国家提供生产场地，发达国家提供先进技术。发达国家的目的和需要可能是：利用技术上的优势，通过举办合资企业的形式，绕过直接贸易的障碍，开拓发展中国家广阔的市场或扩大原有市场份额，以期获得长期丰厚的利润。而发展中国家的目的和需要可能是：利用先进技术，提高本国的生产水平，进而积极争取出口，开拓国际市场。

综上所述，谈判的动因可以归纳为以下几个方面：

(1) 追求利益。在谈判过程中，各方为了自身的目的，在一项涉及各方利益的事务中进行磋商，所以谈判的动因之一就是追求利益。例如工人和厂方谈判，是由于工人希望能改善工作环境、提高工资待遇，而厂方却希望以尽量少的投入获得尽量大的利润，双方都在追求各自的利益。

(2) 谋求合作。尽管谈判各方会考虑自身的利益，但只有合作才能满足各自利益。工人和厂方虽有对立的一面，但二者之间也是一种相互依赖的关系，只有合作才能满足各自利益。

(3) 寻求共识。在人类历史上，因争夺有限的资源曾爆发过多次战争。随着社会文明的进步，人们已逐渐认识到，谈判是避免和解决冲突的有效手段，通过谈判来达成分享资源的协议，是寻求利益满足的有效方式。

二、商务谈判的概念和特点

(一) 商务谈判的概念

商务谈判(business negotiation)集中于经济领域，是指参与各方为了协调、改善彼此之间的经济关系，满足贸易的需求，而围绕标的物的交易条件，通过信息交流、磋商协议等活动达到交易目的的行为过程。商务谈判是商务活动的基础和核心，贯穿于整个商务活动之中。

(二) 商务谈判的特点

1. 商务谈判既是一门学科，又是一门艺术

商务谈判是一门科学，它需要人们利用经济学、历史学乃至数学等各方面的知识，来为对方摆事实、讲道理，说服对方做出让步，在这个过程中，还要运用心理学的知识，从细微处引导对方，抓住对方的弱点，来达到自己的目的。

同时，商务谈判还是一门艺术。在谈判的过程中，利益各方就共同关心或者感兴趣的问题进行相互磋商，协调和调整各自的经济利益，做出适当的让步，从而使各方都感到是在有利的条件下达成协议，促成利益均衡。谈判的目的就是协调利害冲突，实现共同利益。

2. 商务谈判以价格为谈判核心

商务谈判本身就是一项经济活动，而经济活动要求讲究经济效益，要讲经济效益就必须与成本挂钩。谈判成本包括：谈判桌上的成本、谈判过程的成本和谈判的机会成本。与其他谈判相比，商务谈判更为重视经济效益。不考虑经济效益的商务谈判，本身就是失败的。虽

然在谈判的过程中，交易各方可能会受到政治、经济、外交等各方面的制约，但所有的谈判要点都是在现有的格局下取得最大的经济利益，这一首要目标是不变的。

商务谈判所涉及的要素不仅包括价格，当然价格在经济利益中永远居于核心地位，价格的高低会直接影响到谈判各方之间经济利益的分割。假设企业的生产成本不变，价格越高，所产生的利润也就越大；反之，价格越低，产生的利润也就越小。但在经济活动中，需要注意的是，经济利益的最大化并不单纯地表现在价格上，获利的大小受到多种条件的制约，比如，产品在市场上的运营机制、付款形式、付款时间、产品质量、运输条款等。商务谈判各方在综合考虑到所有影响因素后，进行适当的互相让步，来为己方争取最大化的经济利益。

3. 商务谈判的对象具有不确定性和广泛性

商务谈判的不确定性和广泛性意味着其对象没有特定的范围。例如，军事谈判和外交谈判，其谈判对象通常是确定的。货物交易是社会生活的一个基本内容。从理论上讲，每个人都可能成为卖方，也可能成为买方。在竞争市场上，买卖双方都有权利选择最合适的交易对象。因此，交易对象是不确定的。商务谈判人员应能够掌握市场供求关系的变化情况，处理好与现在客户和潜在客户的关系。

4. 商务谈判是互利性的谈判

商务谈判参与各方的目的是统一的，即，通过商务谈判取得各方都可以接受的结果，成功的商务谈判是互利共赢的。信奉“零和博弈”的商务谈判是不可持续的。

5. 商务谈判需注重书面合同条款的严密性与准确性

商务谈判的结果是通过由参与谈判的各方协商一致达成的协议或合同来体现的。合同条款实质上反映了各方的权利和义务。因此，合同条款的严密性与准确性是保障谈判各方获得利益的重要前提。有些谈判者在商务谈判中花了很多精力，好不容易为自己获得了较有利的结果。对方为了得到合同，也迫不得已做了许多让步。这时，该谈判者似乎已经获得了这场谈判的胜利。但是，如果在拟订合同条款时掉以轻心，不注重合同条款的严密、准确、合理、合法，可能会被谈判对手在条款措辞或表达技巧上引入歧途。这不仅会把即将到手的利益丧失殆尽，而且还可能为此付出沉重的代价。不注重合同条款的严密性与准确性的做法在商务谈判中屡见不鲜。因此，在商务谈判中，谈判者不仅要重视口头的承诺，更要重视书面合同条款的严密性与准确性。

第二节　商务谈判的构成要素

从广义来看，商务谈判通常由三个要素构成：谈判当事人、谈判标的和谈判背景。

一、谈判当事人

商务谈判当事人是指主持谈判、参与谈判的人员以及与交易利益相关的人员。当事人出现的形式有两种：一种是谈判的台前当事人，即直接参与谈判；另一种是不直接与对方谈判，而是为台前的谈判人员出谋划策或准备文件资料的人员。

（一）谈判的台前当事人

1. 两职分离的当事人

谈判的台前当事人是指实际参与谈判的人员，其核心成员是主谈人与谈判组长。其中，主谈人是谈判桌上的主要发言人，也是谈判的组织者。一般在谈判队伍中应有一名商务主谈人和一名技术主谈人。谈判组长是交易一方在谈判台前的领导者，肩负着交易一方实施谈判目标的任务。虽然他在谈判桌上不是主要发言人，但有权发言。发言内容可以是补充主谈人的论述，也可以独立回答或驳斥对方。作为谈判组长，要深刻理解己方的谈判目标，熟悉标的技术特征，组织能力要强，且应注重工作方法灵活。

由于主谈人和谈判组长均是重要的谈判组织者，因此，他们之间的配合是很重要的。原则上，整个谈判组的所有活动应由谈判组长负责，如，组织谈判前的方案准备、谈判桌上协助主谈人实现目标、谈判后进行小结以及及时向上级请示汇报。主谈人在方案的准备过程中，应在服从谈判组长领导的前提下，在每场谈判中担任主要发言人。无论出现何种情况，在谈判桌上，主谈人和谈判组长应互相尊重、互相合作。

2. 两职合一的当事人

当谈判组长与主谈人为同一人时，该当事人兼具两者的作用与功能。作为两职合一的人员，更应该随时保持清醒头脑，切忌主观片面，要力求客观。尤其要向行政或企业主管多请示汇报，争取理解和指导，并且冷静虚心听取谈判小组其他成员的意见。

（二）谈判的台后当事人

谈判的台后当事人主要是指负责该项谈判业务的主管领导，以及虽身处谈判组，但不直接参加谈判的辅助人员，他们负责为谈判的台前当事人准备相关资料。

谈判的台后当事人对谈判的结果具有重要的影响。其中，领导的职责主要是在谈判组成立后，要明确谈判成员的分工、谈判方案、谈判目标以及谈判战略战术上的安排，听取参与谈判人员的汇报并适当参与谈判过程中。而辅助人员的作用也很重要，尤其是在大型的谈判中，涉及的面很广，资料翻译、查询、分析都需要人力去完成。准备得越充分，掌握的资料越多，则谈判取得成功的概率就越大。

二、谈判标的

谈判标的是谈判的核心，是一切谈判活动的中心。标的决定当事方的谈判参加人，各方所属企业、部门乃至政府的态度，同时决定谈判的组织准备工作的方式及内容。商务谈判的标的是谈判各方当事人的权利义务共同指向的客观对象，是权利与义务的基础。

商务谈判的标的几乎没有什么限制，类别十分广泛。可以说，任何可以买卖的有形、无形产品都可以作为谈判标的。有形标的包括所有的固态、液态、气态物体。无形标的包括文化、艺术、服务、知识、技术等。

三、谈判背景

谈判环境是指商务谈判所处的客观条件，任何谈判都不可能孤立地进行，必须处在一定的客观条件下并受其制约。谈判环境对谈判的发展过程有着重要的影响，是其不可忽视的要件。谈判环境既包括外部的大环境，如政治环境、经济环境、市场环境和文化环境等，又包括谈判的小环境，如时间、地点等。

第三节　商务谈判的基本原则

商务谈判作为一项重要的商务活动，必须遵循一些重要的基本原则。

一、守法诚信原则

任何商务谈判都是在一定的法律环境下进行的，法律规范制约着商务谈判的内容和方法。在进行谈判时，一定要按照参与方国家或地区的法律及有关规定进行，以免徒劳无功，甚至造成无法估量的后果。具体而言，守法原则要求谈判主体必须合法，谈判内容必须合法，谈判行为必须合法，以及签订的合同必须合法。

谈判主体合法指的是谈判方必须具备谈判资格。谈判内容合法指的是参与方谈判的项目内容必须是合法的。谈判行为合法指的是谈判所使用的手段是正当的。只有在满足上述条件的情况下，经过谈判签署的所有文件才具有法律效力。这也就要求谈判过程中参与各方的发言，尤其是书面材料，必须符合参与各方所在国家或地区的法律及国际惯例的规定和要求，否则谈判的内容不能得到有效的保护和执行。

在遵守法律的同时，谈判的参与方也要在诚信的基础上进行交流。诚信作为商务谈判的前提与基础，是谈判者应当信守的商业道德准则，贯穿于整个商务谈判活动的全过程，对谈判活动至关重要。商务谈判的目的与对象决定了谈判者必须讲诚信。谈判技巧的运用要以诚信作为前提，谈判的成本费用与谈判效率的高低在很大程度上也取决于诚信度，这是减少或者避免在协议履行过程中的争议甚至纠纷的前提条件。有些企业在谈判过程中，不顾自己企业实际情况，盲目答应对方苛刻要求，更有甚者，虚夸自己的生产能力、产品质量等关键因素，使合同订立在虚假甚至是欺诈之上。这种企业即使一时获得谈判对象的信任，取得谈判的成功，签订商务合同。在后续合同履约的过程当中，也会因为不能够按照合同条款执行而被终止合作，甚至被告上法庭。

二、平等互利原则

在商务谈判中，平等与互利是相互依存的，平等是互利的前提，互利是平等的目的。平等互利是进行商务谈判的出发点，如果谈判各方不能进行平等的磋商，互惠互利，那么也就不可能有真正意义上的谈判。

平等原则是商务谈判的基础，不论谈判各方的经济实力、规模如何，谈判各方的主体地位都应该是平等的。谈判各方对所交易的项目、条件都拥有同等地位的决定权。

互利原则作为商务谈判的目标，是指谈判各方都能够从所达成的协议中获得一定利益。互利原则是以平等原则为基础的，只有平等，才能互利。另外，坚持互利的同时，还应重视合作。如果没有合作，互利也就无法真正实现。谈判各方在追求自身利益的同时，要尊重对方的利益追求，立足互补合作，实现互利互惠。

三、求同存异原则

求同存异原则，又称为相容原则，即，要在符合己方总体目标的基础上，在某些方面能容忍谈判其他各方存在与己方利益不尽一致的要求。谈判各方的利益要求若完全一致，就无须谈判。正是因为各方意见、目标等存在分歧谈判才得以进行。商务谈判就是通过协商来弥合分歧使各方利益目标趋于一致而最后达成协议的过程。如果各方互不相让，就会使分歧扩大，甚至导致谈判破裂。而如果想使一切分歧意见皆求得一致，在谈判上既不可能又无必要。求同存异原则正是“求大同，存小异”。谈判各方应谋求共同利益，妥善解决和尽量忽略非实质性的差异。这是商务谈判成功的重要条件。

在商务谈判中，谋求共同利益是第一位的。“求同”是使谈判顺利进行和达到预期目的的基础。谈判各方从固有的立场出发，是难以取得一致的，只有瞄准利益，才有可能找到共同之处。商务谈判的目的是促使各方利益达到一致，并非要求立场相同。所以，要把谈判的重点放在各方的利益上，而不是立场上，应以谋求共同利益为目标。求利益的“大同”也不是求到完全相同，只要在总体上和原则上达到一致即可。“求同”是互利的重要内容，如果谈判者只追求自己的利益，不考虑对方的利益，不注重各方的共同利益，势必扩大对立，中断谈判，各方均不能有所得。一项成功的商务谈判，并不是置对方于一败涂地，而是各方达成互利的协议。谈判者都本着谋求共同利益的态度参与谈判，各方均能不同程度地达到自己的目的。

林肯曾说过：“我展开并赢得一场谈判的方式，是先找到一个共同的赞同点。”谈判各方的不同利益需要可分为相容性利益需要和排斥性利益需要。对于相容性利益需要，双方能各取所需，互为补充，互相满足。对于排斥性利益需要，只要不与上述原则要求相悖，允许存在于谈判协议之中。

因此，要在商务谈判中实现“求大同、存小异”，就需要对谈判中的分歧做出适当的妥协让步。这并不是指没有原则的妥协退让，而是做出一种姿态，互让互信。既要坚持、维护己方的利益，又要考虑、满足对方的利益，兼顾各方利益，谋求共同利益。对于难以协调的非基本利益分歧，面临不妥协不利于达成谈判协议的局面，可做出必要的让步。妥协让步的实质是以退为进，促进谈判的顺利进行并达成协议。

知识链接1-1

一家服装品牌公司A和一家面料供应商B进行合作谈判。A公司以设计时尚、高品质的服装著称，希望寻找新的面料供应商，为下一季服装系列提供新颖的面料；B公司是一家具有创新能力的面料生产商，开发出了一系列新型环保面料，正积极寻找服装品牌合作方来推广这些面料。

1. 寻找共同利益

A公司谈判团队代表首先发言：“我们对贵公司的新型面料很感兴趣，我们公司一直致力于推出环保、时尚的服装系列，而你们的面料在环保方面的理念与我们非常契合。我们希望通过合作，打造一个具有市场竞争力的服装系列。”

B公司代表回应：“我们也很期待与贵公司合作。我们的面料不仅环保，而且在质感和色彩上有独特的创新，这可以帮助贵公司的服装在设计上更具吸引力。我们相信双方的合作能够实现双赢,共同开拓市场。"

2. 出现分歧

A 公司采购负责人说:"我们在考虑成本控制,因为服装市场竞争激烈,我们需要在保证质量的同时,尽量降低成本。贵公司的面料价格相对较高,我们希望能有一定的价格优惠,否则会影响我们的利润空间。"

B 公司销售代表解释:"我们的面料价格高是因为在环保材料研发和生产工艺上投入了大量成本。而且,这种新型面料的产量目前还比较有限,成本很难在短时间内降低。"

A 公司生产部门人员提出:"我们在推出新系列服装时,通常会先进行小批量生产,测试市场反应。贵公司要求的最小起订量对我们来说有点高,这会增加我们的库存风险。"

B 公司生产部门人员回应:"我们的生产流程是基于一定的规模经济设计的,较小的起订量会增加我们的生产成本,而且不利于我们对原材料的采购和生产计划安排。"

3. 求同存异策略应用

双方认识到价格是一个关键的分歧点,但都不想因为价格问题放弃合作。于是,他们开始寻找折中方案。A 公司提出可以与 B 公司签订一个长期合作合同,承诺在未来一定期限内逐步增加采购量,以换取 B 公司在价格上的适当让步。B 公司考虑到长期合作带来的稳定订单和市场推广机会,同意降低一定比例的价格,并根据 A 公司的采购量增长情况,提供进一步的价格优惠。

经过讨论,双方同意在首次合作时,B 公司在最小起订量上给予 A 公司一定的灵活性,允许 A 公司以稍低于最小起订量的数量进行试订单,但价格会稍微上浮。同时,A 公司承诺,如果试订单的服装市场反应良好,后续的订单量会按照 B 公司的最小起订量要求执行,并且会在生产计划上提前与 B 公司沟通,以便双方更好地协调。

谈判结果:通过运用求同存异原则,A 公司和 B 公司成功达成了合作协议。A 公司获得了具有竞争力的新型环保面料,能够用于设计新一季的服装系列;B 公司找到了一个有实力的服装品牌合作方,为其新型面料开拓了市场,同时也在价格和起订量上达成了双方都能接受的方案,为未来的长期合作奠定了良好的基础。

在商务谈判中,双方首先明确了共同利益,即合作推出环保、时尚的服装系列,开拓市场。当面对价格和最小起订量等分歧时,他们没有坚持各自的立场,而是通过求同存异的方式,寻找双方都能接受的折中方案。这种谈判策略使得双方能够在保留各自核心利益的基础上,化解分歧,达成合作,体现了求同存异原则在商务谈判中的重要性。

四、共赢原则

在商务活动中,谈判的双方或多方有着一定的共同利益,但他们之间也存在商业利益的冲突和矛盾。商务谈判是谈判各方当事人在追求共同商业目标,实现商业利益过程中一个不断化解冲突、实现谈判者最大利益的手段。谈判各方首先要树立"共赢"的观念兼顾各方利益。一场谈判的结局应该使谈判各方都有"赢"的感觉,各方才能持续合作。只要一方觉得输了,即使谈判结果暂时得到执行,最终也不会长久。

知识链接 1-2

2018 年 3 月 14 日,中国电子旗下企业深科技(菲律宾)有限公司(简称深科技)正式开业。这是继泰国、马来西亚两大海外制造基地开业投产以来，深科技在海外工厂事业版图布局中落下的第三子。该工厂占地面积4371平方米，计划产能为2条表面组装技术(SMT)生产线。

深科技(菲律宾公司)的建立，一方面优化了深科技的国际产业布局，方便更好地为客户提供高质量的产品与服务，另一方面，深科技将自身先进的生产技术与经验带到菲律宾，极大程度带动了当地就业，促进当地制造业发展，为该地区的社会经济发展做出了贡献，走出了一条“中菲”共赢之路。

(资料来源：国有资产监督管理委员会. http://www.sasac.gov.cn/content.html.)

第四节　商务谈判的基本程序

商务谈判的程序给谈判者提供了一个谈判的基本框架，一般而言，商务谈判需要经过前期准备、正式谈判和谈判后期三个阶段。

一、前期准备阶段

《孙子兵法·谋攻篇》中说：“故曰：知己知彼，百战不殆。不知彼而知己者，一胜一负。不知彼，不知己，每战必殆。”也就是说，在战争中，既了解敌人，也了解自己，便能百战百胜；不了解敌人，只了解自己，胜利、失败便交替到来；既不了解敌人，又不了解自己，则每战必败。这一军事理论体现出的思想已被广泛运用在商务谈判中。

“知彼”要求谈判者了解对方谈判的目的、对方谈判可以获取的经济利益、对方谈判的底线、对方谈判可能采用的战略战术以及对方谈判的人员构成等。“知己”要求谈判者对自己的谈判目的、在谈判中要达到的最低目标、己方产品的优势与劣势、己方参与谈判人员的长处与短处甚至谈判主导者个人的风格都要有深切的把握。

而谈判的前期准备阶段就是要做好“知己知彼”。具体而言，前期准备阶段需要做的工作主要包括以下内容：

(一) 谈判的背景调查

商务谈判是在一定的政治、经济、文化、宗教以及法律背景下进行的。对谈判宏观背景的把握程度会直接或间接地影响谈判的结果。因此，在进行商务谈判前，首先应对谈判的背景进行全面的调研与分析，这样才能组织好谈判的人员，制定出相应的谈判策略。由于商务谈判的对象可能涉及来自不同国家或地区的人员，要想全面、准确地了解对方的政治、经济及社会背景，并不是一件容易的事情。但每个国家或地区的政治、经济、文化背景的形成并不是孤立的，它一定是由该国家或地区长期形成的具有特色的生活方式、消费习惯、价值观念等因素影响的。作为谈判者了解谈判对手所属国家或地区的风俗习惯、政治、经济、文化背景等方面内容，有的放矢，采取适当的谈判策略，取得谈判成功的可能性会增加。

(二) 谈判人员的组织

谈判是一个长期、艰难的过程，需要谈判参与者的配合，因此合理选择谈判人员是做好谈判准备工作的重要环节。不同类型的谈判对人员的要求也有所不同。参加谈判的人员和人数应视不同交易而定。对于较为简单的谈判应该选择少数全能型的谈判人员参与；对于大型的、内容复杂的谈判，既需要公司领导的参与，又需要技术人员、法律人员和财务人员的参与。

（三）谈判资料的准备

为了更好地了解谈判对手、制定恰当的谈判策略、解决谈判中出现的问题、取得谈判的成功，必须通过各种途径搜集谈判资料。谈判资料可以通过国际组织、政府部门、服务组织、网络媒体等多种渠道获得。其主要内容包括地方法律和法规，目标市场的区位、交通，谈判对手的资信、经营历史、偿债能力和其他财务状况、产品国际市场价格等。

（四）谈判目标的确定

在对各个潜在谈判对象的政治、经济、文化背景、资信情况、经营范围、经营能力等进行充分的调查和了解后，可以对潜在的谈判对象进行排序，确定最适合的交易伙伴，从而开展谈判活动。在此基础上，谈判方可以运用数据分析、统计等方法确定谈判的目标，该目标应该是具体、明确的。一般包括三个层次的谈判目标：最优期望目标、可接受目标和最低限度目标。

（五）谈判的时空选择

谈判的时空选择，是指对谈判时间及地点的选择。

谈判时间的适当与否，会很大程度上影响谈判的结果。因此，谈判者进行谈判决策时，不能对谈判时间的选择掉以轻心。在选择谈判时间时，需要考虑到谈判者的情绪、季节和气候、准备时间等因素。

谈判地点的选择也会影响到谈判者的心理。选择对自己有利的场合，可以增强谈判者的信息或谈判的力量。美国谈判学家和心理学家泰勒尔曾经做过一个有趣的实验。结果表明，许多人在自己家的客厅里与人谈话，比在别人客厅里更能够说服对方。因为人们有一种常见的心理状况，即在自己“所属领域”的谈判行为，无须分心于熟悉环境和适应环境，所以谈判的成功概率就高。反之，在自己不熟悉的环境中进行谈判，往往容易变得无所适从，结果导致谈判的失利。

（六）谈判方案的制定

在所有前期准备工作中，最为重要的就是谈判方案的制定。准备充分、论证合理的谈判方案是保证谈判取得预期结果的前提。

在制定谈判方案时，需要在充分调查谈判对象和市场环境的前提下，结合自身的优势劣势，经过政策、法律、经济效益等多方面综合比较、衡量，确定谈判的总体思想、方针和策略、谈判各阶段的目标、谈判交易的条件、谈判让步的方法及谈判冲突的预测和解决方法等。

（七）谈判模拟

谈判模拟是谈判前准备工作的最后一个阶段，是谈判前的“彩排”。它有助于谈判人员获得实际谈判的经验，有助于确定谈判方案是否可行，从而达到提高谈判能力的目的。

二、正式谈判阶段

正式谈判阶段又称为实质性谈判阶段，指的是谈判各方就谈判的内容和条件进行谈判的过程。从谈判各方见面寒暄开始,到最后确立关系,签订协议或谈判失败中止,经历开局、报价、磋商、终结四个环节。

(一) 开局阶段

开局环节并不涉及具体内容的谈判,主要是相互介绍、寒暄的过程。虽然其占用的时间不长,但在整个谈判中居于非常重要的地位。它为后续的谈判奠定了基调。热烈、积极、友好的开局比较适合商务谈判的进行,冷淡、对立、紧张的开局会使谈判各方处于对峙状态。

开局阶段的谈判气氛的营造取决于谈判的策略和技巧,同时,也取决于谈判各方之间的关系、谈判各方的实力、谈判人员之间的关系等因素。

知识链接 1-3

一个经济实力较弱的小厂和一个经济实力较强的大厂在进行谈判时,小厂的谈判人员为了消除对方的疑虑,向对方表示道:"我们摊子小,实力不够强,但人实在,信誉好,产品质量符合贵方的要求,而且成本较其他厂家低,愿意真诚平等地与贵方合作。谈得成也好,谈不成也好,我们起码可以与你们交个朋友,向贵方学习生产、经营及谈判的经验。"肺腑之言,不仅可以表明自己的开局意图,而且可以消除对方的戒心,赢得对方的好感和信赖,这无疑会有助于谈判的深入进行。

(资料来源:汪遵瑛. 商务谈判[M]. 上海:复旦大学出版社,2012.)

(二) 报价阶段

这是谈判正式开始的阶段。在这一阶段,谈判各方用简短的语言概略地表达自己的目标及想法,让对方基本把握你的意图;同时,隐藏不想让对方知道的其他信息。

在报价阶段,谈判人员除了要说,更重要的是听,在倾听的时候要积极思考,了解对方来谈判的真实意图,明确谈判各方的基本价值区域,找到谈判各方可以讨价还价的协议区及其临界点。另外,对方在陈述时,往往会通过一些形体语言表达出其真实的意图。因此,谈判的参加者要善于观察,并做出准确判断。

知识链接 1-4

美国加州一家机械厂的老板哈罗德准备出售三台更新下来的机床,有一家公司闻讯前来洽购。哈罗德先生十分高兴,细细一盘算,准备开价 360 万美元,即每台 120 万美元。当谈判进入实质阶段,哈罗德先生正欲报价,却突然打住,暗想:"可否先听听对方的想法?"结果对方在对这几台机器的磨损与故障做了一系列的分析和评价之后说:"看来,我公司最多只能以每台 140 万美元的价格买下这三台机床,多一分钱也不行。"哈罗德先生大为惊喜,竭力掩饰住内心的欢喜,装作不满意,讨价还价了一番,最后顺利成交。

(资料来源:张详. 国际商务谈判原则、方法、艺术[M]. 北京:社会科学文献出版社,2014.)

(三) 磋商阶段

磋商阶段是谈判的主要阶段。谈判各方经过开局、报价阶段,基本了解对方谈判的临界点和争取点、协议区。为了使协议点向有利的一方倾斜,各方要进行艰苦的磋商。在磋商阶段，每一方都会列举大量的事实与理由来阐述自己的观点，并随时准备针对对方提出的论据进行质疑与反驳。谈判各方间的对立状态在这阶段会真正显现出来，气氛趋向紧张，因此必须有心理准备。当然，磋商阶段并不能证明一方强于另一方，而是要求找出各方合作的可能性以及妥协的范围。在磋商阶段，谈判人员要充分地运用听、问、答、叙述及说服等沟通技巧。

（四）让步阶段

在磋商阶段，在各方讨价还价后，交易条件越来越接近各自的目标。各方已经把握了可能妥协的范围，开始寻求妥协的途径。谁应该向对方妥协让步，有时是很棘手的问题。但妥协范围最终界定后，各方均做出一定让步，并从对方的让步中得到相应的补偿，取得预期的谈判目标，获得令谈判各方都满意的结果。

三、谈判后期阶段

经过前期准备和正式谈判之后，商务谈判进入成交阶段，此时谈判各方仍然不能掉以轻心。

在谈判的成交阶段，各方应在达成的初步协议的基础上，及时对谈判的内容进行记录和整理。在各方确认无误的条件下，签订书面合同。我国《公司法》规定，合同的订立、修改或终止必须以书面形式表示。书面合同可以是正式的合同，也可以是确认书、协议、备忘录、意向书或者委托订购单等。在签订书面合同时，需要认真核对合同的内容是否与谈判内容完全一致、各方不同语言版本的合同条款是否一致以及合同内容是否与谈判中涉及的各种批文、许可证内容一致等。

◆内容提要

本章主要介绍了商务谈判的概念及特点、构成要素、基本原则及基本程序。

◆关键词

商务谈判　商务谈判构成要素　商务谈判的原则　商务谈判的基本程序

◆复习思考题

1. 商务谈判的概念与特点是什么？
2. 请说明商务谈判的程序。
3. 商务谈判应遵循哪些原则？
4. 商务谈判的构成要素有哪些？

◆思考案例

美国一家公司的商务代表迈克尔到法国进行一场贸易谈判，受到法国公司代表的热烈欢迎。法方代表亲自驾车到机场迎接，然后又把迈克尔安排在一家豪华宾馆，使迈克尔有一种宾至如归的感觉，对法方有了很好的印象。

一切安排完毕之后，法国人似无意间问起："迈克尔先生您是不是要准时回国呢？到时还是由我送您去机场。"迈克尔告知了对方自己回程的日期，并感谢对方的安排。从迈克尔的回答，法方得知了迈克尔此行的时间是十天。

接下来，法方安排迈克尔尽情游览，娱乐节目十分丰富。直到迈克尔到法的第七天才开始谈判，但很快草草结束。第八天重新开始后仍草草收场，第九天还是没有取得实质性进展。直到最后一天，当双方谈到关键问题时，来接迈克尔去机场的车到了，主人建议余下的问题在车上接着谈，迈克尔进退维谷，只好从命。如果不同意，此行白跑一趟；如果不讨价还价，似乎又不甘心。权衡利弊，最终迈克尔只好答应了法国方面的全部条件。

试分析：

1. 法国人用了何种方法知道了迈克尔的行期？

2. 迈克尔被法国人牵着鼻子走的原因是什么？

第二章　商务谈判的分类

学习目标

熟悉商务谈判的基本分类；掌握商品贸易谈判、技术贸易谈判的主要内容与特点；了解服务贸易谈判、合资合作谈判、工程承包谈判和租赁谈判的主要内容与特点。

导入案例

日本某公司和我国烟台市食品进出口公司就一笔海产品生意进行洽谈，合同的各项条款基本上达成了一致，日商提出验货后再签合同。在验货中，日商提出所验货物有风干和泛油的现象，要求再取一部分检验。中方业务人员由于经验不足、专业知识不牢固，不能正确解答问题的原因，而一味地对顾客讲，“我们的货物都是这样的，没必要再验。”由此使顾客丧失信心，此笔生意未能成交。

日商只能从另外一家食品进出口公司进货，并提出了同样的问题。这家的业务人员经验较丰富、专业知识较好，向日商做了耐心详细的解释。指出风干现象是塑料封闭不严和存放时间稍长所致，出现风干的部位是在冻块的边沿，其余部分均为冰所覆盖，并不影响商品的质量；泛油现象则是在商品加工、冷冻过程中，由于低温所致而出现的物理现象，并不影响商品的质量，如对方不相信，可以化冻检验。日商接受了业务人员的建议，进行了化冻检验，认为质量没有问题，双方愉快地签订了合同。

（资料来源：https://max.book118.com/html/2022/0710/8035011133004116.shtm.）

第一节　商务谈判的基本分类

按照不同的标准，商务谈判有不同的分类。

一、按照谈判内容分类

企业经济活动的多样性决定了商务谈判内容的多样性和复杂性。谈判的内容不同，所涉及的合同条款和谈判策略都存在差别。

（一）商品贸易谈判

商品贸易谈判指的是买卖双方就买卖商品的价格、品质、数量、支付条款、运输条款、保险、争议解决方法等内容进行的谈判。商品贸易谈判是最常见的一种商务谈判。

（二）技术贸易谈判和服务贸易谈判

1. 技术贸易谈判

技术贸易谈判是指技术的接收方（即买方）与技术的转让方（即卖方）就转让技术的形式、内容、质量规定、使用范围、价格条件、支付方式，以及各方在转让中的一些权利、责任和义务关系问题所进行的谈判。

2. 服务贸易谈判

服务贸易谈判指的是谈判各方就建筑及相关工程服务、通信服务、金融服务、运输服务、旅游服务、环境服务、商业服务等内容的谈判。从广义上讲，服务贸易谈判指的是国与国之间展开的有关服务部门市场准入、人员流动水平等内容的谈判。从狭义上讲，服务贸易谈判指的是企业与企业之间在以上服务领域围绕有关维护、维修、劳务服务等内容进行的谈判。

（三）合资、合作谈判

合资经营是由两个或两个以上国家或地区的企业、经济组织或个人按一定资金比例联合投资，共同新建企业的一种生产经营方式。合作经营通常是指两个或两个以上的国家或地区的企业、经济组织或个人，通过各方协商同意，共同从事某项产品的研究、制造或销售，或者某个项目的经营，合作者之间依合同的约定投入资金、技术、设备以及劳务，并依据合同的约定分享权益和分担风险。合资、合作谈判是指各方当事人就合资、合作事宜开展的谈判。

（四）索赔谈判

索赔谈判是指在商务活动中，由于合同一方的过失对另一方造成损害，或由于非不可抗力因素使合同一方没有完全履行或不能履行合同时所进行的谈判。

该种谈判与其他类型谈判的区别在于：首先，需要确认责任在哪一方；其次，要根据确定的损害、违约的程度对赔偿金额和赔偿期限做出协商。

二、按照谈判规模分类

按照谈判规模分类，可以分为大、中、小型谈判。根据英国谈判学家比尔·斯科特的分类方法，如果一宗谈判涉及的金额巨大、内容复杂，并且各方参与的当事人数量超过 12 人，可以认为是大型谈判；如果一宗谈判涉及的金额较大，内容较为复杂，且各方参与的人数在 4～12 人之间，可以认为是中型的谈判；如果一宗谈判所涉及的金额不大，内容不复杂，且各方参与人数少于 4 人，则属于小型谈判。

这种划分方法不在于严格界定人数和涉及金额，主要是通过谈判规模的划分，针对不同的类型选择不同的谈判人员构成、采用不同的谈判策略。小型谈判参加的人数不多，持续时间相对较短，谈判人员的能力要求较高。尤其是一对一的个体谈判，需要选择全能型的谈判人员。因为整个过程均是一个人独立应付全局，难以及时得到同伴的帮助和支持，这就要求谈判者有独立掌控全局的知识和才干，需要知识广博、反应灵敏的人员来充当个体谈判者，才能够在谈判桌上明确分辨对方意图，随时、有效地将公司利益结合自己的判断贯彻到谈判中去。而大、中型谈判的参加人数较多，需要强调的是内部组员的行为，既要有分工，又要讲究合作，允许在内部讨论时提出不同意见，但对外要保持高度一致，要强调民主集中制，又要在关键时刻体现出谈判负责人的权威性和决断力。

三、按照谈判地点分类

根据谈判所在地不同，可以把谈判分为主场谈判、客场谈判、主客场轮流谈判和第三地点谈判（中立地谈判）四种。不同的谈判地点会影响谈判方谈判的心态、谈判的战略和战术。

（一）主场谈判

主场谈判指的是当事人在其所在地进行谈判，这里的所在地可以狭义地理解为公司所在地、城市所在地，也可以广义地理解为国家所在地。

主场谈判会使谈判者占尽天时、地利、人和，对环境的熟悉会使主场谈判者在心理上占有极大的优势，在谈判过程中可以起到提升信心的作用。所以，在条件允许的情况下，有经验的谈判者通常会选择主场谈判。

（二）客场谈判

客场谈判指的是在谈判对方所在地进行的谈判。客场谈判通常便于考察对方的硬件设施，对下一步的合作进行现场考察，降低投资风险。客场谈判会使远离主场的谈判一方在心理上处于先天的弱势地位。但另一方面，也可能会促使谈判者产生破釜沉舟、背水一战的感觉，从而取得意想不到的结果。

（三）主客场轮流谈判

主客场轮流谈判是指谈判依次在主场、客场轮流进行。主客场轮流谈判适用于持续时间较长、涉及金额较大、交易较为复杂的谈判，采取更换谈判地点有助于各方互相考察对方经济实力。这种谈判通常采取换场不换帅的方式，偶尔也会根据实际情况，更换谈判主帅。

（四）第三地点谈判（或中立地谈判）

第三地点谈判，又称中立地谈判，是指谈判地点设在第三地的商务谈判。第三地点谈判避免了地域上的优势，使得各方的地位比较平等，谈判环境较为公平，但会造成谈判成本的提高。

知识链接 2-1

日本的钢铁和煤炭资源短缺，渴望购买煤和铁。澳大利亚生产煤和铁，并且在国际贸易中不愁找不到买主。按理来说，日本人应该到澳大利亚去谈生意。但日本人总是想尽办法把澳大利亚人请到日本来谈生意。

澳大利亚人一般都比较谨慎，讲究礼仪，而不会过分侵犯东道主的权益。澳大利亚人到了日本，使日本方面和澳大利亚方面在谈判桌上的相互地位就发生了显著的变化。澳大利亚人过惯了舒适生活，他们的谈判代表到了日本之后，没过几天，就急于想回到故乡的游泳池、海滨和妻儿身旁去，在谈判桌上常常表现出急躁的情绪；而作为东道主的日本谈判代表则不慌不忙地讨价还价，他们掌握了谈判桌上的主动权。结果日本方面仅仅花费了少量款待作“鱼饵”，就钓到了“大鱼”，取得了大量谈判桌上难以获得的东西。

（资料来源：王宝山．商务谈判[M]．武汉：武汉理工大学出版社，2011.）

四、按照参加谈判的主体数量分类

按照参加谈判的主体数量不同，可以分为双边谈判和多边谈判。

双边谈判是指谈判主体只有两方当事人的谈判；多边谈判指的是谈判主体由两个以上利益主体构成。

双边谈判的谈判主体只涉及当事人两方，利益关系较为明确具体，涉及的谈判客体较为简单。谈判当事人在了解对方背景、需求、目的及在谈判现场的应变上，都较为单一，只把精力集中在所面对的一方当事人上即可，故比较容易达成一致的意见，容易达到目的甚至取得突破。

多边谈判的利益主体较多，在一方谋求较大权益的同时，可能会侵害其他多个当事人的利益，容易引起其他当事人的联合抵制。这就需要在各个利益主体之间，先进行小范围协商，取得一致意见之后，再去和其他的利益主体进一步商讨，逐步达成大范围的共识。多边谈判往往要比双边谈判多花费数倍的精力，需要对全局的把握更加全面和精准。

知识链接2-2

2001年11月10日，世界贸易组织(WTO)第四次部长级会议做出决定，接纳中国加入WTO。这意味着历经15年的奋争与期待，中国终于昂首跨入WTO大门！

毫无疑问，中国加入WTO谈判是多边贸易体制史上最艰难的一次较量，在世界谈判史上也极为罕见。自1986年7月10日中国正式向WTO前身——关贸总协定(GATT)递交复关申请起，国内外无数次预测这场谈判的时间表。但谁也不曾料到，由于谈判逐步被“政治化”及其本身的艰巨性、复杂性、特殊性和敏感性，这一谈就是15个春秋。中国代表团换了4任团长，美国换了5位首席谈判代表，欧盟换了4位谈判代表。从1987年就担任GATT(后为WTO)中国工作组主席的瑞士人吉拉德说，当初履新伊始，有人戏称他这个主席也许得干10年。吉拉德不以为然地大笑，岂知到头来竟干了14年半！

谈判大致可分为三大阶段：第一阶段从20世纪80年代初到1986年7月，主要是酝酿、准备复关事宜；第二阶段从1987年2月到1992年10月，主要是审议中国经贸体制，中方要回答的中心题目是到底要搞市场经济还是计划经济；第三阶段从1992年10月到2001年9月，中方进入实质性谈判，即双边市场准入谈判和围绕起草中国加入WTO法律文件的多边谈判。

1994年底，因以美国为首的一些发达成员漫天要价，无理阻挠，中国复关未果。1995年1月，WTO取代GATT；同年，中方决定申请加入WTO，并根据要求，与WTO的37个成员开始了拉锯式的双边谈判。从1997年5月与匈牙利最先达成协议，到2001年9月13日与最后一个谈判对手墨西哥达成协议，直至2001年9月17日WTO中国工作组第十八次会议通过中国加入WTO法律文件，这期间起伏跌宕，山重水复。而最难打的硬仗，莫过于中美谈判，其次是中欧谈判，其中中美谈判进行了25轮，中欧谈判进行了15轮。

备受瞩目的中美谈判范围广、内容多、难度大，美国凭借其经济实力，要价非常高，立场非常强硬，谈判又不时受到各种政治因素干扰。对此，党中央、国务院以大局为重，审时度势，运筹帷幄。在最后一轮中美谈判中，我方代表坚持原则，经过6天6夜的艰苦谈判，这场最关键的战役取得双赢的结果，于1999年11月15日签署了双边协议，从而使加入WTO谈判取得突破性进展，为谈判的最终成功铺平了道路。次年5月18日，中欧谈判几经周折后也正式达成双边协议。那么,为什么会谈得这么细、这么苦、这么久?

原外经贸部首席谈判代表、原中国代表团团长龙永图坦率地说:谈了15年,我们在原则问题上坚持了15年。如果我们什么都答应的话,谈判早就结束了。谈判过程之难,时间之长,正说明我国为维护自身根本利益所付出的巨大努力。另一方面,谈判多打几个回合,也为国内产业和企业争取了固本强体的缓冲期。

面对一个又一个WTO成员,中方力争的焦点是什么?

原外经贸部部长石广生说,经过改革开放,尽管我国综合国力和企业抗风险能力日益增强,但总体上国内产业素质和竞争力与国外差距甚大。所以,谈判的核心,就是市场开放的速度和力度必须与我国的经济发展水平相一致,这是我们的底线。双边谈判的核心问题是确保我国以发展中国家地位加入,多边谈判的核心问题是确保权利与义务的平衡,具体内容包括关税、非关税措施、农业、知识产权、服务业开放等一系列问题,而农业和服务业又是双方相持不下的难点。中国是一个农业大国,如何保障加入WTO后9亿农民享有合理、平等的贸易待遇并保证其收入增长?服务业是发展现代化经济的主动力,发达国家服务贸易额占其GDP的70%~80%,而我国的这一比例仅为30%左右,如何促使服务业在放开后能有一个稳妥有序的过渡期?

寸步不让的意志比拼,唇枪舌剑的讨价还价,15年来的每一场谈判,中方"从来不打算减少一美元、从来没想少说一个字来求得妥协"。经过艰苦斗争,美欧等发达国家不得不同意"以灵活务实的态度解决中国的发展中国家地位问题",中方最终与所有WTO成员就我国加入WTO后若干年市场开放的领域、时间和程度等达成了协议。双边谈判的结果是平衡的,符合WTO的规定和我国经济发展的水平。这样,第一,我国赢得了过渡期和市场开放的主导权;第二,我国在经济可以承受的范围内做出了必要的灵活反应;第三,迫使谈判对方在谈判中满足了我方一些最根本的要求,例如美国承诺给予我国永久正常贸易关系(即最惠国待遇),放弃一般保障条款(即在我国加入WTO后美随时可与我方中断WTO关系的条款),同意放宽高技术对华出口限制等。从长长的加入WTO谈判清单上也不难发现,中方代表为国内产业赢得了宝贵的调整时间和必要的保护手段。

还需要说明的是,我们在谈判中承诺的只是一种市场准入机会,而非实际采购义务。如小麦,我国加入WTO后第一年的关税配额量是730万吨,这个数字用的是我国1995—1997年的平均进口量,实际是否进口和进口多少,要取决于我们国内市场的实际需求和商业条件。还有,在某些服务领域承诺"允许"外资企业从事一定范围的业务,但"允许"不等于不要审批,不等于没有条件,不等于没有管理。比如对外资银行在华开展业务包括设立分支机构等,必须要根据我国的法律、法规进行审批。再如同意每年允许进口20部分账电影,不是一定要进口那么多,20部只是最高限。具体进口多少还要经过审批,按照国内的法规审查影片内容。此外,还要看市场有无需求。

在多边谈判中,中方通过不懈努力,使多边谈判的最终结果与我国法律制度的基本原则、与WTO的基本原则和要求、与我国建立和完善社会主义市场经济的需要、与我国经济发展水平和产业的承受能力相一致,最大限度地做到了在不违背国际惯例的前提下对我国有利。如按照WTO规定,发达国家对发展中国家实施的纺织品配额限制在2005年之前取消,一些西方国家为保护自己的纺织工业,在谈判中要求2005年后继续对我国纺织品实行配额限制直到2009年。对此,我国坚决予以拒绝,使对方最终被迫同意2005年之前取消配额。纺织品谈判的结果,为加入WTO后我国纺织品获得更大的国际市场份额创造了重要的利好因素。

既是谈判，双方必定有得有失，天下找不到免费午餐。在取得长远好处的同时，也要按照 WTO 规则承担相应义务。这不能视为简单的让步，遵循规则是每一个负责任的国家的义务。倘若要说让步，那加入 WTO 的所有成员都曾做出了让步。让步是为了进步，我们对国际社会的开放，换来的将是国际社会对我们的更大开放。中国加入 WTO 做出了两项庄严承诺：承诺遵守国际规则办事，承诺逐步开放市场，这不但有助于消除"中国威胁论"，为对外开放营造良好的国际环境，也有助于增加国外投资者的信心，不断完善投资环境，使中国经济成为世界经济的有机组成部分。

（资料来源：https://www.gov.cn/ztzl/content_87675.htm.）

五、按照谈判主体接触的方式分类

按照谈判主体接触的方式不同，可以分为面对面谈判、函电谈判、电话谈判和网络谈判。

在面对面谈判中，谈判主体当面接触，有助于各方谈判人员思想感情的交流。任何人在当面的交流中也不能保证感情不受影响而产生波动。因此，面对面谈判可以通过观察对方的言行、面部表情、身体姿态等，来判断对方的思维走向，进而通过适时地调整谈判策略和谈判方式等，来达到谈判目的。

函电谈判侧重于将谈判的条件、目的等写在纸面上，适用于交易条件较为规范，内容比较简单的谈判。这种谈判方式的缺点是，传递的信息量通常会受到限制，不便于谈判各方的进一步沟通、交流，对一些复杂的谈判过程不适用。

电话谈判就是借助电话通信进行信息沟通、协商，寻求达成交易的一种谈判方式。它是一种间接的、口头的谈判方式，具有快速、方便、联系广泛的特点。电话谈判方式也包括探询、约谈、成交、签约等步骤。各方在洽谈之前，都需要做有关的准备工作；洽谈开始，进行简短的寒暄；洽谈过程中，进行讨价还价；洽谈之后，要记录整理有关情况和资料。

网络谈判是借助互联网进行协商、对话的一种特殊的谈判方式。网络谈判具有谈判快速、联系广泛、可以备查等特点，既可使企业、客户掌控他们需要的最新信息，又能使谈判双方有时间进行充分的分析，加强了信息沟通，有利于慎重决策。同时网络谈判可以使企业减少人员开销、差旅费、招待费以及管理费等，因此降低了谈判成本。但网络谈判会使商务信息公开化导致竞争对手的加入；还有互联网的故障、病毒可能会影响商务谈判的开展。

六、按照谈判主体所采用的态度分类

按照该分类标准，通常可分为立场型谈判、让步型谈判和原则性谈判。

（一）立场型谈判

立场型谈判，也称硬式谈判，是指谈判者以意志力的较量为手段，很少顾及或根本不顾及对方的利益。谈判者将对方视为对手，以取得己方胜利为目的，要求对方让步作为建立关系的前提条件。立场型谈判对任何问题都态度强硬，绝不相信对方，坚持立场，甚至向对方发出威胁。立场型谈判有明显的局限性，一般应用于以下两种情况：一是一次性交往，这种谈判必然是"一锤子买卖"，也就是为了取得一次胜利拿未来的合作做赌注；二是实力相差悬殊，在这种情况下，己方处于绝对优势。

（二）让步型谈判

让步型谈判也称为软式谈判，是一种为了保持同对方的某种关系而做出退让、妥协的谈判。在谈判中，谈判者为了维系与对方的关系或者是为了“全局”的利益而在“局部”放弃，为了达成协议而准备随时采取让步的态度。谈判者如遇到对方不予合作时，极易受到损失，故在实践中要谨慎采用该种谈判方式。

（三）原则型谈判

原则型谈判最早由美国哈佛大学谈判研究中心提出，故又称为哈佛谈判术。原则型谈判是指谈判者在谈判中，既重视经济利益，又重视人际关系；既不回避对立的一面，又更加重视去发现和挖掘合作的一面的谈判。在谈判中，参加者把对方看作与自己并肩战斗的同事，既非朋友又非敌人，他们不像让步型谈判那样只强调各方的关系而忽视已方利益的获取，也不像立场型谈判那样只坚持本方的立场，不顾对方的利益，而是竭力寻求各方利益上的共同点。采用此种方式的谈判者认为，评价谈判是否成功的标准不应该是一方所取得的经济利益，而应该是谈判本身的价值；谈判协议不应该是一方意志力影响的结果，而是主张按照共同接受的具有客观公正性的原则和公平价值来取得协议，而不简单地依靠具体问题来讨价还价；原则型谈判是一种激励性又富有人情味的谈判方式，因此，该种谈判方式在现代被商界广泛采用。

表 2.1 为以上三种谈判类型的比较。

表 2.1　立场型、让步型、原则型谈判的比较

		立场型谈判	让步型谈判	原则型谈判
目　　的		赢得胜利	达成协议	圆满有效地解决问题
策略	对手	将对方视为敌人不信任对方	将对方视为朋友，信任对方	将对方视为问题的共同解决者
	立场	坚持自己的立场	轻易改变自己的立场，坚持要达成协议为增进关系而做出让步	重点放在利益而不是立场上，坚持客观的标准
	出发点	要求对方让步而不顾关系	为增进关系而做出让步	利益为重，坚持客观的标准
方法	手段	对人和事都强硬	对人和事都温和	对人温和，对事强硬
	做法	威胁对方	提出建议	共同探究共同利益
	协议	要有所获才肯让步	为达成协议而让步	达成对双方都有利的协议
	方案	找出自己愿意接受的方案	找出对方能接受的方案	规划多个方案供双方选择
	表现	双方意志力的较量	尽量避免意气用事	根据客观标准达成协议
结　　果		施加压力使对方屈服或谈判破裂	屈服于对方压力之下	服从原则而不服从于压力

第二节　商品贸易谈判

一、商品贸易谈判的特点

虽然商品的种类及用途广泛，性能各异，但商品贸易谈判的内容主要涉及的是价格、数量、重量、质量、原材料、生产工艺、支付方式和交付方式等方面。

商品贸易谈判具有以下特点：第一，难度相对较小。因为大多数实物商品均有通行的技术标准；大多数交易均属于重复性交易；谈判内容大多围绕与实物商品有关的权利和义务。第二，条款比较全面。通常包括实物商品部分谈判、商务部分谈判和法律部分谈判。

二、商品的价格

商品的价格是买卖双方谈判的一个焦点。价格的高低直接关系到买卖双方的实际利益。因此，价格谈判往往是整个谈判过程中最重要也最艰难的一个环节。

商品的价格（单价）包括计量单位、计价货币、单位金额、价格术语等。

商品的价格一般由产品的成本决定。成本可分为可变成本和固定成本，可变成本包括原材料和劳动力等；固定成本是无论生产与否，供应商都必须支付的成本。例如，租金、银行贷款利息、保险费、工资等。

此外，商品价格的确定还与许多交易条件相关，如，商品的品质、购买的数量、支付方式、交货期限、运输方式及交货地点等。在确定最终价格时，应该考虑这些交易条件。

三、商品的数量和重量

（一）商品的数量

确定商品的数量，首先要根据商品的性质，明确所采用的计量单位。在商品的计量单位中，表示重量单位的有吨、公斤、磅等，表示个数单位的有件、双、套、打等，表示面积单位的有平方米、平方英尺等，表示体积单位的有立方米、立方英尺等。在国际贸易中，由于各国采用的度量衡制度不同，同一计量单位所代表的数量也不相同，比如，吨有长吨（2240 磅）、短吨（2000 磅）、公吨（2205 磅）；担有英国担（112 磅）、美国担（100 磅）、中国担（110.2 磅）；加仑有英国加仑（4.564 公升）、美国加仑（3.7853 公升）。因而要掌握各种度量衡之间的换算关系，在谈判中明确规定使用哪一种度量衡制度，以免造成误会和争议。

（二）商品的重量

在贸易实践中，容易引起争议的是商品的重量。因为商品的重量会受到自然界的影响而发生变化。如果交易双方在谈判时没有明确重量的计算方法，在交货时就会因重量问题而发生纠纷。

常用的重量计算方法有两种：一是按毛重计算；二是按净重计算。毛重是商品和包装物的总重量，净重是商品本身的重量。

四、商品的质量

商品的质量是产品具有使用价值的保证。在商务谈判中，各方应明确所交易的货物的质量标准和检验质量标准的方法。具体有以下几种：

（一）以实物表示货物质量的方法

1. 看货买卖

看货买卖是根据现有货物的实际品质进行买卖。常用于寄售、展卖、拍卖当中，尤其适用于具有独特性质的商品。如，珠宝、首饰、字画及特定工艺品等。

2. 凭样品成交

样品是指从一批货物中抽取出来的，或由生产部门、使用部门加工、设计出来的，足以反映和代表整批货物质量的少量实物。包括参考样品和标准样品，其中，标准样品分为买方样品、卖方样品与对等样品。

凭样品成交是指买卖双方按约定的足以代表实际货物的样品，作为交货的品质依据的交易。

（二）以说明表示货物质量的方法

凡以文字、图表、照片等方式来说明货物质量的，均属于此范畴。

1. 凭规格、等级或标准买卖

规格是指用来反映货物质量的一些主要指标，如，成分、含量、纯度、大小、长短、粗细等。商品的规格是反映商品品质的技术指标，例如，化学成分、含量、纯度、大小、长短、粗细等方面的指标。各种商品的品质特征不同，其规格也不相同。买卖双方用规格来表示货物的品质，称为凭规格买卖。凭规格买卖是比较准确的，所以大多数货物交易都采用这种方法。

例如，东北大豆出口的规格，水分含量（最高）为 15%，含油量（最低）为 18%，含杂质（最高）为 1.5%，不完善粒含量（最高）为 8.5%。

货物的等级是同类货物规格差异的分类。根据生产和商务的实践，通常用特级、1 级、2 级、3 级或甲、乙、丙等文字或符号来表示，以反映同类货物中的品质差异。在制定了货物等级的情况下，买卖双方只要说明货物的级别就可以表明双方对货物品质提出要求。

商品的标准是对商品质量以及与质量有关的各方面所做的统一标准，也是相关部门和个人对商品进行质量评定、监督和维护的准则和依据。凡是正式生产的各类商品，都应该符合国家质量标准。商品质量标准是各部门对商品质量产生争议时执行仲裁的依据。我国现行的商品标准主要分为国际标准、国家标准、行业标准和企业标准。

2. 凭说明书和样品买卖

一些精密仪器或专业设备由于构造复杂，无法用指标来反映其全貌，也没有统一标准可以依据，一般以说明书并附以图样、图片、设计图或分析表及各种数据，来说明具体的性能及构造的特点，有时还要订立卖方品质保证条款和技术服务条款。

样品是最初设计加工出来或者从一批货物中抽取出来的，能够代表交易货物品质的少量实物。无论样品由哪一方提出，只要双方确认下来，买卖双方供应的物品必须同样品质量保持一致，为了避免样品与实物品质不一致而引起的纠纷。如果样品由买方提供，卖方在收到样品后可以按照来样复制或提供品质相近的样品供买方确认;如果样品由卖方提供,买方应留存备查。

3. 凭品牌或商标买卖

品牌可以代表货物质量。在商务谈判中,往往只要说明品牌或商标,谈判各方即能明确商品的品质情况,不必再说明规格、等级、标准或提出样品,因为该品牌在市场上已经树立了信誉。但是,采用这种方法进行交易时,在谈判中要注意同一品牌或商标的货物是否来自不同的工厂,以防止货物品质与品牌或商标所代表的品质不一致。

4. 凭产地名称买卖

凭产地名称来进行货物买卖的,往往只要说明产地名称即能明确商品的品质情况,常见于西湖龙井、六安瓜片、黄山毛峰等地理标志产品,但通常会辅以等级说明。如六安瓜片具体可分为极品、精品、通品;通品又包括一级、二级和三级。

五、支付方式

在商品买卖中,支付方式也很重要。不同的支付条件下,尽管支付的价格总额不变,但买卖双方实际的支付数额和收入水平会有很大差异。

(一) 预付款和最终尾款

预付款是指买方在订货时付给对方的货款,当合同标的交付,且检验规定,买方应支付最终尾款。交易双方在谈判中应明确预付款的比例,最终付款的期限、方式以及延期支付的赔偿责任等。

(二) 支付金额和支付货币

支付金额一般是指按合同规定的总金额,大多数情况下支付金额与合同金额是一致的。但在有些情形中,支付金额与合同金额会不一致。例如,分批付款、分批交货,采用浮动价格等。在国内贸易中,支付货币统一规定用人民币;在国际贸易中,支付货币的情况比较复杂,涉及汇率风险的问题。一般应选择兑换比较方便、币值相对稳定的货币作为支付货币。在出口谈判中,应使用汇率上浮的“硬货币”;在进口谈判中,应使用汇率下浮的“软货币”。

(三) 支付方式选择

支付方式涉及支付时间和具体支付方式。在商务谈判中应重视支付时间,支付时间不同,对买卖双方都会有较大影响。

在国内贸易中,货款的结算通常采用现金结算或转账结算方式。在国际贸易中,支付有汇付、托收以及信用证三种基本方式,一般多采用信用证结算。信用证是指由开证行根据开证申请人(买方)的要求和指示向受益人(卖方)开立一定金额的,并在一定期限内凭规定的单据承诺付款的凭证。这种方式克服了汇付和托收的商业信用的风险。

六、商品包装、装运与交付

(一) 商品包装

商品包装主要是为了保护商品,但许多商品需要特殊包装,因此,买卖双方还要对包装的形式、费用进行磋商，明确写入合同条款。

对商品的包装，在谈判中主要应当明确包装材料、包装形式及包装费用。

1. 包装材料

包装材料是指采用何种物质对商品进行包装。如，纸质材料、木质材料、铁质材料等。包装材料直接关系到包装成本，也关系到商品的价格。因此，商品应选择合适的包装材料。

2. 包装形式

包装形式即如何对货物进行包装，如，简易包装、普通包装、豪华包装、复合包装等。

3. 包装费用

按照一般的交易惯例，包装费用是包含在货价之中的。但如果买方对商品包装有特殊要求的，双方可另行商定，或收取额外包装费，或提高该批货物的价格。

（二）装运与交付

在货物买卖过程中，双方在谈判中需要对货物的装运和交付问题做出明确规定，并写在合同中，以保证买卖双方的利益。

1. 运输方式

一方把货物转移给另一方，需要采用一定的运输方式。运输方式不同，运费则不同。双方应在明确由谁支付运费的基础上，规定运输方式及各方应负的责任。运输方式包括：公路运输、铁路运输、航空运输、海洋运输和联合运输等。双方应根据货物的性质、时间、运输成本的要求选择合适的运输方式。

2. 交货时间

在经济活动中为了避免纠纷，应明确规定装运和接交货物的具体时间。

在决定交货时间时，应充分考虑货源情况、运输条件、市场供应情况及货物本身状况等因素。双方在确定交货日期后，应明确如果卖方延期交货或买方不能按期接货所负的责任，以及由此给对方带来的损失应如何赔偿。

3. 交货地点

交易双方在谈判中应明确交货地点，并明确写在合同中。谨防因交货地点过于笼统或不确切，引起在合同履行中的纠纷。交货地点的选择关系到运费和交易价格的高低，同时也和交易双方所承担的责任相关。

七、商品运输保险

货物在运输过程中，货物可能遭受到自然灾害或意外事故从而使货物遭受一定的损失。货物所有者为了转嫁或规避风险，通常都要投保货物运输险。商品运输保险是被保险人或投保人在货物装运以前，估定一定的投保金额（即保险金额），向保险人或承保人（即保险公司）投保货物运输险。被保险的货物如果在运输过程中遭受到经济损失，则保险人负责对保险险别责任范围内的损失，按保险金额及损失程度赔偿保险利益人。因此，大部分商品交易项目都有保险条款。

八、货物检验

货物检验是收货一方对货物的品质、数量和包装进行检验，以确定所售商品是否符合合同规定以及违约的责任归属等。

九、索赔、仲裁与不可抗力

（一）索赔

索赔是指一方对对方未能全部或部分履行合同规定的责任，向对方提出赔偿要求。在谈判时，一般就索赔问题事先进行约定，避免日后产生合同纠纷，在对索赔问题进行谈判时，通常会涉及以下几个方面的内容：

（1）索赔依据。即在什么情况下可以提出索赔要求。

（2）索赔期限。应事先做出期限约定，要求赔偿的一方在什么时间内提出索赔要求才会有效。超过期限则不予受理。

（3）索赔金额。即，要求赔偿的数额，包括赔偿金和违约金。违约金具有惩罚性质，只要确认是违约，违约方就需向对方支付。赔偿金具有补偿性，如果违约金不足以弥补对方的损失，还应进一步赔偿。

（二）仲裁

仲裁是指双方在谈判中商定，在发生争议时，如果协商不能解决，将有关争议提交给双方所同意的第三方进行解决。有关仲裁问题的谈判主要包括仲裁地点、仲裁机构与仲裁效力等方面。

（三）不可抗力

不可抗力是指在合同签订后，发生了当事人不能预见、不能避免和克服的客观事件，以至于影响合同顺利履行，甚至导致合同完全不能履行。不可抗力事件的发生，一种是由自然力量引起的，例如，地震、水灾、火灾等；另一种是由社会力量引起的，例如，战争、政治禁令等。当进行有关不可抗力问题的谈判时，应主要解决的问题包括不可抗力事件的范围、不可抗力事件的后果、出证机构及事件通知等。

知识链接 2-3

国际货物买卖合同(Sales Contract)

合同编号(No.)：________________

签约地(Signed at)：________________

日期(Date)：________________

卖方(Seller)：________________

地址(Address)：________________

电话(Tel)：________________ 传真(Fax)：________________

电子邮箱(E-mail)：________________

买方(Buyer)：________________

地址(Address)：______________________________

电话(Tel)：____________________传真(Fax)：____________________

电子邮箱(E-mail)：____________________________

买卖双方经协商同意按下列条款成交：

The undersigned Seller and Buyer have agreed to close the following transactions according to the terms and conditions set forth as below：

1. 货物名称、规格和质量(Name, Specifications and Quality of Commodity)：

2. 数量(Quantity)：

3. 单价及价格条款(Unit Price and Terms of Delivery)：

除非另有规定,"FOB""CFR"和"CIF"均应依照国际商会制定的《国际贸易术语解释通则》(INCOTERMS 1990)办理。

The terms "FOB" "CFR" or "CIF" shall be subject to the "International Rules for the Interpretation of Trade Terms"(INCOTERMS 1990) provided by International Chamber of Commerce (ICC) unless otherwise stipulated herein.

4. 总价 (Total Amount)：

5. 允许溢短装(More or Less)：____%。

6. 装运期限(Time of Shipment)：

收到可以转船及分批装运之信用证____天内装运。

Within ____ days after receipt of L/C allowing transshipment and partial shipment.

7. 付款条件(Terms of Payment)：

买方须于____前将保兑的、不可撤销的、可转让的、可分割的即期付款信用证开到卖方,该信用证的有效期延至装运期后____天在中国到期,并必须注明允许分批装运和转船。

By Confirmed, Irrevocable, Transferable and Divisible L/C to be available by sight draft to reach the Seller before ____ and to remain valid for negotiation in China until ____ after the Time of Shipment. The L/C must specify that transshipment and partial shipments are allowed.

买方未在规定的时间内开出信用证,卖方有权发出通知取消本合同,或接受买方对本合同未执行的全部或部分,或对因此遭受的损失提出索赔。

The Buyer shall establish the covering Letter of Credit before the above－stipulated time, failing which, the Seller shall have the right to rescind this Contractupon the arrival of the notice at Buyer or to accept whole of and part of this Contract non fulfilled by the Buyer , or to lodge a claim for the direct losses sustained if any.

8. 包装(Packing)：略。

9. 保险(Insurance)：

按发票金额的____%投保____险,由____负责投保。

Covering ____ Risks for ____% of Invoice Value to be effected by the ____.

10. 品质/数量异议(Quality/Quantity discrepancy)：

例如,买方提出索赔,凡属于品质异议必须于货到目的口岸之日起30天内提出,凡属数量异议须于货到目的口岸之日起15天内提出,对所装货物所提任何异议于保险公司、轮船公司、其他有关运输机构或邮递机构所负责者,卖方不负任何责任。

In case of quality discrepancy, claim should be filed by the Buyer within 30 days after the arrival of the goods at port of destination, while for quantity discrepancy, claim should be filed by the Buyer within 15 days after the arrival of the goods at port of destination. It is understood that the Seller shall not be liable for any discrepancy of the goods shipped due to causes for which the Insurance Company, Shipping Company, other Transportation Organization /or Post Office are liable.

11. 由于发生人力不可抗拒的原因,致使本合约不能履行,部分或全部商品延误交货,卖方概不负责。

The Seller shall not be held responsible for failure or delay in delivery of the entire lot or a portion of the goods under this Sales Contract in consequence of any Force Majeure incidents which might occur. Force Majeure as referred to in this contract means unforeseeable, unavoidable and insurmountable objective conditions.

12. 仲裁(Arbitration):

凡因本合同引起的或与本合同有关的任何争议,均应提交中国国际经济贸易仲裁委员会,按照申请仲裁时该会现行有效的仲裁规则进行仲裁。仲裁裁决是终局的,对双方均有约束力。

Any dispute arising from or in connection with this Contract shall be submitted to China International Economic and Trade Arbitration Commission for arbitration which shall be conducted in accordance with the Commission's arbitration rules in effect at the time of applying for arbitration. The arbitral awards are final and binding upon both parties.

13. 通知(Notices):

所有通知用____文写成,并按照如下地址用传真/快件送达给各方。如果地址有变更,一方应在变更后____日内书面通知另一方。

All notices shall be written in ____ and served to both parties by fax/courier according to the following addresses. If any changes of the addresses occur, one party shall inform the other party of the change of address within ____ days after the change.

14. 本合同为中英文两种文本,两种文本具有同等效力。本合同一式____份。自双方签字(盖章)之日起生效。

This Contract is executed in two counterparts each in Chinese and English, each of which shall be deemed equally authentic. This Contract is in ____ copies effective since being signed/sealed by both parties.

The Seller: The Buyer:

卖方签字: 买方签字:

第三节　技术贸易谈判

一、技术的含义及分类

（一）技术的含义

技术是指人们在实践活动中制造某种产品、应用某种工艺或提供某种服务的系统知识。它可以通过文字、语言、图表、数据、配方、软件等方式表达出来，也可以是个人技能或经验的直接传授。它可以用于生产并产生一定的经济效果。

（二）技术的分类

1. 按表现形态的不同，可以分为技能化技术、知识化技术和物化的技术

（1）技能化技术。这种技术一般由掌握它的人在一定条件下通过演示、传授表现出来。

（2）知识化技术。又称为“技术软件”，是借助其他物体载体而存在的技术，物体载体主要指技术资料，包括图纸、公式、配方、工艺说明等。只要具备相应的知识，就能通过这些技术资料了解和掌握这种技术。

（3）物化的技术。又称为“技术硬件”，即以机器设备形式存在的技术。

技术贸易的对象一般是“技术软件”，即，买方要求卖方提供相应的技术资料、技术指导和人员培训，有时也包括提供软件技术必不可少的技术硬件。单纯的技术硬件买卖一般属于货物买卖。

2. 按公开程度和受法律保护程度的差异，可以分为公开技术或一般技术、半公开技术或专利技术和秘密技术或专有技术

（1）公开技术或一般技术。它是指在传播和利用方面不受限制的技术。

（2）半公开技术或专利技术。一般专利法要求发明人将专利技术的主要内容向社会公开，但为了自身利益，所有者往往将核心技术保密。因此，专利技术又被称为半公开技术。

（3）秘密技术或专有技术。它是指没有取得专利权的技术秘诀、技术诀窍等。

二、技术贸易的含义及特点

（一）技术贸易的含义

技术贸易是指有偿的技术转让，即，以无形的技术知识作为主要交易标的，通过买卖方式，把某种技术从卖方转给买方的行为。这些技术知识构成了技术贸易的内容，主要包括专利技术、商标和专有技术。许可贸易是技术贸易最主要、最常用的方式。

（二）技术贸易谈判的特点

1. 技术贸易多数是技术使用权的转让

技术贸易大多数是技术使用权的转让，而不是技术所有权的出售。技术拥有方出让技术使用权后，他自己仍可以使用这项技术，除非技术贸易合同规定不得使用。

2. 技术贸易是有限的垄断贸易

专利技术是独一无二的技术商品，在市场上具有垄断性。但其垄断性是有限的。专利权受法律保护，任何人不得随意使用。对于技术是否转让、转让费多少、转让后商品的销售范围等，专利权所有人都具有控制权和垄断权。但是，专利技术的垄断性要受时间和地域的限制。专利期满，或在没有取得专利保护权的国家，专利是不受法律保护的。因此，技术贸易是有限的垄断贸易。

3. 技术贸易是一个长期的合作过程

技术引进方购买了该技术后，应掌握该技术进行生产，在签订技术贸易合同后，出让方一般要提供技术资料、技术人员培训、现场指导以及进行技术考核、验收，乃至继续提供改造技术等过程，所以需要技术贸易双方建立长期的合作关系。

4. 技术贸易双方既是合作伙伴又是竞争对手

技术转让方把技术转让给技术接收方，技术接收方用同一技术制造生产出同一类产品，投放市场，这样就和技术转让方形成了竞争关系。所以，技术贸易双方既是合作伙伴，又是竞争对手。因此，技术转让方一般不愿把最新研发的先进技术转让出去，或者在转让时可能附加某些不合理的限制性条款，限制技术接收方。

5. 技术贸易中的技术价格较难确定

技术贸易中技术价格不像商品那样主要取决于商品的成本。另外，技术转让后，技术转让方并没有失去对这项技术的所有权，仍可使用这项技术或可多次转让，以获得更多的经济利益。因此，在商务谈判中，技术的价格较难确定。决定技术价格的主要因素是接受方使用该项技术后所能获得的经济效益，而技术接受方所获得的经济效益在双方谈判和签订合同时往往是难以预测的，因而，技术贸易谈判中的技术价格往往是双方谈判的焦点。

三、技术贸易谈判的内容

技术贸易谈判的内容主要包括技术部分的谈判、商务部分的谈判和法律部分的谈判。

(一) 技术部分的谈判

1. 标的

主要是对技术贸易的对象、内容、范围等关键词语做出明确定义。

2. 技术性能

在技术贸易中，技术性能的规定相当于技术商品的质量要求，是转让方承担义务和责任的主要依据。在商务谈判中，要用能够全面反映该项技术真正水平与特性的指标明确地加以规定。

3. 技术资料的交付

技术资料是技术的载体。保证其完整、可靠并及时送达，是技术贸易的关键环节。这相当于货物买卖中的交货。明确的细则包括技术资料清单、件数，各种图纸的数量，资料交付时间、交付方式、地点等。

4. 技术咨询和人员培训

技术咨询指技术转让方根据技术引进方的要求，派遣技术专家到引进方给予技术指导和技术服务。技术咨询条款通常需商定人选、工作条件和生活待遇等。

人员培训有两种方式：一是技术转让方派技术专家为技术引进方的技术人员、管理人员、操作人员进行培训；二是技术引进方派员到技术转让方进修学习。无论哪种方法，均应将培训目的、内容、时间、人数、要求及培训费用等有关双方的义务与责任加以具体规定。

5. 技术考核与验收

技术考核与验收的谈判，主要涉及以下内容：

(1) 考核验收的方式和标准。一种是对工艺过程的考核，其标准是先进性、合理性、均衡性和稳定性。另一种是对最终产品的考核，其标准如产品的型号、规格、品质及生产效率、资源利用率等。上述具体指标应在谈判中予以确定。

(2) 考核验收结果的评定与处理。一般而言，考核验收结果有三种情况：一是全部合格，通过验收；二是大部分合格，延期通过验收，可能是一方责任；三是大部分或全部指标达不到标准。

考核与验收的时间与地点、参加人员等，由双方协商确定。

（二）商务部分的谈判

1. 技术使用的范围和许可程度

技术使用的范围涉及三个方面：在技术使用权方面，确定技术使用的组织范围；在技术制造权方面，确定技术使用的产品范围；在技术销售权方面，确定使用技术生产的产品的销售地区范围。

按照技术贸易的许可程度，有以下5种许可类型：① 独占许可，是指被许可方不仅取得在规定的时间和地域内实施某项专利技术的权利，而且有权拒绝任何第三者，包括许可方在内的一切其他人在规定的时间、地域内实施该项技术。② 排他许可，亦称独家许可，即，在一定地域，许可方只允许被许可方一家而不再许可其他人在该地域内实施其专利，但许可方仍有权在该地域内实施。③ 普通许可，亦称非独占性许可，是许可方允许被许可方在规定的时间和地域内使用某项专利，同时许可方自己仍保留在该地域内使用该项技术，以及再与第三方就同一技术签订许可合同的权利。④ 可转售许可，也称分许可，指技术的引进方有权将所得到的权利在其所在的地区内转售给第三方。⑤ 互换许可，是指持有双方可交换使用对方技术。

2. 价格

从转让方的角度考虑，包括技术开发费、技术转让费和利润损失补偿费。① 技术开发费，指该技术设计、试验、制造等人力、物力消耗的成本，由于多次转让及分摊，实际数额一般不大。② 技术转让费，指为转让技术而发生的直接费用，包括接待考察费、技术资料费、人员培训费等。这部分费用比较容易计算。③ 利润损失补偿费，指由于技术转让给转让方带来的利益损失，它是谈判的焦点。

从引进方的角度来看，包括以下方面：① 技术的使用价值，是技术对提高产品质量、生产效率、节约消耗、改善劳动条件和社会环境等的贡献。它是技术价格的主要决定因素。② 技术的水平，即技术发展阶段和先进程度。新技术、先进技术价格高，普遍使用的成熟技术、过时的技术价格低。③ 技术的供需情况、技术来源和市场需求。独家垄断的技术价格高，多家掌握的技术价格低。④ 引进方自身的研发能力。技术实力强，具有开发技术能力的公司，一般不轻易高价引进技术。⑤ 技术许可的类型。⑥ 技术使用费的支付方式。一次总算比分期提成费用低。⑦ 一揽子交易条件。

3. 支付条款

主要有三种方式：① 一次总算。即，签订合同时将技术转让的全部费用一次算定，具体支付可以一次性，也可以分期支付。② 提成。即，在合同签订时并未确定技术转让费的总额，而是从引进方技术投产后的经济效益中陆续提取一定比例的技术转让费。优点是风险共担。谈判应确定提成基数、提成率、提成期限、最高提成和最低提成等。③ 入门费用加成。它是以上两种方式的结合，即，先支付一定的“入门费”，然后再提成。

4. 保证、索赔和罚款

转让方的保证责任主要包括对技术的先进性和实用性的保证、对技术资料按时完整交付的保证、对技术咨询和人员培训的保证等。如未履约，索赔的方式一般是罚款，主要是对违约损失的赔偿。谈判时应明确可能的违约情况和相应的索赔要求。

（三）法律部分的谈判

法律部分的谈判主要是对侵权问题、保密问题、不可抗力、仲裁和法律适用等进行谈判。其中，不可抗力、仲裁等与货物谈判涉及的问题相似，而侵权和保密是技术贸易谈判中的特殊内容。

侵权是针对专利技术而言，保密是针对专有技术而言。侵权问题的谈判中应当规定，转让方必须保证是所提供的专利技术的合法所有者并有权转让，同时保证在合同期内若发生第三方指控侵权，转让方承担全部法律责任，引进方不承担任何责任。

在保密问题的谈判中，应当规定：保密的范围，即，引进方只对转让的技术保密；保密的期限，即，与合同期相一致；对等保密，即，引进方在对转让的技术承担保密义务的同时，转让方也应对所了解的引进方的有关情况给予保密等。

知识链接 2-4

2014 年 7 月，我国南方某制药厂（以下简称受让方）与美国某制药有限公司（以下简称转让方）签订了一份技术许可合同。合同中规定，转让方向受让方提供生产某一系列品种西药的配套技术，受让方从生产这一系列药品的净销售额中提取 10%作为向转让方支付的技术使用费。合同生效之后，双方履行合约顺利，产品在国内国际市场均打开了销路，但是关于受让方向转让方支付技术转让费出现了争议。

按受让方对合同的理解，合同中所说的“产品净销售额”是指产品销售总额扣除掉销售退回、销售折让、包装费、运输费、保险费、销售费用以及税金后的余额；而转让方则称，合同认定的“产品净销售额”是指产品销售总额扣减掉销售退回和销售折让后的余额。

双方对“产品销售净额”这一关键概念理解的争议导致双方对技术使用费的计算结果相去甚远。按受让方所理解的含义，其产品销售净额为 500 万美元，应支付转让方 50 万美元的使用费；而按转让方所下的定义，受让方的产品净销售额应为 600 万美元，受让方应支付的技术使用费应为 60 万美元。

双方各持己见，为争议的 10 万美元进行了多次谈判交涉后，最终采用折中的办法，签订了和解协议。受让方向转让方支付55万美元，并在提成期限的余下年度中也按此方法支付技术使用费，即采用双方因对“产品净销售额”不同理解而算出的不同数额技术使用费的中间数。

（资料来源：韩常青．国际贸易[M]．北京：中国财政经济出版社，2014．）

第四节　合资、合作经营谈判

一、合资经营谈判

合资经营是由两个或两个以上国家或地区的企业、经济组织或个人按一定资金比例联合投资，共同新建企业的一种生产经营方式。

（一）合资经营企业的特点

第一，合营企业的一方为外国合营者，另一方为中国合营者。中国合营者可以是公司、企业或者其他经营组织，不能是个人。

第二，合资经营企业以货币计算各自投资的股权和比例，并按股权比例分担盈亏和风险。外方的出资比例不得低于注册资本的25%，否则不享有合营企业的待遇。

第三，合资经营必须建立具有法人地位的合营实体。合资企业的经营形式为有限责任公司，合资企业仅以自己公司的财产承担责任，投资者对企业债务所负的责任，也仅以自己的投资额为限。这种有限责任制易为合资各方所接受。

第四，合营各方实行共同投资、共同经营、共担风险、共负盈亏。投资各方共同组成董事会，聘任总经理，组成经营管理机构，共同负责企业的生产经营活动。

（二）合资经营企业谈判的主要内容

1．企业的名称、性质、经营范围

合资经营双方协商决定企业的名称、性质和经营范围。

2．合资各方的股权比例

我国《中外合资经营企业法》规定，外国合营企业者在合营企业的注册资本中的投资比例一般不低于25%，没有规定外资所占比例的上限。

3．合资企业的规模

合作双方协商企业的规模，按合同规定占有股份，但只有出资证明书，不发行股票。因此，一方在公司占有的股份多，一方就控制了公司的经营管理权。

4．合资双方出资的方式

中外双方可以以现金、实物、土地使用权、工业产权、非专利技术和其他财产权利进行投资。

5．合资企业的年限

合资企业通常为10年以上，最高为50年，经国务院特批可以突破50年。

6. 组织机构

合资企业的经营管理机构是董事会及董事会领导下的经营管理机构，董事会成为最高权力机构。

7. 合资企业的解散

合资企业一般只有在依法解散时，外国合资者才能收回自己的资本，在合资企业的存续期间，外国合资者收回自己资本受限，只能通过转让的方式收回资本。

（三）合资经营企业谈判原则

1. 平等互利原则

合资双方是平等互利的伙伴关系，不要因贪图外方巨额投资而无限制地让渡中方利益，也不要因中方是东道国而提出外方难以接受的条件，应平等对待、互利互惠。

2. 主权原则

在中外合资企业立项谈判中，涉及主权问题时，必须立场坚定，旗帜鲜明，维护国家主权。

3. 保护外方合法权益原则

我国国家法律法规明确规定了外方的权利和义务，具体谈判时中方应依法行事。

（四）合资经营谈判时应注意的事项

1. 注册资本与投资总额

注册资本是合资经营各方按照约定的比例认缴的出资额总和。投资总额是指合资企业按照合同、章程规定的生产规模所需要投入的基本建设资金和生产流动资金总和。一般投资总额是注册资本与借贷金的总和。在确定注册资本和投资总额比例时，要严格遵守东道国的有关规定，也要考虑企业的盈利能力、经营风险等因素。

2. 出资比例和出资方式

外方的出资比重不得低于注册资本的25%，否则不享有合营企业的待遇。各方可以以货币出资，也可以以实物出资或工业产权、专有技术、场地使用权等方式出资。

二、合作经营谈判

合作经营通常是指两个或两个以上的国家或地区的企业、经济组织或个人，通过双方协商同意，共同从事某项产品的研究、制造或销售，或者某个项目的经营，合作者之间依据合同的约定投入资金、技术或设备以及劳务，并依据合同的约定分享权益和分担风险。

（一）合作经营谈判特点

首先，合作经营企业可以是具有法人资格的合作企业，也可以是不具备法人资格的合作企业。

其次，合作经营各方以合同注明合作各方的收益分配、风险、债务的分担，不以货币折算为投资股金作为计股分配利润。

再次，合作经营企业的注册资本普遍以各方提供的合作条件折价作为注册资本。

最后，合作经营企业可以加速折旧、提前收回投资，在经营期未满债务的风险仍以原投资额为准。

（二）合作经营谈判的主要内容

（1）合作各方的名称、注册地、住所和法定代表人的姓名、职务与国籍。

（2）合作经营的名称、住所、经营范围。

（3）合作企业的投资总额、注册资本、各方投资或者提供合作条件的方式、期限。

（4）合作各方投资或者提供的合作条件的转让。

（5）各方收益或者产品的分配，风险或者亏损的承担。

（6）合作企业期限、解散和清算。

（7）争议的处理。

（三）合作经营谈判中应注意的事项

1. 慎重拟订和签署合作经营企业的基本文件

合作企业是契约式中外合营企业，合作企业合作各方的权利和义务都在签订的合同中确定，包括：投资或者提供合作条件的利润、产品的分配、风险和亏损的分担、经营管理的方式和合作企业解散时财产的归属等事项，都在合作各方签订的合同中确定。所以，双方慎重拟定和签署合作经营企业的基本文件。

2. 谨慎而又灵活地确定利润分配比例

合作经营企业可以采用利润分成或产品分成或各方商定的其他形式来进行分成。

3. 合作经营企业的期限和投资的回收方式

合作企业中的外国合作者在一定条件下可以先行回收投资，合作期满后，合作企业的全部固定资产一般归中国合作者所有。

三、合作经营与合资经营的区别

第一，投资方式不同。合资经营各方共同投资按统一币种折算投资比例，合作经营的资金可以全部由外方提供，也可以由合营各方共同出资。

第二，经营管理方式不同。合资经营企业具有法人资格，属于股权式经营，合作经营企业可以不具备法人资格，属于契约式经营。

第三，风险承担不同。合资经营企业风险共同承担，合作经营风险主要由外商承担。

第四，收益分配不同。合资经营企业按投资各方的投资比例分配利润，合作经营按合作协议分配利润。

第五，投资回收的方式不同。合资经营企业主要通过利润分成收回投资，合作经营可商定投资回收方式。

第六，剩余财产的处理方式不同。合资经营企业在合同期满清算时剩余财产按各方出资比例分配，东道国要以一定的形式买下外商的权益和股份。

第五节 其他谈判

一、工程承包谈判

(一) 工程承包的含义及类型

1. 工程承包的含义

工程承包是承包人通过投标或接受委托等方式,与发包人签订合同或协议,以提供技术、劳务、设备、材料等,负责承担合同所规定的工程设计、建造和机械设备安装等所规定的工程任务,并按规定价格向发包人收取费用。

工程承包谈判与产品交易谈判有很大区别。如果用买方和卖方的观点来看,买方是工程的使用单位,即发包人,卖方是工程的承建单位,即承包人。工程项目谈判是较复杂的谈判之一,这不仅是由于谈判的内容涉及广泛,还由于谈判常常是两方以上的人员参加的,如,使用一方、设计一方、承包一方等,承包一方又可能有分包商、施工单位,而使用方还可能包括投资、管理等方面。

2. 工程承包的类型

第一,按承包范围(内容)划分承包方式。

(1) 建设全过程承包。也叫"统包",或"一揽子承包",即,通常所说的"交钥匙"。采用这种承包方式,建设单位一般只要提出使用要求和竣工期限,承包单位即可对项目建议书、可行性研究、勘察设计、设备询价与选购、材料订货、工程施工、生产职工培训,直至竣工投产,实行全过程、全面的总承包,并负责对各项分包任务进行综合管理、协调和监督工作。为了有利于建设和生产的衔接,必要时也可以吸收建设单位的部分力量,在承包单位的统一组织下,参加工程建设的有关工作。这种承包方式要求承发包双方密切配合,适用于各种大中型建设项目。

(2) 阶段承包。阶段承包的内容是建设过程中某一阶段或某些阶段的工作,例如,可行性研究、勘察设计、建筑安装施工等。在施工阶段,还可按照承包内容的不同,细分为 3 种方式:包工包料,即,承包工程施工所用的全部人工和材料,这是国际上采用较为普遍的施工承包方式;包工部分包料,即,承包者只负责提供施工的全部人工和一部分材料,其余部分则由建设单位或总包单位负责供应;包工不包料,即,承包人仅提供劳务而不承担供应任何材料的义务,在国内外的建筑工程中都存在这种承包方式。

(3) 专项承包。专项承包的内容是某一建设阶段中的某一专门项目,由于专业性较强,多由有关的专业承包单位承包,故称专项承包。例如,可行性研究中的辅助研究项目,勘察设计阶段的工程地质勘察、供水水源勘察、基础或结构工程设计、工艺设计、供电系统、空调系统及防灾系统的设计等。

(4) "建造-经营-转让"承包。国际上通称 BOT 方式,即"建造-经营-转让"英文"build-operate-transfer"的缩写,这是 20 世纪 80 年代新兴的一种带资承包方式。其程序一般是由某一个大承包商或开发商牵头,联合金融界组成财团,就某一工程项目向政府提出建议和申请，取得建设和经营该项目的许可。这些项目一般是大型公共工程和基础设施，如隧道、港口、高速公路、电厂等。

第二，按承包者所处地位划分承包方式。在工程承包中，一个建设项目上往往有不止一个承包单位。承包单位与建设单位之间，以及不同承包单位之间的关系不同、地位不同，也就形成不同的承包方式。常见的有 5 种：

(1) 总承包。一个建设项目建设全过程或其中某个阶段的全部工作，由一个承包单位负责组织实施。这个承包单位可以将若干专业性工作交给不同的专业承包单位去完成，并统一协调和监督它们的工作。在一般情况下，建设单位仅同这个承包单位发生直接关系，而不与各专业承包单位发生直接关系，这样的承包方式叫作总承包。承担这种任务的单位叫作总承包单位。

(2) 分承包。分承包简称分包，是相对总承包而言的，即，承包者不与建设单位发生直接关系，而是从总承包单位分包某一分项工程，在现场由总承包统筹安排其活动，并对总承包负责。

(3) 独立承包。独立承包是指承包单位依靠自身的力量完成承包任务，而不实行分包的承包方式。通常仅适用于规模较小、技术要求比较简单的工程以及修缮工程。

(4) 联合承包。联合承包是相对于独立承包而言的承包方式，即，由两个以上承包单位组成联合体承包一项工程任务，由参加联合的各单位推定代表统一与建设单位签订合同，共同对建设单位负责，并协调它们之间的关系。但参加联合的各单位仍是各自独立经营的企业，只是在共同承包的工程项目上，根据预先达成的协议，承担各自的义务和分享共同的收益。

(5) 直接承包。直接承包就是在同一工程项目上，不同的承包单位分别与建设单位签订承包合同，各自直接对建设单位负责。各承包商之间不存在总分包关系，现场上的协调工作可由建设单位自己去做，或委托一个承包商牵头去做，也可聘请专门的项目经理来管理。

第三，按获得承包任务的途径划分承包方式。根据承包单位获得任务的不同途径，承包方式可划分为 4 种：

(1) 计划分配。在计划经济体制下，由中央和地方政府的计划部门分配建设工程任务，由设计、施工单位与建设单位签订承包合同。这在我国曾是多年来采用的主要方式，但随着改革的深化已不多见。

(2) 投标竞争。通过投标竞争，优胜者获得工程任务，与建设单位签订承包合同，这是国际上通行的获得承包任务的主要方式。我国实行社会主义市场经济体制，建筑业和基本建设管理体制改革的主要内容之一，就是从以计划分配工程任务为主逐步过渡到以在政府宏观调控下实行投标竞争为主的承包方式。

(3) 委托承包。委托承包也称协商承包，即，不需经过投标竞争，而由建设单位与承包单位协商，签订委托其承包某项工程任务的合同。

(4) 获得承包任务的其他途径。依国际惯例，由于涉及专利权、专卖权等原因，只能从一家厂商获得供应的项目，也属于不适宜进行招标的项目。对此类项目的实施，可以视不同情况，由政府主管部门以行政命令指派适当的单位执行承包任务，或由主管部门授权项目主办单位(业主)或听其自主，与适当的承包单位协商，将项目委托其承包。

(二) 工程承包的特点

工程承包是一种综合性的交易，它涉及劳务、技术、设备、材料、资金、工期等多个方面，因此具有以下特点：

1. **交易内容和程序复杂**

由于工程涉及面广、程序复杂，从经济、法律、技术等方面的要求来看，都比商品贸易经济项目合作的要求高得多。在技术上，包括勘探、设计、建筑、施工、设备制造和安装、生产；在经济上，包括商品贸易、资金信贷、技术转让以及招标与投标、项目管理等。如果属于国际工程承包，则既要考虑国际惯例，又要熟悉东道国法律、法规、税收制度等。

2. **工程营建时间长，金额大，承担的风险也大**

一个工程承包项目，从投标或接受委托到工程完工，一般要经过几年时间，最小的项目金额也有数十万美元，一般是几百万美元、几千万美元甚至上亿美元。此外，通过投标的承包项目，投标人的报价必须是实盘，一经报出，不得撤销，如果撤销，不但投入的费用无法收回，而且投标保证金也将被没收。因此，承包人必须事先认真研究，谨慎行事。

3. **承包工程市场的竞争十分激烈**

由于承包工程具有金额大和内容繁多等特点，是一项综合性的输出。许多国家都积极参与这种经济活动，并直接开设或支持本国的工程承包公司，开设这方面的业务，使本国的承包公司从单纯的劳务输出向承包工程发展。现在参与国际工程承包的国家越来越多，企业越来越多，有些国家的承包公司还采取与外国承包公司联合的方式，把各自的优势结合在一起，提升在国际承包市场上的竞争地位。

知识链接 2-5

“一带一路”倡议提出以来，进一步促进了中国企业陆续走向海外，拓展国际市场，主持或承建了一大批基础设施工程项目。之所以如此，首先，在于中国企业在改革开放 40 多年的发展中逐渐形成以“大国工匠精神”为核心的中国制造良好形象，具有先进技术、专业团队，能够出色地完成工程项目，在与其他国家、企业等合作中倡导“合而不同”的伦理理念，旨在营造合作共享的伦理共同体，推动构建人类命运共同体。对外承包工程方面，我国企业在“一带一路”沿线的 59 个国家新签对外承包工程项目合同 1465 份，新签合同额 2698.9 亿元人民币，同比增长 16.1%（折合 415.6 亿美元，同比增长 25.2%），占同期我国对外承包工程新签合同额的 58.2%；完成营业额 1523.5 亿元人民币，同比增长 4.7%（折合 234.6 亿美元，同比增长 12.9%），占同期总额的 55.1%。

（资料来源：中国一带一路网. https://www.yidaiyilu.gov.cn/jcsjpc.htm.）

（三）工程承包谈判的内容

工程承包谈判是承包人与发包人签订工程承包合同或协议，完成所规定的工程任务，并按规定价格向发包人收取费用进行的谈判。工程承包谈判一般包括以下内容：

1. **人工成本**

由于工程项目需要人员施工，因此，人工成本费用在工程预算中占很大比重，双方人员应认真磋商这部分支出的合理比例，如，工资额、奖金额以及其他支出。

2. **材料成本**

在工程建设中要耗费大量的钢材、木材、水泥等建筑材料，对于这部分费用的估价要仔细研究确定。

3. 保险范围和责任范围

为避免在施工过程中的人员伤亡以及妥善处理伤亡后的各类事宜，双方必须明确保险范围和责任范围。

4. 进度报告

双方还应明确，承包公司有责任提供有关已完成工作比例的进度报告，同时，买方也应及时核实卖方的工程进度报告。

5. 承包公司的服务范围

有关承包公司的服务范围及其责任讨论得越详尽越好。否则，双方只在合同中笼统地规定各自的责任范围，即使说明可以变更，但买方要承包公司承担另外的责任，往往要付出很高的代价。

6. 工程设计调整

在工程项目施工期间，更改设计几乎是难以避免的。双方在谈判中应明确规定谁有权要求和批准设计变更，通过什么程序，承包公司应如何计算必需的费用变更，以防止承包公司对改变设计漫天要价。

7. 价格变动

双方还应考虑到在施工期间，由于人工费用增加和材料成本变动对价格造成的影响，在合同中应怎样规定。

8. 设备保证书

由生产厂家制造的设备在安装过程中可能会有所改动，这样制造厂家对原先的安装要求和各类说明书、保证书就有可能失效。所以，为了避免在以后使用中出现问题，责任不清，双方在谈判中应明确由谁负责担保。

9. 工程留置权

承包公司可能将所承包的任务转包给其他公司，如果分公司没有得到承包公司应付的款项，有可能拒绝转移所有权，因而影响买方的利益。所以，双方在谈判中应明确规定出现上述情况时双方的责任及赔偿方式。

10. 其他

诸如不可抗力、执照和许可证、侵犯专利等都是双方谈判所涉及的内容，切不可忽略。

需要特别强调的是，在施工过程中，买方可能会对设计进行一些调整，以提高建筑水平或改变项目的范围。如果不能规定明确的费用计算标准，则很可能被承包商钻空子，许多承包商通过设计变更以获得“额外收入”来补偿最初投标的低利或无利。

二、租赁业务谈判

（一）租赁业务的含义

租赁是指出租方将财产交给承租方使用，由承租方交付租金，在租赁关系终止时将原财产归还给出租方。租赁谈判前，承租人首先应认真权衡租赁与购买决策。租赁与贷款购买设备有相似之处，要通过对这两种方式支出的比较分析，确认租赁决策的必要性。

租赁业务将融资、融物为一体，能满足某些急需使用设备而因资金短缺无力购买，或只是临时性、季节性使用而无须自己购买的需要，具有多方面优越性的一项商务活动。首先，对承租人而言，可以先获得设备的使用权，在投入生产后，从生产费用或营业收入中分期支付租金。这样一来，就可把本该用于购置设备的专用资金抽出来参加周转，使资金流动化，从而产生更好的经济效益。不仅如此，当所租设备的经济技术寿命结束时，租期也将结束，承租人可以重新租用更先进的设备，从而确保企业生产设备在技术上的先进性，这就减少了无形损耗给企业带来的损失。而租金是按照签订合同时的设备原价和折现率计算的，在整个租赁期内，租金固定不变，通货膨胀不会增加租赁成本。其次，就出租人而言，良好的租赁市场为其投资提供了广阔的空间，他可以集中资金购置承租人所需的资产，租出去收取租金，从而提高其自有资金利润率。再次，就设备制造企业而言，现代租赁有利于其开拓产品市场，扩大产品销售范围，并减少销售风险。

（二）租赁业务的分类

租赁业务可以分为融资性租赁和经营性租赁。

1. 融资性租赁

当承租方需更新或添置大型设备、仪器而资金不足时，由出租方出资购买这些设备出租给承租方，承租方对此具有使用权，并按时交纳租金，银行通过租金逐步收回资金。

2. 经营性租赁

经营性租赁是一种短期租赁，指出租人向承租人提供短期设备出租，出租人负责设备的安装、保养、维修、纳税、支付保险费和提供专门的技术服务等，租金高于融资性租赁。经营性租赁是一个反复出租的过程，出租人与多个承租人签订出租合同。租赁物件一般是通用设备或技术含量高。

（三）租赁业务的特点

1. 租赁业务具有鲜明的融资性质

承租人所需的机器设备，由出租人提供或垫款购买。承租人不需付款购买，即可取得机器设备的使用权，等于出租人向承租人提供了信贷便利；承租人在设备正式投产以后，以租金的形式支付租赁设备费用，这样企业可以在资金不足的情况下，提早使用设备，早日生产，早日获得经济效益，然后分期偿付设备款。租赁业务是一种以租物形式达到融资的目的，将贸易与金融结合在一起的信贷方式，这是租赁业最主要的特点。

2. 财产所有权与使用权分离

租赁设备的财产所有权与使用权截然分开，设备所有权属于出租人，承租人仅享有使用权和受益权。

3. 交易方式灵活方便

融资租赁解决了承租人一次性支付能力不足的困难；租赁期限届满时，承租人可以选择留购、续租、或退还标的物给物主。从而使租赁具有了其他交易方式所无法替代的优势。

（四）租赁业务谈判的主要内容

1. 明确租赁合同双方的权利和义务

（1）出租人的权利和义务。在租期内有租赁财产的所有权，向承租人收取租金；租赁届满可收回租赁财产；在租赁期内有权检查其所出租的设备和设备使用情况等；租赁设备如因承租人的过失而损坏停工，出租人有权向承租人索赔；应向承租人供应生产的先进设备，保证设备性能可靠、运转正常和及时更换不合格的零配件；在融资租赁的情况下，根据合同规定，向供货人支付货款；当供货方不履行合同时，协助承租方向供货方索赔；按经营租赁的要求，出租人应负责提供全部技术服务。

（2）承租人的权利和义务。在融资租赁情况下，可自由选择供货方和租赁物品；在租赁期内享有租赁财产的使用权；在经营租赁情况下，出租人如未按合同及时补偿零部件或维修不符合质量要求，承租人有权自行从其他来源获得零配件或提出赔偿损失，直至解除合同；依照合同的约定交付租金；应以出租人名义向保险公司投保租赁设备，保险费由承租人负担，受益人为出租人；对租赁设备的性能和技术资料应予保密，不得泄露租赁设备的构造和使用特点；在租赁期间应在设备上附有设备人的标签，以防设备被扣做抵押，以保证设备的安全；应按合同规定的地区和固定的企业使用机械设备；在融资租赁情况下，承租人负责租赁设备的保养和维修。

2. 租金条款

明确租金的数额、租金交付日期、给付办法、给付地点和货币类别等。明确租金的构成和计算方法。租金基本上是出租人购买设备的价值、利息、利润的总和，并参照双方的其他义务而定，有关费用亦计入租金；明确规定缴纳租金的期数。缴纳租金期数是根据整个租赁合同的期限和每次缴纳租金时间间隔计算，可以按年、半年、季度来划分。承租人应根据企业本身经营情况、支付能力等，经过认真核算后，做出合理的规定；明确第一次缴纳租金的时间。通常规定第一次缴纳租金要在租用设备开始正式运转之后，以便承租人用该设备生产的产品出售后获得的利润缴付租金。

3. 租赁标的、交货

明确租赁物件由承租人选定；明确租赁物件的交付时间、地点以及方式；明确规定如交付人不能按时交付租赁物件时，其应负的责任；同时，也要明确哪些情况造成租赁物件的迟延交付不属于交付人的责任的内容。

知识链接 2-6

B企业拥有某生产设备原值6000万元。现企业为增强流动性，将该设备所有权转让给金融租赁公司，再按照原值的6折回租，租赁金额3600万元，期限3年。B企业仍然拥有设备的使用权，并获得了3600万元的流动资金，在3年内按季归还，每次只需归还300万元本金及相应租息，对B企业的未来现金流并不造成较大压力。

（资料来源：中国融资租赁资源. http://www.flleasing.com/onews.asp? id=20102.）

◆内容提要

本章主要介绍了商品贸易谈判、技术转让谈判、合资合作经营谈判、工程承包谈判、租赁谈判的相关主要内容。

◆**关键词**

商品买卖　技术转让　工程承包　合资、合作经营　租赁业务

◆**复习思考题**

1. 商品的质量标准、检验质量标准的方法有哪些？

2. 技术贸易谈判应包括哪几方面的内容？

3. 合资经营与合作经营有什么不同点？

4. 工程承包谈判的特点？

5. 租赁谈判的特点？

◆**应用训练**

水泥熟练生产线设计供货项目

甲方：某国水泥公司

乙方：某省技术进出口股份有限公司

一、谈判背景

某国国家水泥公司根据当地日益增长的市场需求计划在其首都新建一条日产2500吨水泥生产线。工程范围由原料进厂开始，经原料破碎、均化、预粉磨后进入烧成系统形成水泥熟料进入水泥粉磨系统，成品水泥将以袋装和散装两种形式出厂。包含全部的工艺设计，电气设计和土建设计，全部的机械和电气设备供货以及安装调试指导工作。

此项目采用的是邀请招标的形式，共有包括某省技术进出口股份有限公司在内的德国、日本、中国三国的五家工程承包商参与竞标。某省技术进出口股份有限公司是首次参与该地区的水泥工程项目竞标，在激烈的竞标后凭借先进的技术方案和价格获得了某国水泥公司的认可，双方约定在其首都进行商务洽谈，以确定最终价格及相关商务条件。

二、谈判框架

某省技术进出口股份有限公司的投标报价为5500万美元，付款方式为：

1. 双方合同签订后乙方开立等额的预付款保函，甲方支付20%合同总价的预付款；

2. 合同签订后30天内，甲方通过银行向乙方开立75%合同总额的不可撤销的即期信用证，乙方在全部设备发运后凭提单、发票、原产地证、箱单和产品合格证进行银行交单议付；

3. 在全部设备安装调试，达产达标，甲方开立“项目验收证书后”，并以电汇形式支付乙方5%的尾款，同时乙方向甲方开立期限为18个月，5%合同总额的质保保函；

4. 在谈判过程中，某国水泥公司希望某省技术进出口股份有限公司在优化总价的同时，可以提供24个月的质保，由此双方进行洽谈。

三、谈判目标

1. 在已达成一致的技术方案基础上，期望达成一致认可的商务合同，展开双方的第一次合作；

2. 在确定双方此项目合作的基础上，双方就某国国家水泥公司在该国北部可能新建的第二条日产2500吨水泥生产线进行初步洽谈。

请运用商务的知识，围绕成套设备合同的各项主要条款展开谈判，以期争取最为有利的商务条件，但最终一定要达成双方成功签约的目标。

（资料来源：“安徽技术杯”第三届安徽省大学生国际商务模拟谈判大赛案例. http://ahtpds.ahu.edu.cn/2019/1014/c14478a210737/page.htm.）

第三章　商务谈判的相关理论

学习目标

了解商务谈判的经济学基础及应用；掌握商务谈判的心理学基础及应用；理解谈判需要理论、谈判实力结构理论、博弈理论与公平理论；认识上述理论对商务谈判的指导意义。

导入案例

打赢心理战，销售获佳绩

某年，我国南方某省的茶叶丰收了，茶农们踊跃地将茶叶交到了茶叶收购处，这使得本来库存量就不大的茶叶进出口公司更增加了库存，形成了积压。

如此多的茶叶让该公司的业务员很犯愁，怎样才能设法销出去呢？正在这时，有外商前来询问。公司感到这是一个极好的机会，一定要利用这个机会，既把茶叶卖出去，又要设法卖个好价钱。为此，公司人员做了周密的布置。

在向外商递盘时，公司将其他各种茶叶的价格按当时国际市场的行情逐一报出，唯独将红茶的价格报高了。外商看了报价，当即提出疑问："其他茶叶的价格与国际市场行情相符，为什么红茶的价格那么高？"公司代表坦然地回应道："红茶报价高是因为今年红茶收购量低，库存量小，加上前来求购的客户很多，所以价格只得上涨。中国人有句古话叫'僧多粥少'，就是这个意思。"外商对公司的说法将信将疑，谈判暂时中止了。随后几天，又有客户前来询盘。公司照旧以同样的理由、同样的价格回复了他们。

虽然外商对红茶报价高心存疑问，但他们只能通过间接的途径去了解。而所谓间接的途径就是向其他客户询问，可询问的结果与自己得到的信息是一致的。于是外商赶快与公司就购销红茶一事签订了合同，唯恐晚一点就无货了。这样一来，其他客户纷纷效仿，积压的红茶不仅在很短的时间内被抢购一空，而且还卖了个好价钱。

（资料来源：刘园. 国际商务谈判[M]. 北京：北京大学出版社，2016.）

第一节　商务谈判的经济学理论基础

在确定贸易价格时，我们经常使用比较优势理论模型和相互需求理论模型。在贸易理论模型中，我们主要讨论贸易的动因及其利益分配。

在 1817 年出版的《政治经济学及赋税原理》一书中，英国经济学家大卫・李嘉图（David Ricardo）提出了著名的比较优势原理（law of comparative advantage）。这是一项最重要的、至今仍然没有受到挑战的经济学的普遍原理，具有很强的实用价值和经济解释力。该理论认为,贸易参与者的行为原则是:“两利相权取其重,两弊相衡取其轻。”换言之,如果一方在劳动生产率上处于绝对劣势,另一方处于绝对优势,只要双方劳动生产率的差距不是在各种产品上都一样,那么处于劣势的一方开展贸易活动也能有利可图。然而,比较优势学说并未明确价格应该如何确定。

表 3.1 给出了比较优势的例子。有两个生产者,即 A 国与 B 国,它们都生产两种产品,即 X 产品、Y 产品。在这个表格中,用单位时间所生产产品的不同数量来表示劳动生产率的不同,即 A 国单位时间如果全部用于 X 产品的生产,能够生产 10 个单位的 X 产品,如果全部用于 Y 产品的生产,则可以生产 15 个单位的 Y 产品;而 B 国单位时间能够生产 10 个单位的 X 产品,或者 20 个单位的 Y 产品。

按照表 3.1 的假设,A 国和 B 国在生产 X 产品上具有相同的劳动生产率;而在 Y 产品的生产上,则是 B 国的生产效率比较高。

表 3.1 比较优势理论

	X	Y
A	10	15
B	10	20

另外,从表中数据还可以得出,在 A 国国内,两种产品等价交换的原则为 10 单位 X 产品换取 15 单位 Y 产品,因为这么多数量的产品在 A 国需要付出相同的劳动,因此它们的价值相同。类似地,在 B 国国内,这两种产品的交换比率为 10X∶20Y。

按照比较优势的原理,A 国在生产 X 产品上具有比较优势,而 B 国在生产 Y 产品上具有比较优势。因此,如果两国开放市场进行贸易,则 A 国应该生产并出口 X 产品、进口 Y 产品,而 B 国则应该生产并出口 Y 产品、进口 X 产品。

那么,两国在进行贸易时,X 产品与 Y 产品的交换比例是多少呢?

我们先考虑 A 国,该国国内同样的资源可以生产 10 个单位的 X 产品或者 15 个单位的 Y 产品。如果在与 B 国的贸易中,A 国生产的 10 个单位的 X 产品所换取的 Y 产品少于 15 个单位,则对 A 国来说,选择贸易不如选择自己在国内进行生产。因此,对 A 国来说,最低交换比例是 10X∶15Y。对 A 国而言,只要 10 个单位的 X 产品可以交换的 Y 产品超过 15 个单位,比如 16、17、18、19 个单位的 Y 产品,那么 A 国就有了进入国际市场的动力。相应地,B 国在贸易中以自己生产的 Y 产品换取 A 国生产的 X 产品,如果要使开展贸易比在本国生产更有利,则最低交换比例是 20Y∶10X。对 B 国来说,它能用少于 20 个单位的 Y 产品换得 10 个单位的 X 产品,比如 18、19 个单位的 Y 产品,或者用 20 个单位的 Y 产品来换取更多的 X 产品,比如 11、12 个单位的 X 产品,它就有兴趣进入国际市场。

因此,A 国的利益是自上而下的,B 国的利益是自下而上的,但它们都有边界。虽然 A 国希望用 10 个单位的 X 产品能换取更多的 Y 产品,但其界限是 10X∶20Y,一旦达到 10X∶20Y,B 国就会退出交易,因为其在国内生产更有利。反过来,B 国也是如此,尽管它希望用更少的 Y 产品来换取同量的 X 产品,但其上限是 10X∶15Y,一旦达到这样的比例,A 国就会退出交易(图 3.1)。

如图 3.1 所示,横轴表示 X 产品,纵轴表示 Y 产品,两条射线分别表示 A、B 两国国内的交换比率,贴近 *X* 轴的是 A 国国内的交换比率 10X∶15Y,贴近 *Y* 轴的是 B 国国内的交换比率 10X∶20Y。从图中可以发现，在A国国内交换比率线以下部分的区域是A国的非贸易区，因为在这个区域内10个单位的X产品换取的Y产品的数量少于15个，所以A国没有必要进行国际贸易，不如在国内进行生产和交易；同理，在B国国内交换比率线的左边，更贴近Y轴的区域是B国的非贸易区，因为在这个区域里，B国需要用大于20个单位的Y产品才能换取10个单位的X产品，这样还不如在B国国内生产和交易。此外，A国国内交换比率线的上面和B国国内交换比率线的右边所在的区域是双方的贸易区，而交易价格就是通过原点O引出的一条射线。在这个区域内，可以从原点引出无数条射线。因此，李嘉图的比较优势学说能够确定双方的交易界限，但是不能确定这条价格线究竟应落在什么地方。

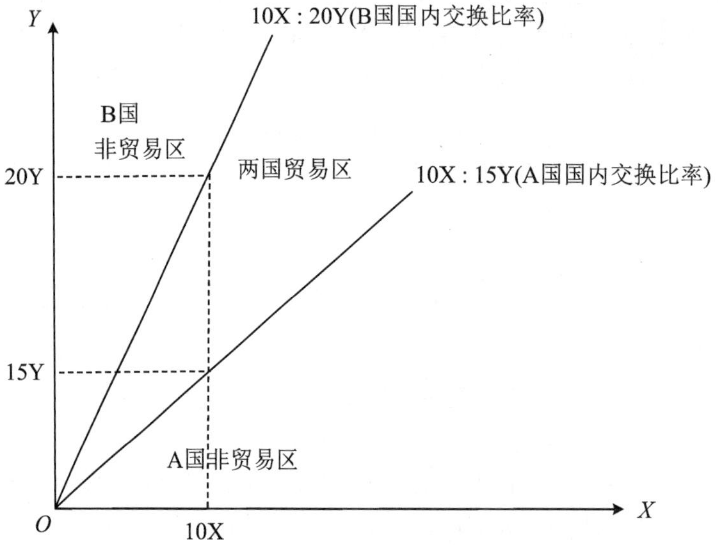

图 3.1　国际贸易的比较优势模型

要确定这条价格线，需要用相互需要理论予以解释。

1848年，英国经济学家约翰·穆勒(John S. Mill)承上启下，对李嘉图的比较优势理论做了重要的补充，提出了相互需求原理(reciprocal demand doctrine)。与国内经济活动一样，国际经济活动中的价格也由供求来决定，但这种供求与国内有很大的区别，如图3.2所示。

三个坐标系中，左图是A国的供求基本情况图，右图是B国的供求基本情况图，中间是国际市场的供求基本情况图。A国的这张图是一个局部均衡图，横轴是产品数量，纵轴是产品价格，在均衡点E_A上可找到相应的均衡数量和均衡价格。

E_A点是供给曲线S_A、需求曲线D_A的交点。同样，在B国的这张图中，也能找到相应的均衡点。从图上可看出A国生产这种产品时，其单位产品的价格远高于B国。我们假设世界市场由A、B两国组成，即A国和B国要构成整个国际市场。在这种情况下，产品就会从价格低的国家流向价格高的国家，前提是国与国之间没有贸易障碍。产品必然从价格低的国家流向价格高的国家，以获取更多的利润，这样的流动过程从中间图中可以找到。从图中可以明显看出A国制造产品的价格高于B国，因而B国的产品就会流入A国从而获得更多的利润。

下面再从图例角度来分析这个过程。从A国产品的价格出发，向国际市场画一条平行虚线，在国际市场坐标图纵轴上找到一点 P_A；同理，从右图中 B 国市场的均衡价格 P_B 引一条平行虚线，在国际市场坐标图纵轴上找到一点 P_B，P_A 与 P_B 分别是两个国家的均衡价格，也是国际市场上的价格上限与下限。要找到国际市场中的 P_W，即国际市场价格的均衡点，我们需要找到一条平衡线，在这条平衡线水平上，右图中供给曲线与需求曲线中间的 X 段，其长度恰恰等于 A 国供给曲线与需求曲线之间的长度 M 段。这样，国际市场上 B 国的出口供给刚好满足 A 国的进口需求，而 P_W 就是国际市场的均衡价格。

如果两国市场供求关系发生变化，那么产品价格与均衡数量就会发生变化，此时国际市场上的均衡价格和均衡数量也会发生变化。如果不是需求偏好发生变化，而是产品价格产生波动，那么就会有一个自动调节机制，产品价格会自动回归到这个均衡点。从理论上说，国际市场中的产品价格就是由供求关系的不断变化来调节的。在现实生活中，除了供求关系外，还有许多其他因素也会影响价格，如双方的政治关系、经济实力、国内经济状况等。因此，A、B 两国之间存在很大的产品价格差异。

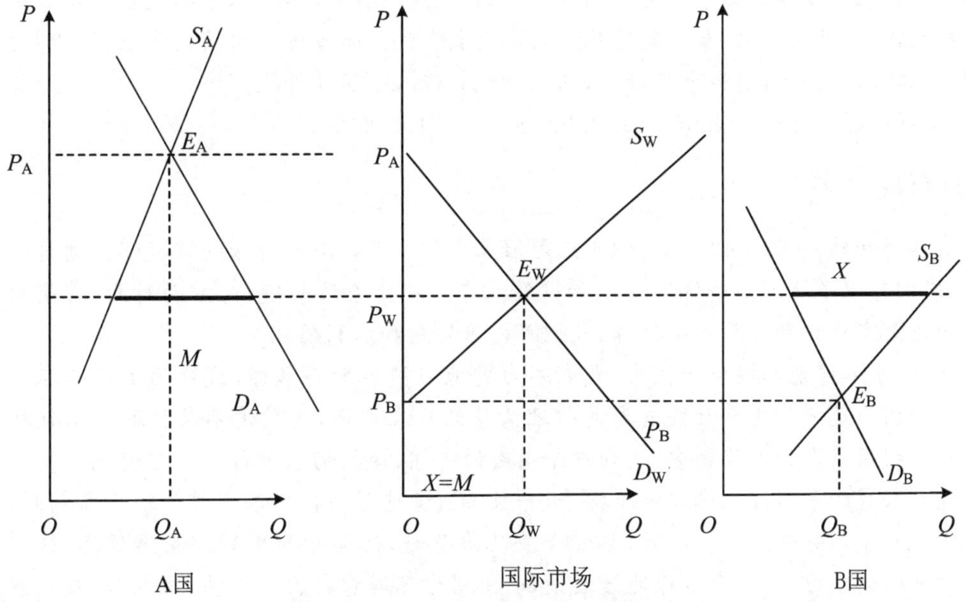

图 3.2　国国际贸易的相互需求模型

从长远的角度讲，产品价格停留在均衡点是必然的趋势，但由于双方谈判技巧的运用，也有可能使现实的产品价格偏离均衡价格，即谈判各方在交易中获得的利益有大有小，这就是谈判的力量所在。

第二节　商务谈判的心理学理论基础

谈判的心理原则是指在谈判中，谈判者要利用对方的心理活动因素，因势利导，促成交易。由于谈判中的心理活动对于谈判有重要影响，当今学者对于谈判心理学的探讨研究越来越深入，对谈判中心理活动的分析，正逐渐发展为一个新的心理学分支学科。

知识链接3-1

识别对手的心理活动，占据谈判上的主动

日本一家著名汽车公司刚刚在美国“登陆”，急需找一家美国代理商来为其推销产品，以弥补他们不了解美国市场的缺陷。当日本公司准备同一家美国公司谈判时，日本公司谈判代表却因为堵车迟到了。美国公司谈判代表就在谈判过程中表现得很愤怒，抓住这件事紧紧不放，想以此为手段获取更多的优惠条件。日本公司谈判代表发现无路可退，于是站起来说：“我们十分抱歉耽误了您的时间，但这绝非我们的本意，我们对美国的交通状况了解不足，导致了这个不愉快的结果。希望我们不要再因为这个无所谓的问题再耽误宝贵的时间了。如果因为这件事怀疑我们合作的诚意，那么我们只好结束这次谈判。我方认为，我们所提出的优惠条件不会在美国找不到合作伙伴的。”日本公司谈判代表的一席话让美国公司谈判代表哑口无言，美国人也不想失去这次赚钱的机会，于是谈判便顺利地进行下去了。美国公司谈判代表连续指责日本公司谈判代表迟到，这是一种心理攻击，目的是让日本公司谈判代表感到内疚，处于被动，自己就能从中获取有利条件。而日方公司谈判代表了解到对方的心理活动之后，有针对性地进行反击，从而使谈判进入了实质阶段。

（资料来源：https://zhuanlan.zhihu.com/p/719666425.）

知识链接3-2

有些小动作，我们不以为意，但它正是泄露我们心理状态和情绪的透视镜。通过一些小动作，我们可以了解当下个体的心理和情绪状态。在商务谈判中，双方面对面，对谈判对手潜意识里没有意识到的某些小动作，我们可以很好地加以利用。

比如，手不停地摩擦椅子把手，或者不自觉地习惯性触碰水杯，这样的小动作在行为心理学上被认为是一种想要赶快逃离的心理情绪的外在表现，这种迫不及待的情绪往往会被谈判对手利用。在一次谈判中，快到中午用餐的时间，谈判仍在进行。一方谈判人员注意到对方谈判人员的手不停地摩擦椅子把手，并且不自觉地习惯性碰触水杯。他们立刻明白，对方急于结束谈判并去用餐。此时，尽管午餐已准备好，他们却利用对方的急躁感，转而采用消磨时间的谈判方法，不急不躁地慢慢谈，一旦对方不同意自己的条件，便以“那我们就慢慢谈”的话语加剧对方的急躁感，最终对方迫于自身心理情绪而答应本来不愿意答应的条件，该方谈判人员取得完胜。

可见，心理学中这些潜意识反射在行为上的小动作是完全可以被利用的。我们在商务谈判中，不仅要利用对方的小动作，同时要注意自身的小动作，并利用理智保持克制，不让它泄露我们的心理状态。

（资料来源：黄卫平. 国际商务谈判[M]. 北京：中国人民大学出版社，2016.）

一、心理学理论的主要内容

心理学研究起步早，流派众多，研究成果比较丰富。本章主要介绍在中国颇有影响的奥地利的精神病医学家弗洛伊德及其学生荣格和阿德勒的理论，它们都对商务谈判有着重要的指导意义。

(一) 弗洛伊德理论

弗洛伊德认为,人的个性是一个整体,在这个整体之内包含彼此关联且相互作用的三个部分。这三个部分分别称为本我(id)、自我(ego)、超我(superego)。由于这三部分的相互作用而产生的内在动力,支配了个人的所有行为。

1. 本我(或无意识)

弗洛伊德认为,本我是个性结构中最原始的部分,这部分是人生来就有的,包括一些生物性或本能性的冲动(最原始的动机),这种冲动是推动个人行为的原始动力,外在的或内在的刺激都可以促成这种冲动。由本我支配的行为不受社会规范、道德标准的约束。

2. 自我(或潜意识)

随着个体出生后的成长,从本我中逐渐分化出自我。在本我阶段,因为个体的原始冲动需要得到满足,这就必须与周围的现实世界相接触、相交往,从而形成自我适应现实环境的作用。例如,因饥饿而使本我有原始的求食动机,但何处有食物及如何取得食物等现实问题,必须靠自我与现实接触才能解决。因此,个性的自我部分受"现实原则"(reality principle)所支配。

3. 超我(或有意识)

超我在个性结构中居于可控制地位的最高层,是由于个人在参与社会生活的过程中,把社会规范、道德标准、价值观判断等接受后变为指导自己行动的准则而形成的。平常所说的理性文明都属于超我的范围。

弗洛伊德认为,本我寻求满足,自我考虑到现实环境的限制,超我则按社会规范来衡量是、非、善、恶。并且指出,本我、自我和超我三者不是分立的,乃是彼此相互作用而构成的个性整体。本我的冲动与欲望应该在符合现实条件下,为社会规范所允许,得到适当的满足。弗洛伊德的理论又称为老心理分析论。

(二) 荣格理论

荣格是弗洛伊德杰出的学生,师生两人后来由于理论观点不同,于 1913 年关系破裂。荣格理论与弗洛伊德理论有以下三点不同:

第一,承认潜意识是支配行为的内在因素,但主张潜意识有两种:一种叫作个人潜意识(personal unconscious),是由个人压抑自己的意识经验而形成的;另一种叫作集体潜意识(collective unconscious),是由人类多代遗传演化积累而形成的。两种潜意识共同支配人的行为。

第二,个性的发展并不取决于人本能的冲动,而是受个人为达到自我实现的内在潜力所引导。

第三,自我才是个性结构的核心,而自我又取决于两种态度或倾向:一种为外向,一种为内向。这两种倾向是根据人的感情显露与否来划分的,而且把人的不同特征进行不同的组合就成为具有不同个性结构的人。荣格除了把人的性格划分为内向、外向两种以外,还把人的不同特征的组合划分为敏感型、感情型、思考型、想象型等各种性格。其中,内向的人的特点是害羞、喜欢独自工作,在情绪上受到压力和内心冲突时,总是躬身自省,责备自己。外向的人与此相反,他们的特点是好与人做伴,善于交际,喜欢选择可以和别人直接接触和打交道的工作,如对外联系、推销和采购等工作。当然,这种内向、外向的划分方法不是绝对的。

实际上典型的内向和外向的人很少，大多数人是介于两者之间的，而且人的性格又是各不相同的。正因如此，荣格后来又发展了自己的理论，把人在生活中特别是在与人交往中的性格特点分为敏感型、感情型、思考型和想象型四类。虽然一个人可能同时具有两种或两种以上的性格类型特点，但其所具有的主要特征总是属于某一类型的。

另一位心理学家麦迪（S. R. Maddi）在荣格把个性分为内向、外向的基础上，还把人由于出生后受到环境压力的影响而逐渐形成的高忧虑、低忧虑两个因素考虑在内。他认为，人们为了应对环境的压力，企图减轻这种忧虑的痛苦，就会逐渐发展形成各种适应的行为方式。例如，某一个孩子由于缺乏父母的爱而感到孤独和不安所产生的忧虑，可以变成对人仇恨和敌对的情绪，也可能变成对人羞怯和温顺的情绪。因此，麦迪认为，研究人的个性应当考虑内向、外向和高忧虑、低忧虑这四个因素，以四个因素的不同组合形成四种不同的个性结构，如表 3.2 所示。

表 3.2　四因素个性表

	高　忧　虑	低　忧　虑
外向	紧张、激动、情绪不稳定、爱社交、依赖	镇静、有信心、信任人、适应、热情、爱社交、依赖
内向	紧张、激动、情绪稳定、害羞	镇静、有信心、信任人、适应、温和、冷淡、害羞

（三）阿德勒理论

阿德勒也是弗洛伊德的学生，后来因为与其老师观点不同而关系破裂，他的主要观点是：

不同意弗洛伊德的原始本能的无意识的冲动是人的行为的动力的观点，强调个人争取优胜的心理才是个人行为最主要的内动力。在人的个性结构中起核心作用的是意识，而不是潜意识。个人不但能意识到自己的行为，而且能有方向、有计划地去追求成就以取胜他人。可见，阿德勒不再像他的老师那样过分注重生物或其本能的因素，而是强调人的个性发展中的社会因素。荣格、阿德勒的理论又称为新心理分析论。

二、心理学在商务谈判中的运用

从事商务谈判的人员除了需要精通商务知识、技术知识外，还必须具备许多其他相关的专业知识。其中一个重要的分支就是心理学知识。因为谈判总是在人与人之间进行，从某种程度上说，左右谈判结果的是人。谈判是人类的一种行为，并且是一种复杂、高级的行为。所以，要取得商务谈判的成功，不仅要研究谈判本身，更要研究参与谈判的人。尽管人类的行为看起来错综复杂，但却是可以预测、可以理解的。西方心理学家研究发现，在人的行为中有各种各样的可预测因素，并有着可认识的内在规律。如果我们把个人的行为看作一个大的群体行为的组成部分，那么在一定条件下就不难对它们做出预测。

尽管各种各样的商务谈判千变万化，各种各样的谈判者错综复杂，但我们仍然可以用与谈判有关的心理知识去分析、判断对方的内心世界，并从中获得预见谈判各种可能性的洞察能力，从而在谈判中占据主动地位，争取谈判的最后成功。

与谈判有关的心理学知识有文饰心理、压抑心理、移置心理、投射心理、角色心理等。

（一）文饰心理

一个人用对自己最有利的方式来解释一件事情，就是文饰心理在起作用。

知识链接3-3

在一个炎热的夏日，狐狸走过一个果园，它停在了葡萄架前。狐狸想：我正口渴呢，于是它后退了几步，向前一冲，跳起来，却没有摘到葡萄。狐狸试了又试，都没有成功。最后，它决定放弃，说："我敢肯定它是酸的"。猴子说："我种的葡萄我不知道吗？肯定是甜的。"猴子说着便摘了一串吃了起来，吃得非常香甜。

（资料来源：《伊索寓言》。）

其实，狐狸对葡萄想吃得厉害，只是当它意识到自己无法得到葡萄时，为了自我安慰，便掩饰一无所获的失败感，说它根本不想要。这就是文饰心理。

在各种各样的谈判中，少不了有"文饰"的心理现象。对方把其要求或条件描绘得天花乱坠，甚至吹嘘得"天上有，人间无"，其实就是文饰心理在起作用。一场谈判结束，谁都想为谈判的结果吹嘘一番，表明自己的突出作用与贡献，这也是文饰心理在发挥作用。

（二）压抑心理

一个人在自己有意识的思想中，排斥那些令其感到厌烦或痛苦的情感和事物，就叫"压抑"。在人们的日常生活中，令人不快的往事或不愿承担的义务常常会被"忘掉"。弗洛伊德坚持认为，这种"遗忘"是由动机促发的，而不是偶然发生的。

有时，一次商务谈判的进程一拖再拖，可能就是其中一方的压抑心理在起作用。因此，如果在商务谈判中遇到这种情况，应该分析对方是否对谈判的条件甚至谈判本身不太满意。

（三）移置心理

人们往往迁怒于无辜者，拿他们当"出气筒"或"替罪羊"。这样的事例比比皆是。一个人上班时挨了上司的训斥，下班路上看到路边的流浪狗，无缘无故地踹了流浪狗一脚，这就是移置心理在起作用。

移置心理在商务谈判中时有出现。倘若对方有平白无故、莫名其妙的情绪变化，就很有可能是移置心理在起作用。

（四）投射心理

一个人把自己的动机加在别人的头上，他就是在"投射"。这经常是一种完全无意识的行为。"以小人之心，度君子之腹"就是一种投射心理起作用的典型描述。其实，"投射"是人们理解和思考外部事物非常普通，但又很重要的方法之一。这种行为的过程是无意识的，也就是说，这个人并不知道他把自己的意识强加给外部的人或事，给它们涂抹主观色彩，甚至对它们加以歪曲。

在商务谈判中，有时会遇到一些欺诈成性的对手，事后这些人往往会以"人人都在骗人，人人都在被骗"的理由来辩解，这就是用投射心理来安慰自己。难怪萧伯纳说过："一个说谎者受到的最大的惩罚，莫过于他不能再相信任何人了。"

（五）角色心理

角色心理又称角色扮演心理，是指一个人有意识地掩盖自己的真实面目，扮演成另一种人的行为方式。

这就是说，虽然只有两个人在谈判，却至少有四种角色（有人甚至认为有六种角色之多）穿插其中。一方是真实的你和你现在扮演的谈判角色，另一方是对手的真我和对手扮演的谈判角色。由于谈判角色是由各自的上级和个人所处的环境决定的，难免有时会与各自的真我发生各种各样的冲突。例如，你的真我认为，对手的谈判条件是合情合理的，而根据上级的要求，你却不得不加以坚决反对。或者，对手提出的谈判条件，明明合你的意，但谈判经验告诉你，绝不能流露真情，你必须扮演谈判者的角色，继续要挟对手或说服对手，期待他做出更大的让步。其实，不管角色扮演得多么好，出于人的本性和弱点，都会在谈判中不知不觉地流露出一些真实思想来，也就是说，任何一方都会出现两种角色。掌握这种心理知识在谈判中非常有用。高明的谈判者不会被对方的谈判角色所迷惑，他们善于体会对手的言外之意，善于从对手的一举一动中发现对手的真实思想，从而占据谈判的主动地位，在谈判中总是高出对手一筹。

心理学的研究解释了人们头脑中的种种神秘现象的本质。在商务谈判中，人们总是会自觉或不自觉地产生上面讲到的种种心理和行为。老练的谈判专家能把坐在对面的谈判对手一眼望穿，猜测出对方在思考什么、将如何行动和为什么行动。

第三节　商务谈判的其他理论基础

一、谈判需要理论

需要是人们缺乏某种东西时产生的一种主观状态，是人们对一定客观事物需求的反映。谈判是人类的一项活动，之所以要进行谈判，是因为人们有一定的需要。需要产生动机，动机驱使人们进行谈判，通过谈判达到满足，即实现预期目标。谈判的过程也是满足人们需要的过程。因此，谈判需要理论告诉我们：谈判起因于需要，需要和对需要的满足是谈判的共同基础。

（一）马斯洛的需要层次理论

心理学家马斯洛（A. Maslow）1943 年在《人的动机理论》一文中，把人的需要分成生理需要、安全需要、友爱和归属的需要、尊重的需要、自我实现的需要 5 个层次；1954 年，他又在《激励与个性》一书中，在尊重的需要后面增加了求知的需要和求美的需要，把人的需要分为 7 个层次。按其重要性依次是：

(1) 生理需要。这是维持人类自身生命的基本需要，如食物、衣着、水、住所和睡眠。马斯洛认为，在这些需要还没有被满足到足以维持生命之前，其他的需要都不能起到激励人的作用。

(2) 安全需要。这些需要是避免人身危险和不受丧失职业、财产、食物和住所等威胁。

(3) 友爱和归属的需要。当生理及安全的需要得到满足后，友爱和归属的需要便占据主导地位。因为人类是有感情的动物，人们希望与别人交往，避免孤独；希望与同事和睦相处，关系融洽；希望归属于一个团体以得到关心、爱护、支持、友谊和忠诚，并为达到这个目的而做出努力。

(4) 尊重的需要。当一个人的第三层次的需要得到满足以后,他通常不只满足于做群体中的一员,而是开始产生尊重的需要,包括自尊和受人尊重两个方面。自尊意味着在现实环境中希望自己有实力、有成就、能胜任和有信心,以及要求独立和自由。受人尊重是指要求有名誉或威望,可看成希望得到别人对自己的尊重、赏识、关心、重视或高度评价。自尊需要的满足使人产生一种自信的感情,觉得自己在这个世界上有价值、有实力、有能力、有用处。而这些需要一旦受挫,就会使人产生自卑感、软弱感、无能感。

(5) 求知的需要。人有知道、了解和探索事物的需要,而对环境的认识则是好奇心作用的结果。

(6) 求美的需要。人都有追求匀称、整齐和美丽的需要,并且通过从丑向美转化而得到满足。马斯洛发现,从严格的生物学意义上说,人需要美正如人的饮食需要钙一样,美有助于人变得更健康。

(7) 自我实现的需要。这是马斯洛需求层次理论中最高层次的需要,指的是一种使人能最大限度地发挥自己的潜能并完成某项工作或某项事业的欲望。马斯洛认为,即使以上所说的六个需要都得到了满足,人们往往仍会产生新的不满,除非本人正在干着合适的工作。音乐家必须演奏音乐,画家必须绘画,诗人必须写诗,这样才能使他们感到最大的快乐。自我实现的需要,指的就是使潜能得以实现的向往。这种向往可以说成是希望自己越来越成为自己所期望的人物,完成与自己能力相称的一切事情。

马斯洛认为人们的上述需要基本反映了在不同文化环境中人类的共同特点。人类的需要基本是由低级到高级逐层次出现的,当某一层次的需要得到相对满足时,其激发动机的作用随之减弱和消失,此时更高层次的需要则成为新的激励因素。因此,人类的基本需要是一种有相对优势的层次结构。

虽然马斯洛的需要层次理论在一定程度上符合人们的直觉,易于理解,因而得到了广泛的传播,但是学术界对其理论还有颇多质疑,马斯洛本人也未能提供有说服力的证据。不过,很多学者仍然认为这一理论对行为科学、管理科学的研究具有一定的借鉴意义。

(二) 伦伯格的谈判需要理论

美国谈判学家尼尔·伦伯格(Neol Lonberg)首先将马斯洛的需要层次理论应用于谈判领域。尼尔·伦伯格在 1971 年与克罗合著的《如何阅读人这本书》和他自己所著的《谈判的艺术》一书中,系统地提出了谈判需要理论,并成为该理论的代表人物。该理论的主要观点是:由于人的每一种有目的的行为都是为了满足某种需要,就“需要”本身而言,有些是显现出来的或直接的,有些则是潜意识的或间接的。不论谈判主体以什么方式表达需要,如果不存在某种未满足的需要和满足这些需要的可能性,人们就不会走到一起进行谈判。

谈判需要理论的作用在于:它能促使谈判者主动地去发现与谈判各方相联系的需要,引导谈判者对谈判对方的需要加以重视,以便选择不同的方法去顺从、改变或对抗对方的动机,在此基础上去估计每一种谈判方法的相应效果,为谈判者在谈判过程中进行论证和辨证提供广阔的选择空间。

谈判需要理论十分强调透过人的行为去了解、分析、推测人的需要。尼尔·伦伯格强调,对人的行为的认识是一切谈判的基础。这就是说谈判者必须是研究和分析人的行为的行家。人的许多行为都是有其自身的目的性,这些行为的目的性受到需要的强烈影响。参与谈判的一方,都有各种直接的和间接的需要,谈判者越能考虑并引导对方的需要,谈判就越可能取得成功。如果忽视这些需要，把谈判当作一场一方全赢、一方全输的对弈，结果是双方都将遭遇失败。谈判者应当记住，当对方不再需要你时，你们彼此间便失去了谈判最基本的吸引力。

需要层次理论不仅揭示了商务谈判对人类生存发展的必然性和必要性，同时还是人们在商务谈判中获胜的理论依据。不同的商务谈判者代表着不同层次的需求，商务谈判者本身有着不同层次的需求，在谈判过程中应着力满足商务谈判者的多方面需求，在商务谈判中注重关系的建立与维护(见表 3.3)。

表 3.3　需要层次理论在谈判中的应用

需要的层次	在　谈　判　中　的　体　现
生理需要	合理安排谈判者的衣、食、住、行
安全需要	除了身体安全外，更主要的是合作的安全(人品、产品质量、信誉等)
社交需要	融洽的关系，友谊的建立，情感的交流
尊重需要	希望受到尊重、肯定、赞美和特别优待
求知需要	对谈判对手的报价、名词概念、条款和让步理由等有疑问，需要解答
求美需要	外表、衣着、语言、姿态，给人带来良好感官享受的谈判场所
自我实现需要	希望有成功感(达到目标)、成就感(实现自我价值)

1. 商务谈判者的生理需要

谈判是一种消耗大量体力和脑力的高级智力劳动，同时还要承受极大的心理压力。如果谈判人员的生理需要得不到保证，就会影响到谈判人员的精力与情绪，影响预定谈判目标的实现。生理需要在谈判中主要表现为谈判者对衣、食、住、行的需求。对“衣”的需求是穿着整洁得体，符合自己的形象和气质，得到对方的认同，增强己方的谈判气势。谈判者对“食”的需求是营养丰富，符合自己的口味和饮食习惯，并合乎安全、卫生的要求。谈判者对“住”的需求，是指要符合自己的身份、地位和居住习惯，有一个安静、舒适和方便的居住环境，这样有利于消除疲劳，恢复精力、体力，也有利于保持友善的心理。谈判者对“行”的需求，是指交通、通信便利，以便随时和上级部门取得接触和联系，提高谈判效率。

考虑到谈判过程中的生理要求，作为谈判主座的一方除了为谈判本身做周密的部署外，还要考虑为对方提供良好的衣食住行条件，这样可减轻对方参与客座谈判而带来的紧张、怀疑和巨大的心理压力，创造良好的谈判气氛。

2. 商务谈判者的安全需要

安全需要主要表现为人身安全。人身安全是指处于客座的谈判者，由于对当地的社会民情、风俗习惯、治安交通等情况不了解，通常会缺乏安全感。主座一方应尽可能地在各方面予以照顾，如专人负责接送，陪同参观、游览购物和解说等。

3. 商务谈判者的社交需要

谈判者都希望双方之间能建立友好关系，得到对方的友谊。另外，也希望己方谈判团队内部加强沟通和协作，共同争取谈判的成功。因此，处于主座的谈判一方，应当持有一种友好合作的心态，利用一切机会，包括语言、表情、宴请娱乐、赠送礼品等，发展与对方的友谊，建立良好的人际关系。一旦双方建立了良好的人际关系，彼此之间就更容易沟通和了解。

同时，谈判团队的负责人应当保持内部的团结和协作，充分听取每个成员的意见，尽量采纳其合理的部分，并对不能采纳的意见做出合理的解释。但在谈判桌上，全体成员应口径一致、团结作战，不能把任何分歧和意见显示出来，以免给对方可乘之机。

4. 商务谈判者的尊重需要

每个谈判者都希望得到谈判对手的尊重。要想得到对手的尊重，必须首先尊重对手。因此，在谈判过程中，谈判者要处处表现出对对手的尊重。首先，应当尊重其人格。使用语言时，要文明礼貌，而不要使用侮辱、攻击和谩骂的语言。其次，应尊重对手的身份和地位。在谈判中，双方的身份和地位应该对等，即使有差距也不要太大。否则，身份和地位较低的人员与身份和地位较高的人员进行谈判时，后者会以为这是对其的不尊重，会影响谈判进行，甚至造成谈判破裂。最后，应尊重对手的学识和能力。有时在谈判中，对方会有意无意地搅乱谈判秩序，或故意混淆一些本来很明确、浅显的概念，这时也不要贬低嘲笑或讥讽对方学识浅薄，而应从正面将问题予以澄清。

5. 商务谈判者的求知需要

谈判者都有求知的需要，如果对谈判对手提出的报价、名词概念、条款和让步理由有疑问，会通过提问方式加以澄清，这就要求回答的一方必须小心应对。同时，处于客座的谈判一方会对主座一方的实力进行多方面的探查，通过参观工厂、与工人和管理人员闲聊的方式了解主座一方的生产经营状况，这更要求主座一方谨慎应对，以免泄露经营秘密或商业秘密。

6. 商务谈判者的求美需要

谈判者要从外表、衣着、语言、姿态等各个不同方面向对方展现己方谈判人员的良好素质和精神面貌，同时，作为主座谈判的一方要尽量安排能给人带来良好感官享受的谈判场所作为洽谈地点，以便给对方带来愉悦的心情，为促进交易达成创造良好条件。

7. 商务谈判者的自我实现需要

这是对谈判者最高的要求，商务谈判者都希望自己的工作富有成果，能得到别人的承认，在不影响满足己方利益的同时，也应尽可能地使对方利益得到满足。从谈判角度来看，要在商务谈判中满足对方自我实现的需要是比较困难的，原因在于：对方是以其在谈判中取得的成就或成绩来体现和评价其自我实现需要是否得到满足，以及得到多大程度的满足，而谈判中的成就实际上主要是通过谈判而能获取的利益。成就大意味着所获取的利益多，成就小意味着所获取的利益少。在对方通过谈判可以取得较多的利益，或者实现了其既定的利益目标时，他的自我实现需要得到了满足，而当其通过谈判没有达到既定的利益目标时，那么其自我实现的需要就只得到部分的满足。这实际上从另一个角度说明，对方的自我实现需要是与我方的利益相矛盾的。争取尽可能多的利益，是每一个谈判者所要追求的目标。而在一般情况下，除了策略上的需要以外，任何人都不会放弃自己的利益去满足对方自我实现的需要。

（三）需要层次理论在商务谈判中的运用

伦伯格在其所著的《谈判的艺术》一书中，详尽、系统地提出了需要层次理论。根据伦伯格的观点：人们在审视自我的各种需要时，往往会忽略那些能够充分满足或者无法得到满足的需要；在策划和考虑行为目标时，也往往会将那些轻而易举就能得到满足，或者不可能达到满足的需要排斥在行为目标的范围之外；人们在每次行为时，通常只考虑那些尚未满足且自己的能力可及的需要，而这种需要就是其基本需要。并且，谈判者在谈判中抓住的需要越是基本，其获得成功的可能性就越大。基于此，伦伯格把人们的需要对谈判成功的控制力量大小进行排列，划分出六种基本的谈判需要类型。

1. 谈判者服从对方的需要

谈判者在谈判中站在对方的立场上，设身处地为对方着想，从而使谈判成功。这种方法最易使得谈判成功。需要的层次越高，谈判成功的难度就越大，谈判者对谈判成功的控制力也越小。如果谈判者只为谈判对方的重要需要着想，对方为使自己生存下去必然对谈判欣然许诺，一拍即合。如果谈判者为对方高层次的需要着想，那么由于谈判对方对高层次需要的迫切性小于生理需要的迫切性，谈判成功的难度就会增加。

2. 谈判者使对方服从其自身的需要

这种类型策略的谈判，双方都得到利益，每一方都是胜者。如，商店营业员普遍对顾客使用这种策略，采取种种办法，满足顾客需要，从而更好地推销商品。

3. 谈判者同时服从对方和自己的需要

这是指谈判各方从彼此共同利益出发，为满足双方的共同需要进行谈判，采取符合双方需要与共同利益的策略。这种策略在商务谈判中被普遍用于建立各种联盟，共同控制生产或流通。如四家企业为了确保其电气设备的高额利润，他们缔结秘密协议，固定产品价格，操作市场，控制竞争，即属于此种类型。

4. 谈判者违背自己的需要

这是指谈判者为了争取长远利益的需要，抛弃某些眼前无关紧要的利益和需要而采取的一种谈判策略。谈判者为了达到某种目的而不惜损害自己的需要，这并不是一种非理性行为，而是出于深思熟虑地实现预期目标的有效谈判手段。如，某些零售企业有意识违背自身收入增长的需要，采取薄利多销甚至短期亏本销售的经营手段吸引顾客，扩大影响，从而为自己争取长期更大的利益做准备。

5. 谈判者损害对方的需要

这是指谈判者只顾自己的需要和利益，不顾他人的需要和利益、尔虞我诈、你死我活的一种谈判策略。在谈判中采用这种策略的一方往往处于强者的主动地位，但更多的情况是导致谈判破裂。

6. 谈判者同时损害对方和自己的需要

这是谈判者为了达到某种特殊的目的，抛弃双方利益需要的办法，这也是一种双方"自杀"的办法。如，商品交易中，竞争双方展开价格战，双方都甘愿冒破产的危险，竞相压低价格，以求打败对手，此类场合采取的就是这种策略。

知识链接3-4

"意大利香肠"出自这样一个典故：在意大利，一个乞讨者想得到某人手中的一根香肠，但对方不给，这位乞讨者就乞求对方可怜他，给他切一薄片，对方认为这个要求可以，于是就答应他了。第二天，乞讨者又去乞求一片，第三天又是如此，最后，这根香肠全被乞讨者得到了。

一位高明的谈判者在谈判之初并不提出自己全部的、真正的要求，而是随着谈判的不断深入，采取挤牙膏的方法，顺顺当当地使对方做出一个又一个的承诺，直到满足自己的要求为止。其具体内容是：意欲取其尺利，则每次谋取毫厘，就像切香肠一样，一片一片地把最大利益切到手。

（资料来源：2011 年国家公务员考试面试题。）

知识链接 3-5

“夹叉射击”是谈判桌上一种较为典型的方位策略。“夹叉射击”本是一种炮兵术语，是在不能测定炸点的距离偏差量时，用不同诸元发射的炸点夹叉目标（试射点），并逐次缩小夹叉到一定限度，以求得射击成果的试射方法。

“夹叉射击”引申到谈判桌上，就是借助于在谈判目标的前后方位鸣击，不断逼近，缩小标距，最终达到击中目标的目的。在谈判实践中，精明的谈判者不注重把精力耗费于“正中目标”的决策上，而是把握主次方向基本正确的前提下，通过逐渐缩小标距误差的手法，来实现自己的目标。

（资料来源：百度百科。）

根据伦伯格的观点，在上述六种方法中，第一种最容易被谈判者控制，第二种次之，以此类推，第六种方法最难控制。同时，鉴于谈判者的行为并非都能自主、单纯，于是，伦伯格又将谈判划分为三个层次，即：自然人与自然人之间的谈判；自然人与法人之间的谈判；法人与法人之间的谈判。在任何一种非个体的谈判中，往往都有两种需要在同时起作用：一种是谈判者所代表的法人的需要；另一种是谈判者的个体需要。因此，作为一个有经验的谈判者，不但需要顾及对方所代表的群体的需要，而且需要特别重视对方的个体需要，努力通过恰当的方法去发现、诱导和尽可能满足对方的个体需要，进而影响对方的固有立场、观点，以便使谈判的对方能同己方合作。

由上可见，需要层次理论所强调的是：谈判的前提是谈判各方均希望从谈判中得到某种基本需要，而此种基本需要既不是已经满足或者很容易就能得到满足的需要，也不是无法得到满足或者希望渺茫的需要，而是尚未得到而又渴望得到满足的需要，并且此种基本需要中既包括群体（或者法人）的需要，又包括谈判者作为个体的需要。只有那些设法抓住对方的基本需要并因势利导的谈判者，才有可能取得谈判的成功。

二、谈判实力结构理论

谈判的实力结构理论是约翰·霍普金斯大学教授威廉姆·扎特曼（William Zartman）提出的。他认为，现有的谈判理论过于强调谈判者的性格因素，虽然谈判者的性格对谈判的过程及其结果有重要的影响，但在谈判中起决定性作用的往往是谈判的结构，尤其是谈判的实力结构，正是谈判的实力结构决定了谈判的形式和结果。

（一）谈判实力结构理论的主要内容

谈判实力结构理论主要分析了谈判各方的实力处在不同结构下的可能结果，“实力”指的是“行为者 A 在与行为者 B 谈判的过程中，利用其掌握的资源，以图导致产生一些变化，得到自己希望结果的方式”，或“某一方为促使另一方采取某种行为所采取的行动”。这说明，实力是与时间和金钱不一致的一种要素。当然，在任何谈判中，就基本否决权来讲双方在其中一项事情的实力上是对称的，就是双方都有权否决谈判协议或合同。

1. 谈判实力的特征

(1) 综合性。谈判实力来源于影响谈判结果的各种因素，既包括客观因素，也包括主观因素；既有外部因素，也有内部因素。它受到多种因素的影响和制约，决不能简单地将其等同于经济实力或固有实力。

(2) 相对性。谈判实力不是绝对力量，而是相对力量，它只是针对某一特定的谈判对手、谈判环境和谈判事项时才有意义，它是经过谈判各方对比后所形成的相对论力量，同时不存在不受环境和实物制约的谈判实力。

(3) 动态性。谈判实力是一种相对力量，它是可变的，谈判者可能在此时实力强于对手，但在彼时实力又可能弱于对手；可能在此事上实力强于对手，但在另一件事上实力又可能弱于对手。由于谈判者的谈判技巧和行为举止对谈判实力影响甚大，而这些因素是微妙变化的，因此，谈判实力也是微妙变化的。这种微妙性，不仅决定了谈判实力的可变性，也决定了谈判更多的是一种心理斗争。

(4) 隐蔽性。谈判实力一般不会轻易地暴露出来，它常常虚实结合地使用，构成谈判谋略的重要部分。因此，谈判者要懂得实力的展示方式和使用时机，而不可将自己的实力底细轻易泄露给对方。

课堂讨论 3-1

纽曼因为某种原因已失业一年多了，现在急需一份工作。他来到一家玩具公司，向主管经理递上了求职书和证明。经理扫了一眼他的材料，问了声："过去的一年里你干了哪些工作而使你在这个社会上不落伍呢?"

问题很尖锐，纽曼鼓足勇气回答道："干得不多，当过一阵家庭教师和顾问。"经理说了句："谢谢，我以后再找你。"纽曼听了这句话心里很不舒服，以致失去冷静，脱口说出："那么，什么时候？你能给我定个日子吗?"

就是这句话让经理看出来他确实需要这份工作，他现在没有选择的余地。经理呆板地说："将来由我们的办公室跟你联系。"纽曼显得无奈又无助："但是什么时候?"经理说："这有什么关系？反正你不会到别的地方去。"

确实，纽曼将自己置于没有选择的余地，他失去了竞争的权利。最终，他也没得到这份对他来说十分重要的工作。

讨论：影响谈判实力的因素有哪些?

（资料来源：杨剑英，常军. 商务谈判理论与实务[M]. 南京：南京大学出版社，2020.）

2. 谈判实力结构模型

(1) 实力结构对称模型。威廉姆·扎特曼认为，谈判各方实力对称或均等是一种最简单的结构模型。当然，所谓实力均等是相对而言的。在这种情况下，如果双方在磋商过程中形成僵局，任何一方作为单方面力量都无法解决问题，必须借助于谈判才能化解僵局。所以，谈判者为克服认识到的或即将来临的僵局以及打破僵局所做的努力，实际上就是反对结构平等和寻求不需要通过谈判就可以达成协议的过程。在这种情况下，实力实际上就是某种形式的自我识别，它是指那些谈判者的洞察力。这些谈判者在行使否决权之前会做出一些让步以尽量打破僵局，并且能在回顾过去或展望未来的过程中对僵局有一个正确的认识。

实力均等是一种静态环境,它并不能告诉我们该如何打破谈判僵局。互惠则是对实力均等的动态解释。虽然互惠不能解决所有的问题,但它仍然是一种行为规则。谈判方在起点公平的基础上进行谈判,并希望能在程序平等的基础上做出让步,最后找到一个公平合理的解决方案。互惠是一种先利人后利己的行为,是实力均等的双方努力使其从谈判中得到最大收益的结果。即使并不是谈判方的每一方让步都能使对手做出相应的让步,谈判各方也会希望,就最终的结果来看,他们是互惠的。先做出让步的谈判者希望谈判对手也能够以让步作为回报,如若不然,他们就会有一种被欺骗的感觉,从而最后拒绝签署谈判合同。更进一步地说,即使除了基本否决权之外,谈判者的实力并不均衡,但是他们仍然希望通过互惠实现动态平衡。

当然,无论从谈判各方还是从谈判结果看,都很难对平等进行衡量。但是其普遍含义仍然十分明确,即当谈判者觉得平等时,往往能够使谈判得到最有效的结果。而且,当他们认为谈判过程和结果非常公平时,往往会得到最满意的谈判结果。由于与完全平等的谈判各方一样,完全公平的结果在现实中几乎不可能存在,因此,从对称得出的结论表明,当谈判者将个别的讨价还价变为整体协商的时候,他们仍然会尽最大努力将讨价还价的边界推向最优的交换结果,尽量从谈判中得到最大的收益。实际上,谈判的实力结构平等可以使双方免于纠缠立场平等问题,而把精力专注于为平等的结果创造更大的收益蛋糕。也就是说,要得到整体收益为正的结果,最重要的不是绝对平等地分配蛋糕,而是进行平等的交换。

(2) 实力结构不对称模型。如果谈判各方的实力结构不对称,即一方实力相对较强而另一方实力相对较弱,比较普遍的观点认为实力较强者会是最后的胜利者。威廉姆·扎特曼认为,实力来自某些资源,拥有这些资源的谈判方可以因为另一方的某些行为或不行为而对其进行惩罚或奖励;或者,它也有可能来自某些要素,这些要素决定了另一方容易受上述奖励或惩罚影响的敏感程度。在最简单的情况下,我们可以把正在谈判的合同本身作为一种奖励进行分析,这种奖励同等地适用于谈判各方。然后,我们可以根据双方对达成这个合同的迫切程度而不是他们对收益分配的影响力做出区分。由于谈判各方对达成合同的迫切程度不同,从而导致他们对另一方否决权的敏感程度不一样。那么,如何来衡量谈判一方对另一方否决权的敏感程度呢?威廉姆·扎特曼提出了一个安全点标准,我们也可以把它叫作次优标准,即通过对谈判一方可以选择的替代方案进行评价,并将替代方案的价值转变为谈判结果,谈判者可以改变谈判对手的立场。相对而言,替代方案的价值较高的谈判者具有更强的谈判实力,而谈判者的金钱实力对谈判实力的影响并不是最重要的。研究结果表明,一般来说,在谈判的开始阶段或谈判过程中,实力较强的一方可以将实力转化为获胜的行为,而实力较弱的一方将承受较大的损失。此时,实力较弱的一方可以通过从实力较强的一方那里获取支持,或者从外部团体那里获取实力的方法,使双方的谈判实力趋于均等。当然,实力较弱的一方究竟应该采取哪些措施以摆脱困境,仍然存在很大的争议。

(二) 谈判实力结构理论在国际商务谈判中的应用

谈判各方的实力完全对称或均等在现实交易中是很难出现的,更多的情况是谈判各方的实力结构并不对称。根据谈判实力结构理论,衡量谈判各方实力的标准并不是金钱、公司规模等要素,而是对交易所要达成的合同的迫切程度。由于在讨价还价中谈判实力较强的一方通常拥有较大的影响力,实力较弱的一方在谈判的准备阶段就应该采用适当的谋略,比如,通过制造竞争、借助外力干预等增强本方实力。

三、谈判公平理论

谈判要取得成功，需要遵循公平准则以提高效率。公平的准则多种多样，谈判者通常将精力集中在那些对己方有利的公平准则上。公平是一个主观臆断的概念，可以用它来作为与对手讨价还价的策略，当对手提出的公平论据不能服务于己方的利益时，谈判者应该做好对抗准备。因此，公平理论对谈判有重要的指导意义。

同时，社会主义核心价值观也要求，将公平正义原则作为商务谈判技巧课程的核心内容，引导学生树立正确的道德观念，遵守商业道德和职业操守，同时强调企业在追求经济利益的同时，应承担相应的社会责任，培养学生的社会责任感和使命感。

（一）公平理论的基本内涵

公平理论又称社会比较理论，由美国心理学家约翰・斯塔希・亚当斯（John Stacey Adams）于 1965 年提出。亚当斯根据人们认知公平的基本要素，提出了人们分配公平感的公式：

$$O_1/I_1=O_2/I_2$$

式中，O_1 为当事人得到的结果，I_1 是当事人的投入，O_2 为别人得到的结果，I_2 是别人的投入。

公平理论指出，人的工作积极性不仅与个人实际报酬有关，而且与人们对报酬的分配感公平与否更为密切。人们总会自觉或不自觉地将自己付出的劳动代价及其所得到的报酬与他人进行比较，并对公平与否做出判断。这说明人们在对待分配是否公平时，并不是比较所获得结果绝对量的多少，而是比较所获得与所付出的比值。因此，当亚当斯公式两侧相等时，即 $O_1/I_1=O_2/I_2$，人们就会感到公平；当 $O_1/I_1<O_2/I_2$ 时，人们会觉得吃了亏；反之，如果 $O_1/I_1>O_2/I_2$ 时，人们会感到占了便宜，也会产生另外一种不公平感，即歉疚感，但多数人此时会心安理得。

（二）不公平感的消除

当人们发现自己处于不公平的状态时，他们会变得很苦恼，这种苦恼会驱使人们去尝试恢复或消除其不公平感。人们一般会运用以下几种方法来消除不公平所带来的紧张状态：

（1）扩大自己所得或增加对方投入以及减少自己付出或减少对方所得。但实际上，除减少自己付出外，其他三种情况自己都不能控制。因此，当人们产生不公平感时，就会以消极情绪减少自己的投入，如消极怠工、敷衍了事。

（2）改变参照对象，以避免不公平。改变参照对象，可以很快消除人们的不公平感。这就是俗话所说的“比上不足，比下有余”。

（3）退出比较，以恢复平衡。在现实生活中，人们不公平感的产生多是在参照物的比较下形成的。因此，消除不公平感最简单的办法，就是退出比较。当比照物消失后，不公平感也随之消失。

谈判活动中的公平感十分微妙，与谈判者的言行举止和谈判技巧息息相关。如果谈判中的一方可能只做出了很少的让步，另一方可能会觉得公平；相反，一方可能做出了很大的让步，另一方可能仍会觉得不公平。因此，谈判者必须学会增强对方的公平感，给予对方更多的心理满足。

（三）公平的判断标准

公平原则一般体现为平均、公正和需求导向等方面。平均是一种盲目公正，要求对所有人平均分配，不考虑各方的投入，每个人同等受益（或受害）；公正是按照每个人的贡献度进行分配；需求导向要求按照每个人实际需求的比例进行分配利益。不同的公平原则要适用于不同的环境，具体来说，有四种公平的分配方案，如表3.4所示。

表3.4 公平的四种分配方案

分配方案	举例
方案一：以心理承受的公平为标准	赈灾救助经常按人们的收入多少进行募捐
方案二：以实际需要的补偿为标准	穷国与富国义务的不平等
方案三：以绝对平均分配为标准	子女遗产继承，社会救助金的发放
方案四：以实际所得平等为标准	企业给职工的工资较低，但以较高的福利找平

公平理论对谈判的指导意义在于：第一，由于公平的评价标准不同，绝对的公平实际上是不存在的，因此谈判中就要对合作中利益分配的公平标准达成共识与认可；第二，公平感是支配人们行为的重要准则，如果人们感觉到不公平，就会产生消极行为，因此应设法增强人们的公平感；第三，无论在什么样的公平分配方法中，心理因素的影响作用越来越重要了，因此，谈判中应善于从心理的角度增强对方的公平感。

知识链接3-6

美国钢铁大王戴尔·卡耐基曾经有这样一个经典的谈判。有一段时间，他每个季度都有10天租用纽约一家饭店的舞厅举办系列讲座。后来，在某个季度开始时，他突然接到这家饭店经理的一封信，要求租金提高2倍。当时本季度举办系列讲座的票已经印好并发出去了。收回讲座的票不但会造成一定的经济损失，也会对商业信誉造成很大的影响，卡耐基当然不愿意看到这样的结果，也不愿意支付多了一倍的租金。过了几天，他去饭店找到了经理，对他说："我收到你关于提高租金的通知，开始有些震惊，不过我一点也不埋怨你们。如果我处在你们的地位，可能也会写一封类似的通知。作为一个饭店经理，你的责任是尽可能多地为饭店谋取利益。如果不这样，你就可能被解雇。如果你提高租金，那么让我们拿一张纸写下将给你带来的好处和坏处。"然后，他在纸中间画了一条线左边写"利"，右边写"弊"，在利的一边写下了"舞厅，供租用"。然后说："如果我租用的这个舞厅空置，就可以出租供舞会或会议使用，这是非常有利的，因为这些活动给你带来的利润远比办系列讲座的收入多。如果我在一个季度中连续10个晚上占有你的舞厅，这意味着你失去一些非常有利可图的生意。"

"现在让我们考虑一个'弊'。首先你并不能保证办舞会会在整体意义上获得更高的收入。如果你提价从我这里获得收入只会更少，实际上你是在取消这笔收入，因为我付不起你要求的价，所以我只能被迫改在其他的地方办讲座。其次，对你来说，还有一弊。这个讲座会吸引很多知识、文化水平较高的人来到你的饭店，无疑对饭店起到了很好的宣传作用，为你节约了很大的一部分成本。事实上，可能你花了5000美元在报上登个广告也吸引不了比我讲座能吸引到你未来更多的目标消费者来这个饭店。"

卡耐基把两项“弊”写了下来，交给经理说：“我希望你能仔细考虑一下，权衡一下利弊，然后告诉我你的决定。”第二天，卡耐基收到一封信，通知他租金只提高到原来的 1.5 倍。

卡耐基在整个谈话过程中一句也没提到自己的要求和利益，而始终在谈对方的利益以及怎样实现才对对方更有利，但却成功地达到了自己的目的。

（资料来源：https://www.daodoc.com/fanwen/qitafanwen/2951027.html.）

四、谈判博弈理论

如果你在决策时会考虑到对方的反应，并且把对方的反应作为决策的依据之一，这说明你和对方是一种“博弈”关系。商务谈判是谈判参与方为了达到各自的目的，就利益的交易条件，通过沟通和协商以达到各方都能接受的协议的过程。它具备了博弈论的一些基本特征。因此，有一种观点认为谈判即为博弈，比拼的是智慧和勇气。

（一）博弈的内涵

博弈是指在一定规则约束下，基于直接相互作用的环境条件，各参与者依据各自所掌握的信息，选择各自的策略（行动），以实现利益最大化的过程。

博弈论研究的是理性的博弈方，在独立决策但其决策又相互影响其各自收益的情况下该如何行动。也就是说博弈论把小到猜拳游戏、大到国家之间的战争等每一种互动的情形都视为一个博弈，把参与互动的当事者，无论是个人还是企业，都称为“参与人”，然后考察博弈的参与人如何进行决策，依次预测博弈的结局如何。正是由于能够为所有的互动情形提供一个统一的分析框架，博弈论现在已经逐渐成为社会科学研究的一种基本方法，这种方法对我们处理各种需要与人打交道的事情尤为重要。谈判的本质特征是一种博弈现象，博弈论的思维方式为解决谈判中的问题提供了强有力的分析工具，它使谈判者的思想集中在谈判另一方的想法和可能采取的行动上，帮助谈判方考虑谈判另一方对其建议作何反应，以及其行为可能产生的意想不到的效果。

严格地说，博弈论并不是经济学的一个分支，而应归属于数学中的运筹学范畴，它实质上是一种研究问题的方法，在军事学、公共选择、国际关系、政治学和经济学中都被广泛使用。博弈论在经济学中的绝大多数应用模型是在 20 世纪 70 年代中期之后发展起来的，80 年代中期以后，博弈论逐渐成为主流经济学的一部分，受到了越来越多的重视。

（二）博弈论的构成要素和类型

博弈包括下列几个要素：参与者、策略或行为、信息、支付函数和均衡。参与者指的是在所定义的博弈中做出决策、承担结果的个人、团队或组织（也包括国家和国际组织）。策略或行为指的是各参与者各自可选择的全部策略或行为的集合，即每个参与者在进行决策时可以选择的方法、做法或经济活动的水平、量值等。在不同的博弈中可供参与者选择的策略或行为的数量很不相同，即使在同一博弈中，不同参与者的可选策略或行为也常常不相同，有时只有有限的几种，甚至只有一种，有时又可能有许多种甚至是无限种可选策略或行为。信息指的是参与者在博弈中的知识，特别是有关其他参与者的特征和行动的知识。支付函数是指参与者从博弈中获得的效用水平，对应于各个参与者的每一种可能的决策选择，博弈都有一个结果表示各个参与者在该策略组合下的所得和所失，即收入、利润、损失、量化的社会效用和经济福利等，这个结果可以是正值，也可以是负值或零。均衡即指所有参与者的最优策略或行为的集合。

博弈的划分可以从两个角度进行:第一个角度是参与者行动的先后顺序。从这个角度看,博弈可以划分为静态博弈和动态博弈。静态博弈指的是在博弈中,参与者同时选择行动或虽非同时选择,但后行动者并不知道先行动者采取了什么具体行动;动态博弈指的是参与者的行动有先后顺序,且后行动者能够观察到先行动者所选择的行动。划分博弈的第二个角度是参与者对有关其他参与者(对手)的特征、战略空间及支付函数的认识。从这个角度看,博弈可以划分为完全信息博弈和不完全信息博弈。完全信息博弈指的是每一个参与者对所有其他参与者(对手)的特征、战略空间及支付函数有准确的了解;否则,就是不完全信息博弈。将上述两个角度的划分结合起来,就可以得到四种不同类型的博弈,这就是:完全信息静态博弈、完全信息动态博弈、不完全信息静态博弈、不完全信息动态博弈。博弈的类型不同,博弈的均衡也将不同。

(三) 不同类型的博弈问题及其在商务谈判中的应用

1. 完全信息静态博弈及其在商务谈判中的应用

所谓完全信息静态博弈,即各博弈方同时决策,或虽非同时决策但所有博弈方对博弈中的各种情况下的得益都完全了解的博弈问题。完全信息静态博弈的例子较多,比如,囚犯的两难、智猪博弈、齐威王与田忌赛马等。

囚犯的两难是博弈论中被引用频率最高的例子,它说明了个人理性与集体理性的矛盾。

智猪博弈(表 3.5)反映了在垄断竞争市场上大企业与小企业之间的关系问题。我国对外贸易面临的一个突出问题就是出口商品结构还不尽合理,政府和学界都呼吁企业加快技术创新。但是,要想改善出口产品结构,就要进行研究与开发,要投入巨额的研究和开发费用,只有垄断竞争市场上少数大企业才能承担得起这部分费用,所以中小企业只能选择观望等待。问题是,一旦大企业推出了新产品,众多中小企业立刻模仿,由于中小企业没有研发投入,所以生产成本低,这样很快就走到价格战的老路上去,导致大企业无法收回研究与开发的成本,丧失了利润激励,所以也渐渐失去了技术创新的动力。

表 3.5 智猪博弈

		小猪	
		按	不按
大猪	按	4,0	3,3
	不按	7,−1	0,0

假设猪圈里有两只猪,一只大,一只小。在猪圈的一头装有食槽,另一头安装着一个按钮,按一下按钮会有 8 个单位的食物出现。但不管大猪还是小猪,按动按钮都需要花费 2 个单位的食物成本。如果两只猪同时按按钮,再一起跑过去吃,大猪能吃到 6 个单位,小猪能吃到 2 个单位,扣除 2 个单位的成本后,大猪净得益 4 个单位,小猪净得益 0 个单位。如果大猪按按钮,小猪等着先吃,大猪再赶过去吃,则大猪吃到 5 个单位,去掉按按钮的 2 个单位成本,净得 3 个单位,小猪不付出任何成本也吃到 3 个单位。如果小猪按按钮,大猪等着先吃,则大猪吃到 7 个单位,小猪吃到 1 个单位,再减去按按钮的 2 单位成本,小猪是净亏损 1 个单位。如果大家都等待,结果是都不会有食物吃,净收益都为 0。

齐威王与田忌赛马是我国古代非常有名的运用谋略的故事，说的是田忌的谋士孙膑如何运用谋略帮助田忌以弱胜强战胜齐威王的。这一博弈在国际商务谈判中有广泛的应用。通常，商务谈判中的当事人双方在经济实力和谈判能力上是不对等的，这样，处于弱势的一方就必须采用谋略和技巧来与强势一方相抗衡，以便为本方争取较大的利益。通常，双方在谈判之前都会广泛地搜集情报，寻找对方的弱点，在谈判中抓住不放。因为谈判的结果是各项合同条款的综合，而不能仅关注单个项目的得失。中外不少谈判人员都通过谋略的运用为自己的国家、企业争得了利益和荣誉。

2. 完全信息动态博弈及其在商务谈判中的应用

与静态博弈不同，动态博弈的根本特征是各博弈方不是同时，而是先后、依次进行选择或行动。由于动态博弈所涉及参与者的行为分先后次序，且后行为者在行为之前能观察到此前其他参与者的行为，这就意味着动态博弈中各博弈方在关于博弈进程的信息方面是不对称的，意味着后行为的博弈方有更多的信息帮助自己选择行为。一般来说，这是后行为方的有利条件，因为他们可减少决策的盲目性，有针对性地选择合理的行为。完全信息动态博弈在国际商务谈判中有非常广泛的应用。比如，在报价阶段，谈判各方通常都要准备几套行为方案，先报价的一方完成报价以后，还价的一方就可以从事先准备的方案中选择有针对性的策略，而不会盲目选择。

当然，完全信息动态博弈在讨价还价的具体过程中还有更广泛的应用。为了使分析简化，我们假设卖方报价和买方还价的价格差是1000美元，剩下的问题是双方就如何让步以消除这1000美元的差距进行磋商。首先，由卖方提出一个分割比例，对此，买方可以接受也可以拒绝。如果买方拒绝卖方的方案，则他自己应提出另一个方案，让卖方选择接受与否。如此循环往复。在上述循环过程中，只要有任何一方接受对方的方案，谈判就宣告结束，而如果方案被拒绝，则由另一方再次提出新方案。

3. 不完全信息静态博弈及其在商务谈判中的应用

不完全信息静态博弈是指在博弈中至少有一个博弈方不完全清楚其他某些博弈方的得益或得益函数。

拍卖和投标属于不完全信息静态博弈的例子。在拍卖交易中，由于各竞拍方只知道自己对拍卖标的的估价，并不知道其他竞拍者的估价，所以每个竞拍者对其他竞拍者的得益是不知道的。在公开招标、投标的例子中，由于投标书都是密封递交的，每个投标方在决定各自的标价之前都无法知道其他投标者的标价。

这种类型的博弈中，拍卖的均衡结果是：每个博弈方的最佳反应是他的报价为自己对拍品估价的一半。这种决定拍卖出价的原则实际上反映了博弈方面临的一个基本矛盾，即出价越高，拍中的机会越大，但得到的利益就越小；而出价越低，拍得的机会就越小，但一旦拍得，利益就越大。兼顾拍得机会和得益的折中方法是其最佳选择。

4. 不完全信息动态博弈及其在商务谈判中的应用

不完全信息动态博弈是指至少有一个博弈方对其他某些博弈方的得益不是非常清楚。对买方来说，经常存在的情况是自己对想要买的商品的真正价值并无十分的把握，这就足以使买方在交易中犹豫不决了。除此之外，他对卖方的进价更是缺乏了解，因此他无法确定什么价格是卖方真正愿意接受的最低价格，以任何价格成交都无法使他确定做了一笔成功的交易。同样，对于卖方来说，有时也会未真正了解自己所销售商品的价值，如到底应该加上多少折旧、多少风险系数、人工费如何确定等。

实事求是地说，任何商务谈判在一定程度上都可以说是不完全信息动态博弈，因为交易一方对另一方究竟有多想做成这笔买卖是无法完全清楚的，这也就是为什么许多交易中买卖双方总是从“漫天要价、就地还钱”开始，慢慢进行讨价还价的原因，因为双方都想从这个过程中获得更多的关于对方估价和得益的信息，以便为自己争取更多的利益。

◆内容提要

本章介绍了商务谈判的各种理论，主要包括商务谈判的经济学理论、心理学理论、需要理论、实力结构理论、公平理论以及博弈论。

◆关键词

比较优势　谈判心理　弗洛伊德理论　谈判需要理论　马斯洛需要　谈判需要类型
谈判实力结构理论　谈判实力结构对称/不对称模型　谈判公平理论　博弈与博弈论
完全信息静态博弈　完全信息动态博弈

◆复习思考题

1. 什么是实力结构不对称模型？
2. 什么是适合于不同需求的六种谈判方法？
3. 解释角色心理、移置心理、文饰心理、投射心理和压抑心理的内涵。
4. 试述谈判公平理论在商务谈判中的应用。
5. 博弈的要素有哪些？
6. 在商务谈判的过程中，如何运用需要理论以实现谈判目标？

◆思考案例

我国某冶金公司要向美国购买一套先进的组合炉，派一高级工程师与美商谈判，为了不负使命，这位高级工程师做了充分的准备工作，他查找了大量有关冶炼组合炉的资料，花了很大的精力对国际市场上组合炉的行情及美国这家公司的历史和现状、经营情况等了解得一清二楚。谈判开始，美商一开口要价150万美元。这位工程师列举各国成交价格，使美商目瞪口呆，最终以80万美元达成协议。当谈判购买冶炼自动设备时，美商报价230万美元，经过讨价还价压到130万美元，中方仍然不同意，坚持出价100万美元。美商表示不愿继续谈下去了，把合同往他面前一扔，说：“我们已经做了这么大的让步，贵公司仍不能合作，看来你们没有诚意，这笔生意就算了，明天我们回国了”。这位工程师闻言轻轻一笑，把手一伸，做了一个优雅的请的动作。美商真的走了，冶金公司的其他人有些着急，甚至埋怨工程师不该抠得这么紧。这位工程师说：“放心吧，他们会回来的。同样的设备，去年他们卖给法国只有95万美元，国际市场上这种设备的价格100万美元是正常的。”果然不出所料，一个星期后美方又回来继续谈判了。这位工程师向美商点明了他们与法国的成交价格，美商又愣住了，没有想到眼前这位中国商人如此精明，于是不敢再报虚价，只得说：“现在物价上涨的厉害，比不了去年。”这位工程师说：“每年物价上涨指数没有超过6%。一年时间，你们算算，该涨多少？”美商被问得哑口无言，在事实面前，不得不让步，最终以101万美元达成了这笔交易。

（资料来源：百度文库。）

问题：分析中方在谈判中取得成功的原因及美方处于不利地位的原因。

◆**应用训练**

通过本次实训，培养学生的信心、耐心等，完善学生的谈判心理素质。

1. 实训任务的步骤

(1) 在一张白纸上写下你的姓名和最让你伤心绝望或者失望的、有挫败感的一件事情，同时写出你现在的感受。将写好的纸交给你的同伴，同时你们相互讲述自己写的故事。

(2) 在你同伴交给你的纸张上写下你认为你同伴在这个故事中做得不好的地方和缺点，并扩散开来写下他所有的缺点，越多越好。

(3) 将纸张换回并相互解释说明，并在自己那张纸上写下你此时最想说的话，或者此时的心情和感受。

(4) 再互换纸张，在有你同伴姓名的纸张上写下他在这个故事中做得好的地方和优点，并扩散开来写下他所有的优点。

(5) 重复第(3)步，与同伴相互说出你们共同认为的各自身上的三个优点，然后声音响亮地对你的同伴说出他的优点，并目视你的同伴，给他一个鼓励的动作。

(6) 实训结束。

2. 实训任务的思考

(1) 班级讨论，选出3～4人为代表，交流自己的感受。

(2) 每个人写出自己参加这次训练的收获和感想。

第四章　商务谈判人员的组织与管理

学习目标

了解商务谈判人员应该具备的素质和能力；熟悉如何选择商务谈判人员，组建一支合乎要求的商务谈判队伍；掌握商务谈判人员的组织和管理。

导入案例

新能源汽车合作谈判：关键人选决定成败

在全球大力倡导绿色出行与可持续发展的背景下，新能源汽车行业蓬勃兴起。A公司是国内传统汽车制造领域的领军企业，拥有深厚的技术积累与庞大的生产体系，但在新能源汽车转型进程中步伐稍缓。B公司是一家新兴的新能源汽车科技企业，掌握前沿电池技术与智能驾驶核心算法，在市场上凭借创新产品崭露头角。双方都意识到，携手合作能实现优势互补，共同抢占新能源汽车市场高地。

A公司决定与B公司开启合作谈判，目标是达成技术共享、联合生产以及市场渠道整合的一揽子合作协议。谈判团队组建至关重要，A公司高层深知，选择一位合格的谈判人员，将直接左右谈判走向与合作成果。

他们最初考虑了技术部资深专家老李。老李在汽车技术领域造诣极高，对新能源汽车技术细节了如指掌。然而，他性格内向，在跨部门沟通中常因过于关注技术细节忽略他人感受，表达稍显生硬。若派他主导谈判，虽在技术条款解读上有优势，但面对复杂商务博弈与多方利益协调，可能难以灵活应对，无法有效传递合作诚意，甚至可能因沟通不畅引发误会，阻碍谈判进程。

销售部的小王业绩出色，擅长客户关系维护与市场推广。她能敏锐捕捉市场动态，熟悉消费者心理，在销售谈判中屡创佳绩。不过，商务谈判涉及技术、法务、财务等多层面复杂内容，小王对技术合作背后的技术原理、知识产权归属等关键技术法律问题缺乏深入理解，若主导谈判，可能在技术合作条款上做出不当让步，给公司带来潜在风险。市场部经理老陈，沟通协调能力强，擅长从宏观战略角度分析市场趋势，对行业发展走向有精准预判。他多次参与公司战略规划研讨，熟悉公司整体运营与未来布局。在过往跨部门项目中，他总能平衡各方利益，推动项目顺利开展。其具备出色的沟通技巧，能清晰、巧妙地表达观点，倾听他人诉求，在营造良好谈判氛围、把握谈判节奏上经验丰富。面对复杂的合作谈判，他能从战略高度理解合作意义，兼顾技术、商务、市场等多方面因素，权衡利弊，做出合理决策。

最终，A公司选定老陈担任谈判负责人。在随后与B公司的谈判中，他凭借对双方企业战略目标的精准把握，灵活运用谈判技巧，在技术共享范围、联合生产分工、市场渠道分配等关键问题上，与B公司代表进行多轮艰苦磋商。他既能站在技术前沿探讨合作创新模式，又能从市场需求出发规划产品布局，还能依据财务数据把控合作成本与收益。经过数周紧张谈判，双方成功签订全面合作协议，为A公司在新能源汽车领域的腾飞奠定坚实基础，也为行业合作树立典范，彰显出选择合格谈判人员对企业战略发展的重大价值。

第一节　商务谈判人员的个体素质

商务谈判是谈判人员之间知识、智慧、心理、能力、经验和应变能力较量的过程，是一种思维要求极高、专业性极强的社会活动。所以，商务谈判对谈判人员的要求非常高。谈判人员不仅应该深谙谈判理论、谈判技巧以及相关的专业知识，而且必须具有丰富的人生和社会阅历。谈判人员不仅需要有对问题深刻的洞察力和缜密的分析能力，还需要有敏锐的观察力，以发现并抓住稍纵即逝的机会。作为一名合格的商务谈判人员，应该具备一些基本素质，包括道德素质、身心素质、业务素质和沟通能力等。

一、道德素质

具有良好的道德品质，是一切从事商务活动人员的基本要求。事实证明，只有具有良好道德品质的谈判人员，才能够在风云变幻的谈判桌上坚持原则、守住底线，最终实现谈判目标。对商务谈判人员的道德素质有以下具体要求：

（一）政治品德

这是谈判人员必须具备的首要道德素质，表现为谈判人员忠于国家、组织和职守，具有强烈的使命感和进取心，在谈判中不考虑个人利益和荣誉的得失，一切以国家和企业的利益为重。抵御一切来自谈判对手的压力和诱惑，发挥自己的全部能力，成功地完成谈判任务。

作为企业的代表，在谈判过程中，应当积极谋求符合企业利益的目标的实现，而不是谋求个人的利益目标。在商务谈判中，见利忘义、损公肥私，甚至与对方合伙，牺牲企业利益的现象也不鲜见。一旦谈判团队中出现了这样的人，在谈判前泄露己方的谈判目标、战略战术以及其他机密，使对手对己方的底细了如指掌，己方在谈判中便有可能吃败仗。尤其是在一些重大的涉外谈判中，商务谈判人员是作为特定组织的代表出现在谈判桌上的，不但代表组织个体的经济利益，而且在某种意义上还肩负维护国家利益的义务和责任。因此，对商务谈判人员来说，必须遵纪守法，廉洁奉公，忠于国家、组织，时刻以国家、企业的利益为重。

（二）遵纪守法

对商务谈判人员的道德品质要求，还表现在商务谈判中应做到遵纪守法，不使用任何违法的手段来达到谈判目的，包括行贿、欺诈、使用暴力、偷窃等。同时，谈判人员也应该自觉抵制对手的违法行为，并且不参与在内。在商务谈判中，会遇到形形色色的对手，有些谈判对手为了达到其利益目的，不惜使用一些违法的手段。最常见的便是各式各样的贿赂，包括金钱贿赂、名誉贿赂和性贿赂等。其中金钱贿赂又包括直接行贿、送豪礼、各种名目的津贴回扣等。作为商务谈判人员，要时刻保持清醒的头脑，分清楚贿赂和礼节性馈赠的界限，不要轻易陷入受贿的陷阱。为了一己之利而牺牲机构的利益，只会触犯法律，最后落个身败名裂的下场。

（三）诚信无欺

商务谈判是谈判参与方斗智斗勇的交锋过程，其中必然伴随着多回合的博弈，但是这并不意味着谈判人员可以使用欺骗的手段来实现谈判目标。诚信是一切商务活动的根本前提，也是商务谈判的前提之一。所以，诚信无欺也是商务谈判人员的基本道德素质之一。

但是，诚信无欺也不意味着毫无心机，把自己的底数和盘托出。商务谈判要求谈判人员在诚信的前提下灵活地运用谈判策略和技巧，来促成交易的达成。

（四）责任心

谈判人员应该具有强烈的责任心，把国家、企业的利益当作自己的全部利益，尽一切可能为自己代表的机构争取最大的利益。在谈判中忠于自己的本职工作，正确及时地完成自己的任务，消除一切消极、懒惰、侥幸的心理，踏踏实实地把自己的工作做好。

二、身心素质

身心素质是身体素质和心理素质的统称。作为一名合格的谈判人员，必须具备良好的身体素质和心理素质，这样才能在谈判中自始至终都保持稳定的状态和清醒的头脑，为圆满完成谈判任务提供必要的保证。

（一）良好的身体素质

俗话说，“身体是革命的本钱”。由于商务谈判活动一般需要持续一段比较长的时间，需要谈判者精神高度集中。所以，无论对谈判者的脑力还是体力要求都相当高。对谈判者来说，拥有充沛的体力和健康的身体是保证顺利完成谈判工作的基本前提。

此外，良好的身体素质还要求谈判者对陌生的环境具有迅速的适应能力。由于相当一部分的商务谈判是在异地甚至异国进行的。所以，谈判者需要在短时间内便能够习惯当地的生活。如果由于身体素质欠佳而产生“水土不服”的情况，往往也会影响谈判工作的开展。

（二）过硬的心理素质

相对于体力劳动，商务谈判在更大程度上是一项复杂的脑力劳动，商务谈判对谈判人员心理素质的要求同样非常高，甚至高于对身体素质的要求。商务谈判要求谈判人员在谈判中拥有过硬的心理素质，能够应对谈判桌上各种预想的和突发的状况。

1. 百折不挠

在商务谈判过程中，难免会因为谈判主体利益追求的差距，而在谈判中产生冲突，甚至使得谈判陷入僵局。在这个时候，谈判人员切忌灰心丧气，失去了继续谈判的信心和热情。作为商务谈判最重要的目的，就是达成交易，缔结谈判合约。只要还有继续谈判的可能，就不应该放弃。

2. 宠辱不惊

商务谈判是一个长期而艰巨的过程，必然伴随着暂时的成功或者失败。但是，谈判寻求的是最终目标的实现，谈判过程中一时的成功或者失败都不意味着最后的结果，在谈判中，应该始终保持平和的心态，要做到宠辱不惊。一时的沾沾自喜或者悲观失望都会影响后面谈判中的心态，从而影响谈判心理以及谈判策略的使用，导致因小失大，无法实现最终的谈判目标。

3. **喜怒无形**

在漫长的商务谈判过程中，商务谈判人员总会因为谈判中的得失而产生心理变化，可以是兴奋、激动、紧张、沮丧或者生气等。但是无论内心有什么心理变化，都切忌表现出来。因为一旦情绪外泄，被谈判对手看出来，很容易让对手利用自己的情绪变化，对谈判进程施加影响甚至操纵谈判的走向，这样会使己方陷于不利的境地。所以，在谈判中要学会控制自己的情绪不外泄，做到喜怒不形于色。

4. **处变不乱**

由于商务谈判活动的复杂性，谈判的发展过程很难完全都在预料和控制之内，难免会出现一些意外和突发情况。作为一名优秀的谈判人员，必须在谈判中做到处变不乱，对各种突发状况都能够从容不迫。因为紧张慌乱非但不能解决面对的问题，反而会失去方向，找不到合理解决问题的途径，而且会把紧张的情绪传染给其他的成员。另外，谈判对手也会抓住己方慌乱的机会夺取更多的利益。

三、业务素质

谈判人员的业务素质，是指在团队合作精神、谈判能力、谈判经验和专业知识等方面直接与谈判工作有关的素质，是考查其能否胜任谈判工作的关键因素之一。一名合格的谈判人员必须具备应有的业务素质，才能保证其有能力完成谈判任务，实现谈判目标。

（一）团队合作精神

由于商务谈判主体是以团队的形式参与谈判活动的，任何谈判人员都是作为谈判团队的一员而非其个人来执行谈判工作。因此，对于一名合格的谈判人员，首先必须具备充分的团队合作精神。如果没有团队意识，不善于与他人合作，那么，即使个人谈判能力再强，也无法成为一名合格的谈判人员。

一般来说，团队合作精神在谈判人员个人身上有以下一些表现：

1. **善于听取别人的意见**

在谈判中，谈判团队内部往往会有不同的声音，就同一个问题各人会有不同的见解。这个时候，谈判负责人往往会通过开内部讨论会来听取大家的意见，通过比较分析讨论之后，获得一个较为一致的意见。在讨论中，作为一个谈判人员，不应该一味地坚持自己的看法，排斥其他的意见。而应该听取不同的意见，取长补短，来丰富自己的见解。一味地固执己见只会导致目光狭隘，不能全面地分析问题。

2. **服从大局**

在谈判中，难免会发生个人意见与集体意见不一致的情况。这个时候，如果认为自己的想法是正确的，那么首先应该摆出充足的理由，来说服大家接受自己的意见。但是如果无法说服大家，那就应该服从大局，而不是拒绝妥协、坚持己见。作为谈判团队来说，团队内部讨论的首要任务是找出一个大家都能接受的意见或方案，如果由于个别谈判人员坚持己见而不肯合作使得迟迟无法达成一致，影响谈判顺利进行的话，反而会得不偿失。

3. **善于协调团队内部关系**

作为谈判团队来说，只有内部团结一致，对外才能产生最大合力，发挥出最高的谈判效率。如果由于团队内部人员之间的不和，而产生内耗，会影响到整个团队工作的顺利开展，并影响到谈判目标的实现。作为合格的谈判人员，必须能够协调团队内部关系。首先，应尽量避免与其他谈判人员产生冲突；其次，当其他谈判人员产生冲突的时候，应及时协调、化解这种冲突，避免团队的内耗。

（二）谈判能力

谈判能力是指谈判人员所具备的有利于更好完成谈判工作的特殊能力，包括思维能力、观察能力、反应能力和表达能力等。谈判人员所具有的谈判能力越丰富、越全面，驾驭谈判进程的能力也就越强，实现谈判目标的可能性也就越大。

1. 缜密的思维

谈判人员必须具有缜密的思维能力，包括比较强的逻辑思维能力和一定的形象思维能力。由于谈判活动是一项复杂的脑力活动，需要精神的高度集中，一旦有所疏忽，便可能会犯下难以挽回的错误。缜密的思维能力能够帮助谈判人员在谈判中时刻保持高度的注意力，减少谈判失误，提高谈判的效率。

2. 敏锐的嗅觉

敏锐的嗅觉指的是谈判人员具有灵敏的观察能力。在商务谈判的过程中，谈判环境时刻在变化，谈判桌上也是风云变幻，这些都给谈判者提供了谈判机会。只有那些具有敏锐嗅觉的谈判者，才能够及时地发现这些谈判机会，并且利用这些机会来为己方创造良好的谈判条件，从而在谈判中占据有利的地位。另外，具有敏锐的嗅觉，还意味着谈判人员具有深邃的洞察力，能够在第一时间洞察到对方表面反应之下的真实意图，从而采取适当的谈判手段，来为己方赢得主动。

3. 迅速的反应

在瞬息万变的商务环境中，特别是步步为营的谈判桌上，面对随时可能出现的机会，光有敏锐的观察力是不够的，还需要有迅速的反应能力。谈判者的反应能力包括接收谈判信息、利用谈判机会以及在短时间内制定出应急计划的能力等。

4. 过人的口才

商务谈判是谈判双方直接面对面交锋的过程，对商务谈判人员的表达能力具有相当高的要求。表达能力分为口头表达能力和书面表达能力。对商务谈判人员来说，口头表达能力尤为重要。一般要求商务谈判人员具有超出普通人的口头表达能力，包括能够清晰、准确、简明扼要地表达出己方的意见，并且在双方的辩论中能够应对自如。

5. 坚韧的耐心

谈判是一项长期而艰苦、充满斗争性的活动，无论对谈判者的心理耐力还是生理耐力都提出了很高的要求，特别是心理耐力，即我们平时所说的耐性。在谈判中，坚韧的耐性是谈判者不可或缺的一项基本素质。在谈判中，我们常常会遇到谈判对手使用激将法的手段，此时，如果按捺不住跳起来回应，往往会使自己陷入被动。激将法在施展过程中，往往是忍耐的较量，谁先失去耐心，谁便会丧失冷静而败下阵去。

（三）谈判经验

如果商务谈判人员在本次谈判前，参加过同类的或者其他类型的谈判，那么，他们一般会积累一定的谈判经验。参加过的谈判越多，所积累的谈判经验就越丰富。谈判经验对谈判人员圆满高效地完成谈判任务具有相当大的帮助。丰富的商务谈判经验可以帮助谈判人员更加清晰地理解谈判目标、观察谈判对手、使用谈判策略以及应对谈判中出现的各种突发情况，并且可以帮助谈判人员寻找到与对手达成一致的最有效的途径。

（四）专业知识

商务谈判是一项专业性非常强且综合性相当高的活动，谈判一般将围绕某一特定行业的产品、技术、服务等展开，同时还涉及管理、市场、法律以及语言等多个领域的专业知识。商务谈判对谈判人员的专业知识有以下一些要求：

1. 熟悉产品和行业

由于商务谈判是围绕着特定的商品、技术或者服务而展开的，商务谈判人员必须对谈判的标的物非常熟悉。因为只有非常熟悉谈判标的物，才能充分理解己方的谈判目标和本人的谈判任务，而且可以最有效地使用各种谈判策略和工具。此外，不仅要熟悉谈判的产品、技术和服务，同时还要对其所在行业有充分的了解。包括行业的生产状况、技术水平、管理经验等，这将有利于谈判人员掌握更加充分的谈判信息，在谈判中不至于陷入被动。

2. 熟悉市场

商务谈判还要求谈判人员熟悉谈判标的物市场，包括了解市场供求现状、市场竞争状况、市场发展趋势等。了解市场意味着对市场情况的时刻把握以及准确预测，可以帮助谈判者在谈判中掌握商品、技术、服务等的供求，适时调整谈判目标和策略。

3. 一专多能

由于谈判队伍由不同人员构成，本着各司其职和相互补充的原则，一般每个谈判人员都是不同领域的专家，各自精通不同的专业，如技术、市场、法律、语言等。但是，对于一个优秀的谈判人员来说，仅了解一行是远远不够的。当今更多地要求谈判人员能做到“一专多能”，即在精通某一专业的前提下尽可能多地对其他领域有所了解，或者掌握其他技能。例如，既是专业技术人员，又掌握对方语言、熟悉市场，同时了解相关法律等。一专多能的谈判人员，往往更加容易与己方其他谈判成员沟通及互补，可以更好地完成本职工作。而如果谈判人员是精通多个专业的“多面手”，则将更加受到欢迎。

4. 快速的学习能力

受到各种条件的限制，没有人能够保证自己拥有的知识和经验能够完全应付一场谈判的需要；同时，变化的环境也对商务谈判人员的能力提出了更高的要求。商务谈判人员必须在谈判前和谈判过程中不断地补充新的知识和信息。学习能力越强的谈判人员，越容易进入谈判角色，并且更灵活地适应谈判的变化。谈判人员学习的来源可以是谈判环境、谈判信息、谈判组其他成员甚至是谈判对手。

四、沟通能力

由于商务谈判工作需要与不同的人打交道，包括谈判对手、己方谈判伙伴以及上级领导等，对谈判人员的沟通能力也提出了较高的要求。拥有较好沟通能力的谈判人员，能够更容易地跟对方拉近距离，发现双方利益的共同点，从而更好地完成谈判工作。

（一）社交能力

商务谈判活动并不是孤立的，它必然与一些其他的社交活动交杂在一起。例如，宴会、酒会、招待会、新闻发布会以及一些户外社交活动等。对商务谈判人员，不仅要求其具有良好的商务交往能力，同时也需要具备一定的社会交往能力。事实证明，许多商务谈判成果的取得，并不完全是在谈判桌上，有一大部分来自谈判桌外。具有良好的社交素质的商务谈判人员，懂得通过在谈判桌外的努力，来解决谈判桌上无法解决的问题，或者进一步促进在谈判桌上的活动，为己方争取更大的利益。

良好的社交能力主要表现在以下几个方面：

1. 仪表风度

它是指谈判人员在与对方进行沟通时所具有的风度。应保持彬彬有礼的风度，与对方交谈时应保持良好的体态，并面带微笑。

2. 遵守交往原则

商务谈判中基本的交往原则应当是不卑不亢、有礼有节，要能够正确处理与谈判对手的关系，做到亲近而不亲热，礼貌而不谄媚。由于商务谈判活动毕竟是双方利益要求斗争的过程，与对方谈判人员的社交活动也是在己方谈判目标需要的前提下展开的。在社交活动中要遵守交往的基本原则，和对方保持适度的关系，保证这种关系不至于影响谈判目标的实现。

3. 机智灵活

谈判人员在谈判中应时刻观察谈判形势，做到随机应变。在与谈判对手交往时，应注意能够根据谈判局势的变化灵活地调整谈判策略、语言等。例如，遇到气氛紧张的时候，应该能够试着用轻松的话题或者幽默的语言来缓和气氛，而不是火上浇油。

4. 善解人意

谈判人员应该善解人意，表现在谈判中能够随时听出同伴或对方谈判人员的话外之音，并且及时做出相应的回应。例如，在谈判对手对自己的还价委婉地表示为难的时候，应当表示可以给对方一点时间考虑，而不是步步紧逼。

（二）表达能力

由于谈判双方的沟通主要是通过语言来完成的，除了出色的社交能力外，良好的表达能力也是提高谈判人员沟通能力的重要因素之一。在商务谈判中，谈判人员主要是通过语言来表达己方观点的，谈判中的语言包括有声语言、无声语言和一些特定的谈判语言。

1. 有声语言

有声语言是通过人的发音器官来表达的语言，也称为口头语言。对方接收有声语言的途径是听觉。作为商务谈判人员，在谈判中对其有声语言表达能力的基本要求是说话吐字清晰、简明扼要、准确到位；另外，最好能够自然生动、风趣幽默。

2. 无声语言

无声语言是通过人的形体、神态、动作等非发声器官和活动来表达的语言，也称为身体语言。对方接收无声语言的途径是视觉。一般来说，无声语言比有声语言更能够反映谈判人员的心理状态。在谈判中，谈判者往往更注意观察对方的无声语言。作为商务谈判人员，在谈判中对其无声语言表达能力的要求是，尽量控制无声语言的使用，可以用无声语言适当表达一些积极的心理活动，如喜悦、兴奋、赞同等；但是对于一些消极的心理活动，比如焦急、紧张、失望等，尽量不要通过无声语言表达出来，以免被对方利用。

3. 谈判语言

根据谈判的需要，在商务谈判中，还存在一些特殊的谈判语言，主要是指一些行业用语、法律语言、外交语言等。行业术语是指谈判涉及的不同行业的专业术语，如在国际商务谈判中，有到岸价、离岸价等专业术语。这些专业术语的特点是简练、明确、专一。法律语言是指谈判涉及的有关法律的专业用语，根据涉及法律的不同，其用语也会有差异，以此来明确谈判双方各自的权利与义务、权限与责任等。外交语言是指一种具有模糊性、缓冲性和圆滑性特征的弹性语言。可以被应用到商务谈判中，一方面用来满足对方自尊的需要，另一方面也可以避免己方失礼，并为谈判留有一定的余地。在商务谈判中，可以运用的外交语言有"互惠互利""深表遗憾""可以考虑"等。文学语言是指带有文学色彩的语言，如成语、诗词、戏剧台词等。在商务谈判中适当地运用一些文学语言，一方面可以活跃谈判气氛，另一方面可以赢得对方的尊敬和好感。

第二节　商务谈判团队的构成

课堂讨论 4-1

如何组建一支谈判团队——中美商务谈判模拟对抗赛实录

一次，我国某大学国际 MBA 教师和美国某大学商学院的 EMBA 学员举行了商务谈判模拟对抗赛，分别代表中国公司(由我国某大学教师模拟)与美国一家公司(由美国某大学商学院 EMBA 学员模拟)进行谈判。按照案例的背景，中国公司原为美国公司在中国的食品经销商，此次谈判是关于双方确定今后的合作方式的内容。历时两个小时的谈判意想不到的艰难和激烈，使中国谈判小组真正感受到了国际商业竞争的火药味。

团队组织实力的对比：美方的谈判小组由 5 名大学的 EMBA 学员组成，其中 1 人为具有丰富咨询经验的大学教授，2 名为美国公司的商务人员，1 名为销售主管，另 1 名为美国最大的食品制造商的技术人员。所有成员都具有丰富的工商管理经验。中方谈判小组由 7 名来自高校的教师组成，部分成员具有企业管理咨询的经验。

结果：美方在谈判中处处掌握了主动权，中方老师们虽然也做了许多努力去摆脱被动的局面，希望能够转向既定策略，但却始终没有成功。

讨论：

1. 请分析对比双方的谈判团队实力，哪一方占据优势？为什么？

2. 为什么美方在谈判中处处掌握了主动权，其最重要的原因是什么？

(资料来源：https://max.book118.com/html/2022/1125/5013241133010023.shtm.)

一、商务谈判团队的组建

在商务谈判中，个体的职业素养、知识和技能固然重要，但在实际谈判中往往不是一对一的谈判，很多是团队谈判，特别是大项目的谈判。因此，在具备优秀的谈判人员的情况下，还必须考虑组建一支规模恰当、结构合理的谈判团队。

（一）商务谈判团队的规模

一个谈判团队的最佳规模是多大？从最理想的角度来说应该是一个人。如果参与谈判的人员增多，诸如信息沟通、角色分担等内部协调问题就会接踵而来，牵扯大家很多精力。然而商务谈判通常需要涉及各方面的专业知识，这是任何个别专家力所不能及的，这就要求选择若干人员组成一个谈判团队。谈判专家根据以下影响谈判团队规模的因素和他们的经验，认为由 3～7 人组成一个团队比较合适。

在具体确定谈判团队的规模时，主要考虑以下因素：

其一，谈判团队的工作效率。一个集体如要有效地开展工作，内部就必须进行适当而严密的分工和协作，内部的意见交流必须畅通。谈判要求高度的集中统一，必须能对问题做出及时而灵活的反应。谈判人员多、意见就多，要把这些不同的意见全部集中起来，不是一件容易的事。在谈判这种高度紧张、内容复杂多变的活动中，要达到上述要求，谈判班子的规模过大是不可取的。从大多数的谈判实践来看，工作效率比较高时的人数规模在 3～7 人。

其二，有效的管理幅度。任何一个领导者能有效地管理其下属的人数总是有限的，即管理的幅度是有限的。商务谈判活动紧张、复杂、多变，既需要充分发挥个人的独创性和独立的应变能力，又需要内部协调统一、一致对外，领导者的有效管理幅度只能在 3～7 人。超过这个限度，内部的协调和控制就会出现困难。

其三，谈判所需专业知识的范围。一项谈判特别是一个大型交易项目的谈判，会涉及许多专业知识，但这并不意味着谈判就需要各种具备相应专业知识的人同时参加。因为，谈判的不同阶段所涉及的主要专业知识的种类是有限的，只要谈判团队的成员具备几种主要的专业知识就可胜任。某些非常专门或具体的细节谈判可以安排另外的小型谈判予以解决，或者请某些方面的专家作为谈判团队的顾问，给谈判人员献计献策或提供咨询服务，不必扩大谈判团队的规模。

总之，无论什么样的谈判，其谈判团队的规模必须符合既能胜任谈判，又能获得高效率和便于控制的要求。

课堂讨论 4-2

澳大利亚 A 公司拟将某种铁矿石出售给日本 B 公司。谈判一开始，日方谈判人员就直接指责澳方铁矿石的杂质含量高于双方事先约定的标准，产品质量存在严重问题，A 公司的信誉令人怀疑。日方人员想通过此种方式从气势上压倒 A 公司，从而迫使澳方在价格等条款上做出较大让步。然而 A 公司的谈判人员对日方的指责十分不满，他们坚持认为，根据澳方的检验标准，其产品是合格的，而且日方如此不负责任地指责 A 公司的信誉，简直令人忍无可忍。因此，日方人员话音未落，A 公司代表就开始反驳对方的指责，并回敬以类似的反击。双方就此展开了激烈的争论，致使谈判进程变数陡生。

讨论：

1. 你认为 A、B 两家公司的做法各有何不妥？

2. 你预计谈判结果如何？

（资料来源：蒋小华. 国际商务谈判[M]. 重庆：重庆大学出版社，2017.）

（二）谈判团队的组建标准

在组建谈判团队时，不仅要考虑到团队规模的合理化，而且要考虑结构的优化，要保证团队的整体能力能适应谈判的需要，各个成员能积极配合，实现谈判目标。

1. 知识互补

知识互补包括两层意思：一是谈判人员各自具备专长的知识，都是处理不同问题的专家，在知识方面相互补充，形成整体的优势。如，谈判团队里配备商务方面的人员、技术方面的人员、法律方面的人员、运筹策划方面的人员、金融方面的人员和翻译人员，就会组成一支既知识全面又各自精通一门专业的谈判队伍；二是谈判人员书本知识与工作经验的知识互补。谈判队伍中既有掌握扎实理论知识的专家，又有丰富实践经验的谈判老手。专家可以发挥理论知识和专业技术特长，有实践经验的成员可以发挥见多识广、成熟老练的优势，这样知识与经验互补，就能提高谈判队伍的整体战斗力。

2. 性格协调

谈判队伍中的谈判人员性格要互补协调，将不同人的性格优势发挥出来，互相弥补其不足，才能发挥出整体队伍的最大优势。性格活泼开朗的人，善于表达、反应敏捷、处事果断，但是性情可能比较急躁，看待问题也可能不够深刻，甚至会疏忽大意；性格稳重冷静的人，办事认真细致，说话比较谨慎，原则性较强，看问题比较深刻，善于观察和思考，理性思维比较明显，但是不够热情，不善于表达，反应相对比较迟钝，处理问题不够果断，灵活性较差。如果这两类性格的人组合在一起，分别担任不同的角色，比如，性格内向型的人安排内务工作，如资料、信息的整理和辅助谈判工作，外向型的人安排作为主谈人，以及了解情况或收集信息等交际性工作等，就可以发挥出各自的性格特长，实现优势互补。

3. 分工明确

谈判团队中的每一个人都要有明确的分工，担任不同的角色。每个人都有自己特殊的任务，不能工作越位，角色混淆。遇到争论不能七嘴八舌争先恐后发言，要有主角和配角，要有中心和外围，要有台上和台下。谈判队伍要分工明确、纪律严明。当然，分工明确的同时还要注意大家都是为了一个共同的目标而通力合作。

（三）商务谈判团队的组织结构

在一般的商务谈判中，所需的专业知识通常包括以下几个方面：一是有关工程技术方面的知识；二是有关价格、交货、支付条件、风险划分等商务方面的知识；三是有关合同权利、义务等法律方面的知识；四是语言翻译方面的知识。根据上述专业知识的需要，一支谈判队伍应包括以下几类人员：

1. 主谈人

主谈人也叫首席代表，是谈判团队的核心，是代表一方利益的主要发言人，整个谈判主要是在双方主谈人之间进行。因此，主谈人水平的高低，直接关系到谈判的成败。主谈人既要有企业家的敏锐眼光和决策能力，又要有宣传家的口才和思维逻辑，还要有外交家的风度和气质。一个理想的主谈人应该具备以下素质：

（1）熟悉国内外贸易政策。

（2）掌握当前市场情况及其发展趋势，具有良好的分析判断能力。

(3) 能够迅速洞察谈判对手的目的。

(4) 熟悉相关的法律知识。

(5) 在对外经贸谈判中,需要有一定的外语水平。

(6) 胸襟开阔,善于听取各方面的意见,作风民主。

(7) 善于思辨,有较好的表达能力。

(8) 职位与对方主谈人相当,有做出相应决定的权利。

主谈人不但自身素质要高,而且要有指挥和协调谈判团队所有成员的活动、最大限度发挥群体效应的能力。在谈判开始前要组织有关成员做好一切准备工作,掌握与谈判有关的各种信息,使全体成员准确了解本次谈判的目标和策略,明确自己在实现谈判目标和策略中所担负的责任。在谈判过程中,主谈人要发挥核心作用,"言必信,行必果",使对方认识到主谈人言行的权威性,并能设身处地地考虑对方的行为环境、对方意见的真实含义,增强双方合作的信心。同时,也要能及时识破对方的假动作和"迷魂阵",找准主攻点,推动谈判全局的进展。主谈人责任重大,面对的矛盾和困难也多。当发生非授权范围内的重大情况时,应将事情的本来面貌如实地向上级汇报,包括事情的正面和反面、积极和消极的各个方面。当很难做出决策时,应向上级决策层提供多种可供选择的方案,并指明各种方案的利弊;当上级做出决策后,应全力贯彻决定,并使之具体化、完善化,可供实际操作。

2. 商务人员

商务人员是谈判团队中的重要成员,应由熟悉业务的经济师或会计师担任。

当主谈人主持谈判时,商务人员应充分发挥助手的作用,提供商务方面的资料和意见;而当与对方直接就具体交易条件进行磋商时,商务人员要独当一面,充分发挥自己的主动性和创造性。具体职责是:

(1) 谈判准备期间,参与信息调研与行情分析,做好谈判方案的准备工作。

(2) 掌握谈判项目整体财务状况。

(3) 分析、了解谈判对方的财务状况及其在项目利益方面的期望值指标。

(4) 及时分析、计算谈判方案变动所引起的收益和财务情况的变化。

(5) 在谈判中为主谈人出谋划策,排忧解难,促进谈判按预定目标前进。

(6) 当发生重大意见分歧时,提请或暗示主谈人休会,在场外作进一步分析、核算。

(7) 在正式签约前提供对合同或协议的财务分析表。

(8) 参与合同、协议的起草和签署,参与谈判总结事宜。

3. 专业技术人员

重大的商务谈判,要有熟悉本企业的生产、科研技术,并能解决谈判中发生的各种技术问题的专业技术人员参加,作为主谈人的助手。在主谈人开始谈判前,专业技术人员要准备好谈判有关的详细技术资料,帮助主谈人掌握具体的技术参数;当谈判中发生技术争议问题时,专业技术人员要能分析、判定问题的症结,解答本方有关的技术难题。专业技术人员的具体职责有以下几个方面:

(1) 谈判开始前,收集有关技术信息资料,做好谈判项目技术方案的准备工作。

(2) 及时掌握双方在项目技术要求上的分歧和差距,研究解决分歧的途径和办法。

(3) 根据主谈人的委托,同对方进行技术问题上的具体磋商。

(4) 向主谈人提出有关技术难题的建议和方案。

(5) 草拟和修改合同、协议中有关技术问题的条款。

(6) 为最后决策提供专业技术方面的论证,参与合同、协议的签署和谈判的总结。

4. 法律人员

在重大项目谈判中,法律人员是不可缺少的。他要熟悉各种经济法规,在国际商务谈判中还要懂得国际商法和有关国家、地区的法律规定,能够透彻掌握和解释合同、协议中各种条款的法律含义和要求,使得本企业在各种经贸交往中得到法律保障。当发生法律纠纷时,能有力地维护自身的利益。法律人员的具体职责是:

(1) 认定谈判对方经济组织的法人地位。

(2) 保证谈判程序和谈判内容在法律许可的范围内进行。

(3) 参加拟定谈判文件,保证其在法律上的有效性和准确性。

(4) 当发生法律纠纷时,依法为本方利益进行辩护。

5. 翻译人员

在对外大型商务谈判中,翻译人员是谈判团队的核心成员。重要谈判的翻译不能临时确定,而应尽早吸收翻译人员参加谈判的准备,使其充分了解谈判的任务、目标和策略,掌握有关业务和技术术语。好的翻译人员能洞察对方的心理和发言意图,为主谈人提供重要信息和建议。同时也可为本方谈判中出现的失误,找到改正的机会和借口。对外经贸洽谈往往包藏着许多复杂、微妙的问题,主谈人或其他成员发言中难免有失言之处,高水平的翻译能在语言传递中巧妙地给予更正。

有时当主谈人意识到自己出言有误,在配合默契的情况下,还可找借口把失误之责任往翻译身上推,体面地纠正自己的错误。此外,通过翻译进行谈判,可以避免过早暴露自己的外语水平,利用翻译复述的时间,细心观察对方的反应,争得较多的思考时间,决定下一阶段行动的步骤。翻译人员的工作职责是:

(1) 谈判开始前尽量熟悉业务情况,了解谈判对手特点,做好充分准备。

(2) 在谈判过程中全神贯注,力求使翻译内容准确,忠实原意。

(3) 当发觉主谈人表述不妥或有差错时,以巧妙的方式提醒其注意。但最后必须以主谈人的意见为准,不能表达翻译自己的意向。

(4) 对方提出的意见和要求,应如实告知主谈人,不能自作主张做出回答,也不能故意省略。

(5) 谈判对方如有不正确言论或不满意表示,应全部翻译并告知主谈人,由主谈人考虑后做出适当反应。

在谈判进行中,翻译不应随便更换,以保证工作的连续性。翻译的工作相当艰苦,应予尊重爱护。

6. 记录人员

一项重大的商务谈判往往旷日持久,多有起伏,把谈判全过程如实记录下来,形成完整的资料,既是本次谈判的重要档案资料,又是进一步发展关系的参考依据。因此,配备具有良好素质的记录人员是十分必要的,他虽不是正式代表,但应是谈判团队的组成人员。重要谈判还设有二线工作团队,他们除听取口头汇报外,主要从记录中了解谈判的全部过程,发现问题症结,提出相应的建议和对策。记录人员要有良好的文字记录能力,最好学会速记,并有一定的业务知识,注意力集中,反应机敏。完整的记录谈判内容应包括:

（1）商务谈判的全部过程和主要问题。

（2）双方提出的各项条件和建议。

（3）双方争议的主要问题和最后达成的协议。

（4）主要谈判人员的用语、习惯、提法和表情等。

7. 国外商务活动中的代理人

在国外商务活动中，代理人作为企业委托在当地经营渠道的成员，不仅熟悉委托人经营的商品和服务，而且更重要的是充分掌握当地的社会、经济情况，了解谈判对方及参加谈判人员的特点，熟悉同行圈子的内情，与当地各方面人士有密切联系。因此，在国外进行商务谈判时，经过事先认真的选择，可以让代理人参加正式谈判。在客户有翻译的情况下，代理人可以帮助双方传递意图，验证对方翻译的正确性；而在对方没有翻译的情况下，代理人常常可以充当翻译，尤其当谈判对方使用的是小语种时。正确地利用代理人，关键是要建立起长期合作的友谊纽带，处理好双方的利益关系，使其认识到谈判的成功会给他带来比目前更好的发展前景和更多的利益。当然，代理人与谈判对手之间也常常会有一些不易察觉的联系，他既可以为我方服务，又可以为对方效力。因此，当代理人参加谈判时，既要利用其促进谈判的顺利进行，又要做好工作，掌握分寸，防止发生对我方不利的情况。

除了上述主要成员外，根据谈判需要，还要配备一些信息收集、数据分析、文件打印等服务人员，使谈判工作能有序地进行。

二、谈判人员的分工与配合

当选出合适的人员组成谈判团队以后，就必须在成员之间做出适当的分工，也就是根据谈判内容和个人专长作适当的分工，明确各自的职责。各成员在进入自己的角色，尽兴发挥的同时，还必须按照谈判的目标和具体的方案与他人彼此呼应，相互协调和配合，真正打好谈判这一仗，这就是谈判人员的配合。

分析案例4-1

《西游记》中唐僧师徒四人构成了一个完美的团队。唐僧是领导者和协调者，具有强大的感召力和亲和力；孙悟空是推进者和创新者，思想活跃，讲究效率；猪八戒是信息传递者和创新者，他交际能力强，但耐力不够，不重实干；沙僧则是行政者和监督者，理智冷静，讲究秩序，但比较循规蹈矩，灵活性差。人无完人，但一个团队却可以完美。由于唐僧比较善于用人所长，容人所短，实现了功能均衡，打造了一个稳定、高效的团队，最终成功地完成了取经大业。

（资料来源：原创力文档。）

（一）主谈人与辅谈人的分工与配合

一般来讲，谈判团队中应有一名主谈人阐述己方的立场和观点，其他人处于辅助的位置，称为辅谈人。确定主谈人和辅谈人，以及他们之间的配合是很重要的。主谈人一旦确定，那么，本方的意见、观点都由他来表达，从一个口子对外，避免各吹各的调。在主谈人发言时，自始至终都应得到本方其他人员的支持。比如，口头上的附和“正确”“没错”“正是这样”等。有时在姿态上也可以做出赞同的姿势，如眼睛看着本方主谈人不住地点头等。辅谈人的这种附和对主谈人的发言是一个有力的支持，会大大加强他说话的力量和可信程度。

如果己方主谈人在讲话时，其他成员东张西望、心不在焉，或者坐立不安、交头接耳，就会削弱己方主谈人在对方心目中的分量，影响对方的理解。

有配合就有分工，合理的分工也是很重要的。

1. 洽谈技术条款的分工与合作

在洽谈合同技术条款时，专业技术人员处于主谈人的地位，相应的经济人员和法律人员则处于辅谈人的地位。

技术主谈人要对合同技术条款的完整性、准确性负责。在谈判时，对技术主谈人来讲，除了要把主要的注意力和精力放在有关技术方面的问题上外，还必须放眼谈判的全局，从全局的角度来考虑技术问题，要尽可能地为商务条款和法律条款的谈判创造条件。对商务人员和法律人员来讲，他们的主要任务是从商务和法律的角度向技术主谈人提供咨询意见，并适时地回答对方涉及商务和法律方面的问题，支持技术主谈人的意见和观点。

2. 洽谈商务条款时的分工与合作

很显然，在洽谈合同商务条款时，商务人员和经济人员应处于主谈人的地位，而技术人员与法律人员则处于辅谈人的地位。

合同的商务条款在许多方面是以技术条款为基础的，或者是与之紧密联系的。因此在谈判时，需要技术人员给予密切的配合，从技术角度给予商务人员以有力的支持。比如，在设备买卖谈判中，商务人员提出了某个报价，这个报价是否能够站得住脚，首先取决于该设备的技术水平。对卖方来讲，如果卖方的技术人员能以充分的证据证明该设备在技术上是先进的、一流水平的，即使报价比较高，也是理所应当的。而对买方来讲，如果买方的技术人员能提出该设备与其他厂商的设备相比在技术方面存在的不足，就会动摇卖方报价的基础，而为本方谈判人员的还价提供依据。

3. 洽谈合同法律条款的分工与合作

事实上，合同中的任何一项条款都是具有法律意义的。不过在某些条款上，法律的规定性更强一些。在涉及合同中某些专业性法律条款的谈判时，法律人员则以主谈人的身份出现，法律人员对合同条款的合法性和完整性负主要责任。由于合同条款法律意义上的普遍性，因而法律人员应参加谈判的全部过程。

应该指出，谈判团队成员之间的相互配合，不仅在谈判桌上需要，在谈判桌下的其他场合也一样需要，这一点我国以往是不太注意的。例如，有位同志在与外商谈判前，把谈判组的成员介绍给对方时说："这是小王，刚上任的财务科长，大学毕业没几年，没什么谈判经验，这次带他来长长见识。"这样一来，对方在谈判中对小王的意见就不重视了。如果换一种讲法："这是王××先生，本厂的财务科长，负责本厂的资金调度，是一个精力充沛、聪明能干的小伙子。"效果就会大不一样。

课堂讨论 4-3

中国山东A公司向日本B公司出口自产汽油添加剂3000吨。这是试订单，也是A公司第一次出口。日方认为中方产品价格有竞争力，品质也不差。只是添加剂是易燃易爆的液体，储存运输较危险，按运输危险等级系一级危险品。为了考察青岛港的储运情况，日方一行5人到A公司来谈判。A公司领导、商务主谈及储运人员共6人参加了谈判。

中方产品价格、质量问题不大，双方很快达成了共识，但就运输问题讨论了很长时间。

从工厂到码头间的运输，再到码头储罐；从运输船的船型到输油的管子材料、工具，讨论得很细，甚至环境污染等细节也讨论到了。最后日方认为从安全出发，由其派船为宜，不过要求中方为其装船创造好岸上条件。此外，还要求价格再优惠。对此，中方主谈为了省事，又急于做成第一笔出口生意，不假思索地表示："可以考虑。"中方领导在一旁听后，马上纠正："不行。"日方主谈随即问道："贵方反悔啦?"中方领导说："不是反悔，而是讨论。"于是，日方主谈反过来与中方领导讨论运输条件。中方领导认为：创造装船条件可以，但再降价有困难。日方认为：自己尽的义务大，中方应奖励。结果讨论延续了一个小时，中方主谈在旁静静听着，略显尴尬。

请对中方负责人和主谈在谈判中的表现分别进行评价。

（二）"台上"和"台下"的分工与配合

在比较复杂的谈判中，为了提高谈判的效果，可组织"台上"和"台下"两套班子。台上人员是直接在谈判桌上谈判的人员，台下人员是为台上人员出谋划策或准备各种必需资料和证据的人员。一种台下人员可以是负责该项谈判业务的主管领导，可以指导和监督台上人员按既定目标和准则行事，维护企业利益；也可以是台上人员的幕后操纵者，台上人员在大的原则和总体目标上接受台下班子的指挥，敲定谈判成交时也必须征得台下人员的认可，但台上人员在谈判过程中仍然具有随机应变的战术权力。另一种台下人员是具有专业水平的各种参谋，如法律专家、贸易专家、技术专家等，他们主要起参谋职能，向台上人员提供专业方面的参谋建议，台上人员有权对其意见进行取舍或选择。当然台下人员也不能过多、过滥，也不能过多地干预台上人员，要充分发挥台上人员的职责权利和主观能动性，及时地、创造性地处理好一些问题，争取实现谈判目标。

（三）不同性格人员的配合

在配备上述谈判人员时，若条件允许的话，不妨兼顾各组员性格上的相互补充，以便充分发挥每个人的长处。根据现代研究表明：人们的性格可粗略地分为暴躁型、忧郁型、活泼型和黏液型等四大类。各种性格的人，其思维方式及行为特征都有明显的差异，并在不同的情况下，表现出各自的优缺点。暴躁型性格的人，一般头脑灵活，处事果断，直爽坦率；但往往考虑问题不够周密，遇到外界刺激时，容易冲动，自制能力不强。忧郁型性格的特点是不爱交际，办事细致，沉默寡言，责任心强，能严守机密；但过于拘谨，一旦受到外界刺激，难以很快适应。黏液型性格的人，一般工作细致，责任心强；沉着冷静，对人亲切随和；对谈判对手心理和行动反应敏捷，遇到矛盾和困难能沉着处理，对重大问题有时优柔寡断。但能听取他人意见，作风较为民主。活泼型性格的人，多数思维敏捷，富于幽默感，亲切随和，有朝气，善交际；但有时情绪易于波动，缺少深入钻研问题的精神。

总之，上述四种性格的人各有其优缺点，若能在一个谈判组的人员配备中分别照顾到各种性格的人，将起到互补的作用。诸如，由黏液型性格的人充当负责人，由活泼型性格的人充当调和者，由暴躁型性格的人充当"黑脸者"，由忧郁型性格的人充当记录者。当然，在配备各种类型性格的谈判组员时，还必须根据对方人员的性格有的放矢，才能收到更好的效果。比如，若对方人员中多数属于暴躁型性格的话，我方则应适当地增强黏液型性格的人的比例，易收到"以柔克刚"的效果；反之，若对方人员活泼型性格的人较多时，我方则须增加暴躁型和黏液型性格的人，做到双管齐下；若对方忧郁型性格的人占多数时，我方则须增加暴躁型和活泼型的人数，使对方在压力面前自动让步。

总之，在配备谈判人员时，不仅要顾及各人的专业能力，在有条件的情况下，还要考虑己方组员之间性格搭配和与对方人员之间性格的配合，以及不同时期不同人出场化解难题，使谈判收到良好效果。

第三节　商务谈判人员的管理

一、商务谈判人员的选拔和培养

商务谈判胜负的决定性因素在于商务谈判人员，因此选拔优秀的谈判人员是商务谈判的重要环节。

（一）商务谈判人员的选拔方法

1. 经历跟踪法

经历跟踪法是对备选者在较长时间内的有关情况进行了解，收集其工作情况、受教育情况、工作经历、社会地位、性格特点等有关资料，研究其心理和能力的发展过程。同时，分析其有关谈判活动或相近活动的工作成绩，通过对工作成绩的分析，了解备选人员的智力水平、个性心理特点、谈判技能的熟练程度、兴趣爱好、工作态度。

2. 观察法

观察法是在自然条件下，通过对备选者的行动、语言、表情等进行有计划、有目的、有系统的观察，了解备选人员的各种能力和心理特点。运用观察法能获得比较真实的情况，并做出比较客观的评价。但是，如果是无计划、片段的观察，所获得的结果就会片面，难以做出公正的结论。全面而系统地观察应包括动作的速度、准确性和协调性；记忆力的强弱、保持性和准确性；思维力的广度、深度、灵活性和创造性；想象力的生动性、丰富性和新颖性；情绪状态、理智性、道德感、兴趣、意志、气质、语言、面部表情等。

3. 谈判能力测验法

谈判能力测验法是根据所要测验的内容，设计各种答卷进行测验评分，量化表示备选者能力和心理特点的方法。这种方法的优点是能在较短的时间内、在较大范围内取得调查资料，以便比较分析，择优录取；缺点是测验答卷的水平不同，结果也会不尽相同，备选者不一定按其真实思想回答问题。谈判能力测验法在不同时间使用，可测验出谈判人员各种能力的变化。

（二）商务谈判人员的培养

1. 社会的培养

社会的培养主要是基本素质的培养，包括基础文化知识、经济理论知识、谈判理论的教育，还有比较重要的如人际交往能力、决断能力、健康心态等的培养。社会培养营造的环境很宽广，给谈判人员奠定了最基本的素质基础。但社会培养的目标是不确定性的，严格来说，只是提供了谈判人才的“毛坯”。

2. 企业的培养

企业对谈判人员的培养是有意识、有系统的培养过程，一般包括四个阶段，即打好基础、亲身示范、先交“小担”、再加“重担”。

（1）打好基础。新的谈判人员加入谈判队伍后，无论其年龄大小，作为组织领导者，应向他们讲授和交代本行业的基本知识和要求，并检查其是否掌握了这些基础知识和要求。可以采取集中授课和单兵教练两种形式。前者是在接受任务之前集中时间系统授课，经考试合格后再上阵，这种方式便于检查效果，并适合人员较多的情况；后者是以师傅带徒弟的方式口授心传，这种方式便于安排，常用于增加零星谈判新手的情况。

（2）亲身示范。新手在接受了谈判的基本知识以后，应当体验并逐步适应千变万化的谈判环境。亲身示范包括从谈判的组织准备、实质性谈判到签约的全过程。谈判桌上的形势千变万化，事先准备的方案、台词常常会由于形势变化而需要推倒重来。在台上处理好这些变化后，在台下应主动向新手解释改变原方案的原因，比较新旧方案的利弊，并预测下一步的局势变化以及相应采取的对策。

（3）先交“小担”。经历过以上两个阶段后，便可让新手参加真正的谈判，亲自体验商务谈判的全过程。一般来说，可以先给新手一些金额不大，谈判内容不太复杂的“小担”项目，让新手独立去挑，这对谈判人员的成长具有重要意义，有人称之为“起飞前的助跑”。小项目的内容相对简单，新手有余力去揣摩对手和体验独立谈判的滋味，有利于增强新手获胜的自信心。大型项目的谈判，也可以让新手参加谈判小组作为记录员或其他辅助角色，在谈判中耳濡目染，细心体会得失。

（4）再加重担。对在若干“小担”的负载中取得成功实绩的谈判人员，适当赋予“重担”可以促进其成长，是实现其“起飞”的重要条件。这样的“重担”通常是具有交易金额大、谈判目标高，交易标的技术复杂、己方的竞争对手多和政策性强等特点的谈判项目。领导人员应在此阶段肩负起“指导—检查—再指导—再检查”的工作，随时或定期检查其进展情况和实际效果；针对谈判的实际进展及时予以指导，直至最终完成谈判任务。

企业培养谈判人员应注意处理好谈判中的失误和成功。谈判受挫时，不应不加分析就对新手丧失信心，而是要引导受挫者正确认识别人的反应和社会舆论，帮助受挫者总结经验教训。谈判成功时，领导者要防止新手的骄傲心态，及时地总结谈判的经验，分析成功中的不足，提出更高、更严的要求。

课堂讨论 4-4

日本东芝株式会社的培训计划

日本东芝株式会社十分重视对谈判人员的培训，第一年，他们让受培训人员将本企业所有部门的工作全部熟悉一遍；第二年，他们将受培训人员派遣到国外，一般是派遣到今后要开拓贸易的国家和地区，在那里的企业、公司或大学一边研究工作，一边广交朋友，建立各种联系；第三年，他们将这些人员再调回国内，让他们担任贸易谈判代表，在实际谈判中学习，积累经验。经过三年的培训，这些人一旦坐到谈判桌前，就可以应对自如，俨然就是一个谈判高手。

试问：日本东芝株式会社为什么对谈判人员进行如此培训？

（资料来源：庞爱玲. 商务谈判[M]. 5 版. 大连：大连理工大学出版社，2018.）

二、商务谈判人员的管理和激励

（一）提高谈判队伍的团队意识

增强团队意识，确保团队整体工作效率是进行团队谈判的有效基础。应做好以下几个方面的工作：明确谈判人员的权责，注意权责要对等；进行企业精神和价值观的培训，牢固树立对企业的忠诚度和服务精神，使大家确立更强的工作责任感；尊重谈判人员，信任谈判人员，大家在相互信任、尊重的前提下，才可能心往一处想、劲往一处使；加强信息交流，确保谈判人员之间的信息沟通、确保小组与本部之间的信息沟通，使谈判的进程能够及时被掌握、被控制，有利于解决突发事件和授权外事件。

（二）强化对谈判人员的激励

谈判需要付出巨大的劳动，谈判成果又与企业的经济利益有直接联系。因此对谈判人员应给予适当奖励，以充分发挥他们的聪明才智，激励他们在谈判工作中创造优异成绩。对谈判人员的激励可分成物质奖励和精神奖励两类。

物质奖励的满足程度是按照谈判人员自己的标准来衡量的。这个标准受到他本人心中社会平均标准的影响，同时，也受到周围相关人员所受奖励的影响。

精神奖励来源于谈判本身，对谈判人员的精神奖励可以采取以下几种措施：

（1）委以重任，把困难的谈判任务交给他们，使谈判人员因某种信任感而得到满足。

（2）对谈判人员的工作成绩予以充分肯定，使他们得到一种事业上的满足。

（3）给谈判人员较大的自主权，有权处理谈判过程中出现的新问题。

（4）给谈判人员与其他同行交流的时间和机会，以探讨总结所获得成功的经验和失败的教训。

◆内容提要

本章主要介绍了商务谈判人员的个体素质、团队的构成、人员的管理。

◆关键词

素质　谈判团队　管理　激励

◆复习思考题

1. 怎样选择一名合格的谈判人员？
2. 完整的谈判团队应该包括哪些成员？
3. 如何培养商务谈判人员？

◆应用训练

若你是某公司的谈判人员，国外A公司是第一次与你公司做交易，准备购买你公司的产品，领导任命你负责本次谈判，你怎样组建你的谈判队伍并对这个队伍进行有效的管理？请你写出一个方案来。

第五章　商务谈判战略规划

学习目标

了解商务谈判的筹码与条件,商务谈判环境调研的思路与内容,以及商务谈判战略的影响因素;掌握商务谈判战略目标的层次性和基本战略选择;掌握商务谈判计划的制定和方案的设计;熟悉确定谈判对象的思路与方法。

导入案例

A公司是一家新兴的电动汽车制造商,B公司是在汽车电池领域有先进技术的供应商。A公司计划在新车型中使用高性能且安全的电池,目标是降低成本同时保证质量。

谈判开始,A公司派出经验丰富的团队。他们先提出行业内的普通电池采购价格范围,并强调自身新车型未来广阔的市场前景,暗示大规模采购的可能性,这是一种以数据和前景施压的战略。

B公司则展示其电池技术优势,包括续航里程增加、充电速度提升以及安全性能卓越等特点,同时提及研发成本高,试图抬高价格,这是基于技术价值的战略。A公司接着指出有其他电池供应商也在接触中,且能提供类似技术参数的电池,虽未明说,但暗示B公司有竞争压力。这一系列开场行动,为后续的商务谈判定下了基调,双方围绕价格、技术支持、供货量等核心问题展开战略博弈。

第一节　商务谈判调研

商务谈判调研所取得信息质量的好坏直接影响到谈判战略制定、方案设计,最终关系到谈判结果的实现状态。因而,做好谈判前的调研工作,有利于制定谈判战略和设计谈判方案,掌握谈判的进程,在谈判中掌握主动权;有利于解决谈判中可能出现的冲突,使谈判朝着合作的方向发展,从而完成谈判目标,取得理想的结果。

一、商务谈判对象的探寻与调研

谈判者要设法了解谈判对象的情况,正所谓“没有调查没有发言权”。商务谈判前的准备过程、谈判进程中都需要不断地探询对方的需求、目标、风格等,对谈判对象了解得越多,谈判中越容易掌握主动,面对困难,回旋的余地也就越大,最终真正使谈判成为同时满足双方利益的媒介。

（一）商务谈判对象的界定

在多数商务谈判中，谈判对象主要包括以下几种类型：

1. 生产制造商

通过商务谈判与生产制造商达成协议，这种关系通常较为密切。一旦谈定，供应渠道也比较稳定。谈判重点在价格、质量或其他商业关系。

2. 经销商和批发商

在与流通环节的经销商和批发商进行商务谈判时，要重点关注价格、服务和声誉等交易。

3. 外资企业

涉外商务谈判人员必须了解不同国际环境的社会文化、经济状况、商业行为模式、商业规则条件与惯例；在确定价格思路上，要注意从传统的换汇观念转移到价格效益上来；力求减少中间环节，争取直接同产品消费国的经销商或进口商谈判。

4. 经纪人

经纪人主要是联系买卖双方、促成交易，从中获得佣金。商务谈判的重点是经纪人所掌握信息的价值与时效性。

5. 代理人

与代理人谈判相当于同委托公司谈判，关键是要明确代理人的代理权限。

（二）商务谈判对象的调研

在谈判前，应认真收集、整理与分析谈判对象的相关情况，勾画主要“特质”，琢磨行为特征及心理状况。譬如谈判对象的经历、个人需要、奋斗目标等，弄清这些问题，有助于谈判者有针对性地提出解决方案。

通常，需要从以下几个方面对谈判对象的情况进行调研：

1. 谈判对象的资格与实力

(1) 谈判对象的资格。商务谈判的结果所引致的合同具有一定的经济法律约束力，作为参加商务谈判的组织必须具有法人资格，并由此享受谈判结果所形成的权利和承担相应的责任。法人应具备三个条件：一是必须有自己的场所，组织机构是决定和执行法人各项事务的主体；二是必须有自己的财产，这是法人参加经济活动的物质基础与保证；三是必须具有权力能力和行为能力。满足了这三方面的条件后，在某个国家进行注册登记，即成为该国的法人。

为了确定谈判对象的法人资格，应该主动要求对方提供有关文件，如在法人成立地的注册登记证明、法人确定资格证明、营业执照，详细掌握企业名称、法定地址、成立时间、注册资本、经营范围等。对于对方提供的证明文件要通过一定的手段和途径进行验证。还要弄清对方法人的组织性质，是有限公司还是无限责任公司，是母公司还是子公司或分公司。因为公司组织性质不同，其承担的责任是不一样的。还要确定其法人的国籍，即，其应受哪一国家法律管辖。

还应对前来谈判的代表资格或签约资格进行审查；在对方当事人找到保证人时，还应对保证人进行调查，了解其是否具有担保资格和能力；在对方委托第三者即代理人谈判或签约时，应对代理人的情况加以了解，了解其是否有足够权力和资格代表委托人参加谈判。

(2) 谈判对象的实力。谈判对象的实力包括：公司的历史，社会影响与商誉，资本积累与投资状况，技术装备水平，产品的品种、质量、数量和品牌知名度等。

2. 谈判对象的需求

对谈判对象的需求的调研包括：对方同己方合作的意图是什么？寻求的利益何在？对方的谈判目标是什么？合作愿望是否真诚？他们对实现这种合作的迫切程度如何？总之，要尽可能广泛地了解谈判对象的需要、信誉、能力与作风等。

需求调研是顾客资格认定的一项重要内容，即，分析判断谈判对象是否确实对谈判标的物有需求，通过使用标的物能解决什么实际问题或获得何种利益。只有真正需要某种商品或服务，能帮助对方解决实际困难，使谈判双方均获利，才可能使谈判获得“双赢”。需求调研应从以下几个方面入手：

(1) 分析谈判对象是否需要谈判的标的物。即潜在买主是否已经意识到购买某种产品的必要。作为谈判人员应当仔细辨识对方的需要及其程度，有些谈判对象的需要是显露的，并直截了当地表达自己的需要，而且还希望能马上得到满足；有些谈判对象的需要却是潜在的，自身还未认识到对谈判标的物的需求，商务谈判人员应该在谈判进程中采取必要的手段加以提示以激发需求、创造需求。

(2) 了解谈判者对己方品牌所持的态度。对方可能需要，却表现出不同的态度。有人会说，我压根就没有想过购买你们这个品牌的产品；有人也许会说，我从未听说过你们这种牌子；也有人会说，我就只是想买你们品牌的产品。只有对此有所了解，才能够明确在谈判中所采用的策略。

(3) 分析判断谈判对象能够接受的价格水平。购买欲望强烈的可能会比购买欲望不强的愿意出更多的钱，高收入阶层或实力雄厚的组织比低收入阶层或实力弱小的组织在付款上有更大的灵活性，需要的紧急程度也影响购买价格和付款方式。

如果谈判对象在上述三个方面都表现出极大的消极性，则说明谈判对象没有需求，没有必要浪费时间和口舌与其谈判；如果谈判对象是处于中间状态，则值得试一试；如果谈判对象是处于积极的状态，则离成功签署协议已经不远。

3. 谈判对象的支付能力

支付能力审查的内容包括财务状况、收入水平和资信状况等能够反映支付能力的有关指标。但这些指标都不会轻易公开，因而对谈判对象支付能力做出审查就有一定的难度。但仍可以通过一定途径从侧面去了解财务状况。如，如果是上市公司，可以从传媒收集公司有关财务指标，也可以从政府或监管部门那里查询有关资料，还可以通过询问、观察、判断其财务状况，并据此确认是否具有购买能力。此外，还需要对谈判对象潜在购买能力进行审查，即使不具备现时支付能力，也并不意味着将来也不具备支付能力。

4. 谈判队伍的人员结构

谈判队伍的人员结构调研包括：人员构成；各自的身份、地位、性格、爱好、谈判经验；谁担任谈判负责人，其能力、权限和以往成败的经历；谈判者各自的特长和弱点，以及对谈判的态度、倾向性意见等。

5. 谈判者的决策权限

决策权限调研即是研究谈判者在谈判中所具有的对商品数量、质量、价格、型号、服务及其他交易条件的决定范围与程度的调查。购买决策权限调研的内容主要包括：

(1) 购买决策权。谈判人员必须重视所有参与谈判者的意见，并依据谈判标的物的性质、类型、交易金额，针对有决策权限的核心人物进行深入沟通。

(2) 购买决策地点。应对做出购买决策的地点位置进行预测，以便在最需要提供购买建议之时出现在购买者面前，让己方及时加入购买决策中，以影响或改变购买决策。

根据谈判目标、性质和要求的不同，有时还要收集一些更为深入详细、针对性强的信息。总之，对于谈判对象，了解得越具体越深入，估量越准确越充分，越有利于在谈判过程中掌握主动权。

有专家建议，谈判者可以使用事先拟定的谈判信息目录来有针对性地了解对方的背景情况，确保己方的信息优势。

案例分析5-1

对大庆油田信息的收集

1959年9月25日，我国石油勘探队在松辽盆地找到了工业油流。时值新中国成立十周年，所以这个油田以“大庆”命名。由于当时国际环境复杂多变，到20世纪60年代我国开始大庆油田的建设时，有关大庆的一切信息都是保密的。除了少数有关人员以外，外界连大庆油田的具体位置都不知道。

中国开发石油需要大量的设备，日本商人深知这一点，并着手收集资料，进行了系列的分析研究。

1964年4月20日，《人民日报》发表了名为《大庆精神大庆人》的文章，肯定了中国有大油田。日本商人把这一信息存储起来，但是大庆在哪里呢？还是一个谜。1966年7月，《中国画报》刊登了“王铁人”(王进喜）的照片。日本商人从王铁人戴的皮帽子及周围景象推断：大庆位于冬季－30 ℃以下的中国东北，大致在哈尔滨和齐齐哈尔之间。但是，具体位置还是不清楚。后来，他们从1966年10月《人民中国》杂志的一篇介绍王铁人的文章中，发现了“马家窑”这个地方，文章中还提到钻机是人推肩扛弄到井场的。日本商人由此断定，油田距车站不远，并进一步推断就在安达车站附近。因为日本商人对我国东北的地图非常清楚，从地图上，他们找到了马家窑是黑龙江省海伦县东南的一个小村，这样他们就确定了大庆油田的位置。进而，日本商人又从一篇报道王铁人1959年国庆节在天安门观礼的消息中分析出，1959年9月王铁人还在甘肃省玉门油田，这就证明大庆油田的开发时间可能自1959年9月开始。

当1964年王进喜出席第三届全国人民代表大会的消息见报时，日本商人肯定地得出结论：大庆油田出油了，因为王进喜当选了人大代表。1966年7月，日本商人又进一步对《中国画报》上刊登的一张炼油厂的照片进行研究，从钻台、扶手、栏杆等方面的信息推算出油井的直径，再根据油井直径和政府工作报告，用当时的石油产量减去原来的石油产量，估算出了大庆油田平时的石油产量。

这样，日本商人开始注意和中国进行出口炼油设备的谈判。20世纪70年代随着我国外交关系的不断正常化，大庆油田向全世界征求石油设备的设计方案。日本商人期待已久的时机终于来了。当时，其他国家都没有准备，唯独日本商人胸有成竹，早已准备好了与大庆油田现有情况完全吻合的设备方案，在与大庆油田的谈判中一举中标。

（资料来源：龚荒，吉峰. 商务谈判：实务、策略与案例[M]. 北京：机械工业出版社,2014.)

二、商务谈判环境调研

(一) 商务谈判环境调研的界定

影响商务谈判的客观环境因素包括政治经济状况、宗教信仰、法律制度、商业制度、商业习惯、社会习俗、财政金融状况、基础设施与后勤保障、气候等。对商务谈判环境的调研,关键是弄清这些因素对某项具体谈判的影响,有无解决的办法与措施克服这些困难,以实现相对较满意的谈判结果,减少由于环境因素变化可能导致的不确定性。

确定对商务谈判有影响的因素,必须掌握大量的信息。而获得可靠信息的最好办法是广泛搜集资料,并独立地做出分析判断,剔除与谈判无关的因素。争取有利于己方的谈判环境和条件,为谈判目标实现打下坚实的基础。

(二) 商务谈判环境调研的内容

1. 人口环境

人口环境方面的因素包括人口总量及其增长状况,人口的性别构成、年龄构成、迁移构成及人口分布。在人均国民收入水平一定的情况下,人口总量及其增长状况就决定了该国的市场容量及其发展趋势,而不同的性别结构、年龄结构则影响一个国家某些产品的生产与销售。如,年轻型人口国家必然对文教用品、玩具等商品的需求量大,而年老型人口的国家则必然对医疗、滋补与护理用品的需求量大。了解谈判对象所在目标市场的人口状况,对分析谈判对手的需求及迫切性有极大的帮助。

2. 经济环境

经济环境因素包括国民收入和顾客购买力。了解国民收入与人均国民收入的资料,可以掌握一个国家总体市场规模以及相应的消费水平与消费结构,为在谈判中确定产品的数量与层次提供依据;购买力总量及其投向反映了顾客在现实购买力与潜在购买力之间分配比例,掌握这方面的资料可以为产品的发展方向与数量提供决策依据。

3. 社会文化环境

社会文化环境是指一个国家或地区范围内,人们的价值观、审美观、民族宗教、风俗习惯等,它们在一定程度上影响人们的谈判行为。由于不同国家或地区社会文化环境的差异必然表现在谈判方式、风格上,因而要求谈判人员在准备过程中掌握各国家或地区社会文化环境,并分别采取不同的谈判策略。

4. 竞争环境

竞争环境主要是研究竞争者是谁及竞争状况如何。谈判者不仅要明确自身寻求的利益所在,而且要了解己方能满足对方哪些需要;在众多提供满足同种需要的竞争对手中,提供满足对方需要的能力有多强;弄清在某一市场或地域范围内的竞争者及其竞争程度,可以使谈判人员在谈判中依据所处的位置,明确自身的优势和劣势,在谈判对手以竞争者质量好、价格低等作为"挡箭牌"时有更多的发言权,能客观地进行分析和提出对策;当谈判中对手拿你的产品与竞争品进行对比时,如果你对竞争品的情况一无所知,一味只强调自身产品好,贬低竞争品,那只能是"王婆卖瓜",失去市场机会。

5. 政治法律环境

政治法律环境对谈判的影响，主要表现在国家政治制度、政府对经济干预的程度、有关经济的政策和法律法规等，它们都直接或间接地影响企业间谈判交易的达成。一个国家的产业政策及其方向、有关企业与经济的法律（如，食品卫生法、广告法、反不正当竞争法、企业破产倒闭法、环境保护法、消费者权益保护法、物价政策、关税及非关税的措施等）都会影响某些产品交易的谈判。谈判人员应有较强的预测能力，能够预见谈判对象所在国家或地区政治经济生活的稳定性，并熟悉相应的法律法规。

第二节　商务谈判战略

基于不同的谈判目标，应制定有针对性的商务谈判战略。

一、商务谈判目标的制定

（一）商务谈判目标及其层次

商务谈判的目标主要是以满意的交易条件达成一笔交易。确定合理的谈判目标是规划谈判战略、设计谈判计划和保证谈判成功的基础，所有的谈判活动都要密切围绕谈判目标来展开。

商务谈判目标不只是一个价格数字，而是一个包含价格关系以及其他交易条件等在内的具有弹性的层次体系，包含有不同层次的目标。谈判者应根据需求满足的迫切程度、谈判进展、实力比较、替代方案的易得性等进行权衡，机动灵活地实现谈判目标。

1. 最优目标

最优目标是对某一方谈判者的利益最大化的一种理想状态。达到这个目标，将最大化地满足谈判中某一方的利益，而使对方或其余各方的利益最小化，这种协议的签署是以牺牲谈判中其他方的利益为代价的，持续地维持这种商业合作的可能性较小，除非最大化利益的一方在下轮次谈判中做出较大的让步。对一方来说的最优目标可能是另一方的底线目标，这种双方之间利益相差悬殊的谈判很难得到实现。但是确立最优目标是很有必要的，它激励谈判人员尽最大努力去实现高期望目标，也可以很清楚地评价出谈判最终结果与最高期望目标存在多大差距。在商务谈判开始时，卖方常以最高期望目标作为报价起点，有利于在讨价还价中占据主动地位。

2. 底线目标

底线目标是在商务谈判中对自身而言毫无退让余地、必须达到的基本目标或最低目标。对己方而言，宁愿谈判破裂，放弃合作项目，也不愿接受比底线目标更低的条件。因此，也可以说底线目标是谈判者必须坚守的最后一道防线。实际谈判中，往往从最优目标开始，目的是保护底线目标。

3 .可接受目标

可接受目标是商务谈判人员根据各种主、客观因素，经过对谈判对象的全面估价，对企业利益的全面考虑、科学论证后所确定的目标。这个目标是一个区间或范围，一般大于底线目标而小于最优目标，也是己方可努力争取或做出让步的范围，谈判中的讨价还价就是争取在可接受的目标区间内的某一点达成交易。所以，可接受目标的实现，往往意味着谈判取得成功，意味着谈判双方联合利益最大化，实现“双赢”。双方均接受的谈判协议能够得以较好地执行，而且具有持续性，将来类似标的物的谈判，可以在原协议的基础上适当调整即可，这样就减少了一些谈判的环节，节省资源，提高效率。

（二）商务谈判目标的制定思路

商务谈判目标的制定是谈判中一项关键性工作，一般应按以下思路来考虑：

1. 切合谈判各方的实际

谈判目标的制定要考虑可能性，要预计到谈判过程中可能出现的种种困难，不能不顾实际一味地追求自身利益最大化，盲目乐观地将全部精力放在争取最优目标上。

2. 制定弹性的谈判目标

谈判目标的设置应是一个层次体系，制定出上中下限目标。根据谈判实际情况随机应变、调整目标层次。

3. 明确各个目标的轻重缓急

所谓最优目标不仅有一种组合，可能同时有几个目标。在这种情况下就要将各个目标进行排序，抓住最重要的目标努力实现，而其他次要目标可让步，降低要求。

4. 确定底线目标

谈判的底线目标以平均盈利水平、成本或其他指标加以确定，要注意保密，把范围控制在参加谈判的人员之内，绝对不可透露给谈判对手。如果一旦疏忽大意，透露出己方的底线目标，就会使对方占据主动，自己陷入被动。

二、商务谈判战略及其影响因素

（一）商务谈判战略概念

战略是对全局活动进行指导的框架和蓝图。谈判活动是一种人们心智的较量，必然涉及谈判战略与策略。商务谈判战略就是为实现特定的谈判目标而对某项谈判活动实施的统筹规划与行动纲领。商务谈判战略属于商务谈判的宏观层面，指实现谈判总目标的原则和方案，着眼于长远利益和全局利益，有完整性、层次性、阶段性、相对稳定性等特点。

（二）影响商务谈判战略制定的因素

制定谈判战略时，不仅要考虑自身的因素，还必须充分研究对手的因素；不仅要从自身的利益需求入手，还要注意分析对方的需求；不仅要考虑自身单边战略，还要考虑对方的可能方案。只有做到“知己知彼”，方能实现“百战不殆”，因而，获得任何谈判信息并将其运用到谈判战略选择中去的努力总是有用的。

影响商务谈判战略制定的因素主要有以下几点：

1. 利益契合度与目标重合度

通过谈判，各自利益都能实现，双方存在极强的相互依赖性时，很容易达成共识，双方满意的谈判目标就能顺利实现；相反，双方利益共识相距甚远，谈判破裂的可能性也就越大。想要实现谈判目标，就得调整或降低目标要求。谈判中买卖双方底线目标越接近，重合度越高，越容易找到可接受目标范围；反之，买卖双方底线目标的差距越大，双方认同的谈判区间有限，要达成都能接受的目标，则需要双方做出较大的让步，这对任何一方来说都是不容易的事，因而达成谈判目标的难度加大，可能性降低。

2. 市场势力对比

作为谈判中的卖方如果是整个产业链中下游企业唯一的资源供应商，产品具有差异性和不可替代性，买方则对卖方有极强的依赖度。即使卖方的底线目标定得较高，买方也只能去适应，谈判能力也受到限制；反之，如果存在买方垄断，则众多小生产厂商的产品高度依靠买方的市场势力来推广，如某些大型零售卖场就属于买方垄断的情形。小厂商在与大型零售商的多边谈判中高度依赖买方，谈判战略的制定不得不受制于买方。

3. 合作意愿与态度

设定的谈判目标只是谈判各方的主观意愿，能否实现不仅取决于自身，也取决于谈判参与各方合作的态度与意愿。达成协议是谈判各方意志与行动共同努力的结果，但每一方在指导谈判活动开展上所采用的战略各不相同，谈判领域也就不同，因而也影响了谈判目标的实现。在制定自身的谈判战略时，必然受制于其他谈判方的战略选择。

三、商务谈判的基本战略

（一）结果-关系战略模型

根据谈判者对谈判结果及与对方关系的关注程度，萨维奇(Savage)、布莱尔(Blair)和索伦森(Sorenson)在普瑞特双重关注模型的基础上提出了一个商务谈判战略模型。

1. 回避战略

回避战略即不谈判，当谈判者意识到某些问题可能导致谈判陷入僵局或冲突过于激烈时，选择暂时回避这些问题。如，在跨国公司的合并谈判中，对一些涉及不同国家文化差异和敏感的员工福利问题，暂时搁置，先讨论业务整合等其他内容。

2. 和解战略

当对保持或增进与对手的关系有极大好处时，可选择和解战略。如果谈判目标是致力于长远，愿意牺牲眼前利益去换取今后与对方的长期战略合作，将关系延伸到某一次的具体谈判之外，以巩固和加强双方的联系，则采用和解战略是必要的。谈判中的和解战略是有得有失的一种选择，此一时的所失是通过维持长期交易关系的彼一时所得来加以补偿的，和解战略的平衡机制是“关系”。因而，和解战略也称为让步战略，通过降低自身的目标和要求取得谈判中的灵活与主动，达成协议的可能性会大大增加。如，在设备采购谈判中，采购方可能在设备的安装时间或售后服务的一些小细节上让步，从而争取在设备价格或核心功能方面得到更有利的条件。

3. 竞争战略

竞争战略把谈判者看作一场竞争，目的是在利益分配上压倒对方，如在价格谈判中，双方都强硬地坚持价格底线，互不相让，试图让对方接受自己提出的价格。采用这种战略的谈判者会频繁采用威胁、强硬的态度等手段。

4. 合作战略

合作战略是指在谈判中不仅关注自身的谈判结果，同时也关注与谈判对手关系的保持和发展。因而，合作战略是一种共同努力的双赢模式。当关系及目标的实现均很重要时，谈判各方的通力合作成了必然的战略选择，相互依赖性决定了这样的战略选择对任何一方都是明智的和满意的。因而，追求一种合作或互利的战略，通过交流、创造及理解来使双方的利益最大化。

竞争与合作战略似乎是水火不相容的，但往往需要在同一个谈判中同时采取这两种战略。谈判者必须竞争，因为对方与自身的偏好不一致；同时又必须合作，这样才能保证最终达成协议。谈判就是在争论中寻求统一，竞争中实现合作，尽量使双方最大限度地挖掘谈判的整体潜能，即找到对谈判双方来说比原先那些方案更为合适的解决方案的可能性。

如，一家连锁超市与供应商谈判，双方不仅讨论商品的采购价，还会共同研究如何降低包装成本、运输成本，通过优化供应链来实现双赢。

（二）价值创造与增长战略

谈判涉及利益分配与价值创造两个重要的因素。大多数谈判者紧盯着前者，认为谈判必然是利益的划分，谈判者均要努力争取较大的那一块“蛋糕”，谁也不会主动地给予对方，需要谈判者自己去索取。这种观点在特定类型的谈判上是正确的。但谈判本身也是一个价值创造的过程，通过谈判不仅能协调利益的分配，更重要的是能创造出更大的价值，即通常意义上说的把“蛋糕”做大，双方都可以获得更多的利益。因为多数的协议均具有潜在一致性，即具有创造附加值的可能。很多谈判者由于受传统观念的束缚，头脑中压根就没有创造价值的潜意识，导致谈判现场成为没有硝烟的战场，谈判结果让双方都不满意，甚至两败俱伤。但在价值创造与增长战略思想的指导下商务谈判的重点是在谈判各方利益冲突的情况下如何创造更多的财富，即谋求价值创造与增长的战略。

在谈判各方有更宽阔的谈判域时，可能达成共识的“谈判点”就较多，在这些点上达成协议不仅有利于一方，也有利于其余各方，即某些目标点上达成协议要优于单方面考虑的目标协议点。大多数的谈判战略均应沿着这种思路去谋划，谈判就是在冲突中协调利益争取联合利益的最大化，谈判一方的收益并不代表着另一方的等量损失。

价值创造与增长战略的运用应遵循以下基本思维：首先，通过交流沟通，了解谈判各方的需求，陈述各自寻求的价值；其次，通过寻找利益切入点创造价值，使之达到双赢的目的；最后，克服各种障碍，顺利地达成协议。谈判人员必须深入地理解谈判的内涵，从陈述价值、创造价值、利益共享、实现双赢的思路去满足利益冲突中的依赖性目标。

知识链接 5-2

一家软件公司 A 和一家硬件制造商 B 进行合作谈判。A 公司有创新的软件算法，能大幅提升硬件设备的运行效率，但缺乏硬件生产和推广渠道；B 公司硬件产品质量优良，但软件方面是短板，限制了产品在高端市场的竞争力。

谈判中，A 公司提出可以为 B 公司定制专属软件，使硬件性能在行业内领先，同时提出共享软件后续升级的收益。B 公司则表示愿意将硬件生产中部分利润分给 A 公司，并且利用自己广泛的销售渠道共同推广软件与硬件绑定的新产品。双方通过这种价值创造与增长战略,不是局限于现有资源的分配,而是着眼于共同开发新市场和新收益流,最终达成合作,产品推向市场后大获成功,双方的利润都实现了显著增长。

（三）适应战略

适应战略是指在商务谈判中,谈判方会根据对方的需求、风格以及谈判的具体情况,灵活地调整自己的谈判策略和期望,以达成协议。这种战略更注重顺应谈判环境的变化,强调灵活性和合作性。

此战略具备较强的灵活性,能够根据对方的要求及时改变自己的谈判重点和方案。重点在于关注对方核心需求,准确识别对方最看重的条件,并把满足这些需求作为谈判成功的关键因素。

知识链接 5-3

一家小型服装加工厂 A 与大型服装品牌商 B 进行合作谈判。品牌商 B 对服装质量和交货时间有严格要求,同时希望价格尽可能低。加工厂 A 为了获得订单,主动适应品牌商的要求。A 厂先是详细了解 B 品牌商对服装款式、面料等质量标准的细节,在自己的生产流程中做出调整以满足质量要求。在交货时间上,A 厂重新规划生产计划,甚至增加了部分设备和人力来确保按时交货。对于价格,A 厂虽然利润空间被压缩,但考虑到长期合作能带来稳定订单和品牌提升,同意了 B 商提出的较为苛刻的价格条件。

（四）强制战略

强制战略是谈判方利用自己的优势,如资源优势、市场地位优势等,向对方施加压力,迫使对方接受自己的谈判条件。这种战略带有较强的进攻性。

实施该战略的要点在于明确自身优势,要清楚己方在谈判中有哪些能够给对方造成压力的优势。可通过限制供应、提高价格、改变合作条件等方式施加压力,但要注意避免引起对方的强烈反感,导致谈判破裂。同时,这种战略可能会对长期合作关系产生负面影响,使用时要谨慎权衡。

知识链接 5-4

在智能手机芯片市场,行业巨头 C 公司与一家新兴手机制造商 D 进行芯片采购谈判。C 公司在芯片技术上占据绝对优势,市场份额很高,是 D 公司主要的芯片供应商。C 公司提出大幅提高芯片价格,并且要求 D 公司购买一定数量的配套软件服务。C 公司凭借其芯片技术的不可替代性和市场主导地位,向 D 公司施加压力。D 公司由于短期内很难找到其他合适的芯片供应商,在谈判中处于非常被动的地位,不得不认真考虑 C 公司的强制要求。

第三节　商务谈判计划

在对商务谈判环境、谈判对象调研分析的基础上,明确自身寻求的利益,确定谈判目标之后,还要制定详尽的谈判计划。很多人错误地认为,在充满“火药”味、氛围紧张的谈判桌上达成谈判成果,是缘于谈判人员雄辩的口才、机敏的处理手法及生动的说服力。固然具备这些才能有助于推动谈判目标的实现，但绝不是谈判成功的核心要素。谈判中取得成功的主要因素在于谈判开始之前就制定好的计划。

谈判计划是对谈判队伍、谈判议程和谈判策略的具体安排，是指导谈判活动开展的行动蓝图。谈判计划应包括十个方面的内容：

（1）即将发生的谈判议题是什么？

（2）在考虑所有议题的基础上，考虑什么是“议题的焦点”？（我们不得不涉及哪一议题？哪些议题与其他议题相联系？）

（3）我的利益是什么？

（4）我的局限是什么？什么是我轻而易举得到的？什么是我的选择？

（5）确定目标和开局——我从何处开始？我的目标是什么？

（6）谁是我的合作者？他们要我做什么？

（7）谈判对方是谁？他们想要什么？

（8）我要选择的总体战略是什么？

（9）我要如何向对方陈述我的议题？

（10）指导谈判需要遵循什么样的草案？

为了保证谈判中多一分把握，应保证制定的谈判计划切实可行、细致周密，目标与措施配套，具有针对性、操作性和实用性。

一、拟定谈判议程

商务谈判议程也即谈判中商谈问题的程序，包括谈判议题、顺序和时间安排。谈判议程一般要说明谈判议题及其谈判时间进程。谈判议程可由一方草拟，也可由双方协商确定。

典型的谈判议程一般包括以下内容：

（一）安排谈判时间

安排谈判时间，即确定谈判在什么时间举行、举行多长时间、各个阶段时间如何分配、议题出现的时间顺序等。谈判时间的安排是议程中的重要环节，精心安排谈判时间是非常必要的。如果时间安排得很仓促，准备不充分，匆忙上阵，心浮气躁，则很难沉着冷静地在谈判中实施各种策略；如果时间战线拉得太长，不仅会耗费大量的时间和精力，而且随着时间的推延，各种环境因素都会发生变化，还可能会错过一些重要的机遇。

1. 安排谈判时间要考虑的因素

（1）谈判准备的程度。如果已经做好参加谈判的充分准备，谈判时间安排得越早越好，而且也不怕马拉松式的长时间谈判；如果没有做好充分准备，不宜匆忙上阵，俗话说不打无准备之仗。

（2）谈判人员的身体状况。如果参加谈判的人员多为中年以上的人，要考虑他们身体状况能否适应较长时间的谈判；如果身体状况不太好，可以将一项长时间谈判分割成几个较短时间的阶段谈判。

（3）市场形势的紧迫程度。如果所谈项目与市场形势密切相关，不允许与对手耗时间，谈判就要尽早开始，进程要加以适当控制，时间不要拖得太长。

（4）谈判议题。对多项议题的大型谈判，不可能在短时间内解决问题，所需时间相对较长；对单项议题的小型谈判，没有必要耗费很长时间，力争在较短时间达成协议。

2. 安排谈判时间的思路

(1) 对主要的议题或预期争论较大的焦点问题，最好安排在总谈判时间的 3/5 时提出来，这样既经过一定程度的交换意见，有一定基础，又不会拖得太晚而显得仓促。

(2) 合理安排好己方各谈判人员发言的顺序和时间，尤其是关键人物关键问题的提出应选择最成熟的时机，当然也要给对方人员足够的时间表达意向和提出问题。

(3) 不太重要的、容易达成一致的议题要安排在谈判的开始阶段，而把大部分时间用在关键问题的磋商上，即本着先易后难的原则确定谈判的程序。

(4) 具体谈判期限在谈判开始前要注意保密，如果对方摸清了己方谈判期限，就会在时间上用各种方法加以应对。如果知道我方急于结束谈判，对方就会临近结束时才开始谈正题，迫使己方匆忙签订协议，被迫接受不理想的结果。

谈判时间安排得是否恰当，对谈判目标能否实现影响较大。一般来说，谈判者应当以能使自己获得最佳谈判效果作为选择谈判时间的基准。

(二) 确定谈判议题

谈判议题就是由谈判一方或多方拟定并提交谈判时商讨的各种问题。谈判议题是谈判的起因、内容和目的，从而决定了各方参与谈判的人员组成及其策略；谈判议题不能只按自身的意愿来设计，必须与各方利益的需要相关，为各方所共同关注，从而成为谈判内容的提案。

议题的确定通常应从分析以下几个方面的情况入手：冲突状况；处理类似冲突的经验；信息搜集和研究状况；向专家咨询与议题相关问题的情况。

谈判议题的拟定一般要遵循以下步骤：

(1) 列举出与本次谈判有关的所有问题，做到尽可能全面而无遗漏。

(2) 根据问题的重要性、对本方利益是否有利的标准，将所列出的问题进行分类。

(3) 从各类型问题中挑选出对本方有利或危害不大的问题、相对重要的问题，剔除那些无关紧要的问题。

(4) 重新确定挑选出问题的编排顺序，列入议题清单。

(5) 考虑各项议题需要的时间，设计谈判议程表。

(三) 规划谈判议程

当有多个议题时，要合理分配好各议题分别占用的时间，以便把握谈判的进程和有效地利用时间。一般来说，重要的问题、原则性问题、技术性较强的问题以及其他较复杂的问题应当优先考虑。谈判议程是谈判双方共同遵照使用的日程安排，一般要经过双方协商同意后方能正式生效。通常应确定以下一些内容：

(1) 谈判总体时间及各分阶段时间的安排。

(2) 双方谈判讨论的核心议题，尤其是第一阶段谈判的安排。

(3) 列入谈判范围的各种问题，讨论问题的顺序。

(4) 谈判中各种人员的安排。

(5) 谈判地点及招待事宜。

知识链接 5-5

一家国际连锁酒店集团 A 计划采购一批高端智能电视，用于酒店房间升级。电视供应商B是行业内知名企业。

谈判时间安排如下：

第一阶段：双方初步接触在周一上午，地点在A集团总部会议室。A集团阐述了需求，包括电视尺寸、画质要求、智能系统功能以及预计采购数量。B公司介绍了产品的基本情况和优势。此阶段持续了2个小时，双方目的是互相了解，建立初步沟通基础。

第二阶段：周三下午，B公司邀请A集团代表参观自己的生产工厂和研发中心，向A集团展示生产工艺和技术实力，用时3个小时。这一安排让A集团更直观地了解产品质量保障。

第三阶段：周五上午，双方回到A集团总部会议室进行正式的条款谈判，包括价格、交货时间、售后服务等核心问题。由于前两个阶段的铺垫，谈判虽然激烈但很高效，持续了4个小时。最终双方达成了协议，A集团以合理价格采购了高质量的智能电视，B公司也获得了一笔大订单。

这样的时间安排，前期的了解和参观为正式谈判奠定了良好基础，使双方在核心谈判阶段能更有针对性地沟通，提高了谈判效率和成功率。

二、设计谈判方案

商务谈判方案是在调研对方和自身及所处环境的基础上来设计与制定的，必须考虑谈判各方的需求、利益及交易条件，要考虑实际性与可能性。通常谈判方案包括谈判目标、谈判战略、谈判节奏、谈判策略、谈判地点和谈判场景的布置与安排。

（一）分解谈判目标

商务谈判目标在本章第二节已做出详尽的论述，这里需要强调的是，不仅应弄清总体目标，还应将总体目标分解为各个子目标，使总体目标具体化、实用化和具有可操作性，以利于谈判人员很清晰地掌握谈判目标，明确努力的方向，也便于核实和检查总体目标的完成情况。

（二）制定谈判战略

在设计商务谈判战略时，应根据每次谈判的目标、对象和谈判人员结构进行具体分析，没有一成不变的战略，谈判主客观环境发生变化，谈判战略也应做出相应的调整。

（三）安排谈判节奏

谈判节奏的安排要依据双方认同的谈判议程来确定自身的谈判进度与方略，主要是明确时间、议题、先后顺序及参与人员这四方面的问题。实际拟定谈判进程时，上述四个方面往往是同时进行考虑的。有些谈判项目相对较重要，内容也较多，谈判也许要分成若干个阶段来进行，参加谈判的人员可能有变化，如次要的问题、程序性问题先由一般人员来商谈，重要问题、实质性问题则由高级别的人员来拍板。在谈判方案中，要根据谈判各方认同的谈判议事日程制定具体的实施细则。因而，谈判节奏是对谈判策略的具体操作性安排，只供己方人员使用，具有保密性。其内容一般包括以下几个方面：

(1) 谈判中的统一口径。如发言的观点、文件资料的说明等。

(2) 对谈判过程中可能出现的各种情况的对策安排。

(3) 己方发言的策略:何时提出问题?提什么问题?向何人提问?谁来提问?谁来补充?谁来回答对方问题?谁来反驳对方提问?什么情况下要求暂时停止谈判等。

(4) 谈判人员更换的预先考虑。

(5) 己方谈判时间的策略安排、谈判时间期限。

(四) 设计谈判策略

商务谈判策略指实现谈判目标所依赖的具体路径和方法,包括开局策略、报价策略、磋商策略、成交策略、让步策略、打破僵局策略、心理策略、沟通策略等,要根据谈判进程中可能出现的情况,事先有所准备,做到心中有数,在谈判中灵活运用。

知识链接5-6

一家主营环保材料的科技公司A,研发出了一种新型可降解塑料,成本低且性能优良。一家大型食品包装企业B对这种材料很感兴趣,希望将其用于食品包装生产。双方开始进行商务谈判。谈判策略设计如下:

(1) 信息收集阶段。A公司在谈判前详细调查了B企业目前的包装材料采购量、价格范围、对环保材料的重视程度以及现有包装材料存在的问题。B企业则了解A公司的研发实力、生产规模和这种新型材料在市场上的潜在竞争对手。

(2) 谈判初期策略。A公司在谈判开始时,先强调新型可降解塑料对解决食品包装环保问题的重要意义,展示相关的环保认证和测试数据,从社会责任和企业形象角度吸引B企业。例如,指出使用该材料可使B企业在环保领域获得更高声誉,吸引更多注重环保的客户。B企业则向A公司提及自己作为大型食品包装企业的规模优势和长期稳定的订单潜力,暗示如果达成合作,A公司将有稳定的销售渠道。

(3) 价值呈现阶段。A公司详细介绍新型塑料的成本优势,与传统包装材料相比,可降低约15%的成本,同时展示其出色的保鲜性能和更长的保质期效果,通过实际案例和实验数据来证明。B企业提出可以为A公司提供大规模生产的产品反馈数据,帮助A公司进一步优化产品,还可协助A公司开拓国际市场的食品包装客户。

(4) 价格谈判策略。A公司采用了灵活价格策略,提出根据采购量的不同设置阶梯价格。如果B企业的采购量达到一定规模,可享受更低的折扣价格。同时,A公司准备了成本分析报告,表明价格的合理性。B企业则拿出市场上其他类似可降解材料的价格数据,试图压低价格。但同时也表示,如果A公司能在价格上优惠,愿意签订长期合同,合同期限为3年。

(5) 谈判僵持应对策略。当在价格问题上出现僵持时,A公司提出可以在前期为B企业提供小批量试用材料,让B企业在实际生产和测试中体验产品优势,再确定最终价格。B企业同意了这一提议,并在试用期间与A公司共同研究如何更好地应用这种新材料。

(6) 达成协议阶段。经过试用和进一步协商,双方达成了合作协议。A公司以略低于市场同类产品的价格向B企业供货,B企业承诺第一年的采购量达到A公司预期的80%,并逐年递增。同时双方共同开展市场推广活动,利用B企业的行业影响力和A公司的技术优势,拓展新型可降解塑料在食品包装领域的市场份额。

通过这些精心设计的谈判策略,双方都获得了满意的结果,实现了互利共赢。

（五）确定谈判地点

商务谈判地点的选定一般有三种情况：一是在己方国家（地区）或公司所在地谈判；二是在对方所在国家（地区）或公司所在地谈判；三是在谈判双方之外的国家或地区谈判。在确定招商洽谈地点时要慎重，应考虑谈判中各方力量的对比、可选择地点的多少、各方的关系及可能发生的费用等。不同地点均有其各自的优点和缺点，需要谈判者充分利用地理的优势，克服地点的劣势，变不利为有利，最终促使谈判获得成功。

（六）布置谈判场景

1. 谈判场所的选择

商务谈判场所的选择应满足以下几个方面的要求：

（1）具体位置交通通信方便，便于谈判人员来往和沟通。

（2）环境优美安静，避免外界干扰。

（3）生活设施良好，使双方在谈判中不会感觉到不方便、不舒服。

（4）医疗卫生、保安条件良好，使双方能精力充沛、安心地参加谈判。

（5）作为东道主应当尽量征询对方的意见，力争得到对方的认可。

2. 谈判场所的布置

正规的谈判场所通常设计三类房间：一是主谈室，二是密谈室，三是休息室。

（1）主谈室布置。主谈室应当宽大舒适，光线充足，色调柔和，空气流通，温度适宜，使双方能心情愉快、精神饱满地参加谈判；谈判桌置于房间中央，室内一般不装电话，以免干扰谈判进程，泄露有关的秘密；主谈室通常不安装录音、录像设备，但征得参与方同意的情况下也可配备；主谈室一般要配备麦克风，以便参与谈判的人员较多时使用。总之，录音、录像等现场监控设备的使用，容易给谈判人员造成心理压力，难以畅所欲言，影响谈判的正常进行。

（2）密谈室布置。密谈室是供谈判双方内部协商机密问题单独使用的房间。它最好靠近主谈室，有较好的隔音性能，室内配备黑板、桌子、笔记本等物品，窗户上要有覆帘，光线不宜太亮。作为东道主，绝不允许在密谈室安装微型设备窃听对方密谈信息；作为在异地谈判的客户，使用密谈室时一定要提高警惕。

（3）休息室布置。休息室是供谈判双方人员在谈判间隙休息时使用的场所，应该布置得轻松、舒适，以便能使双方放松一下紧张的神经。室内最好布置一些鲜花，准备一些茶点，播放一些舒缓的音乐，以便于调节心情，缓解紧张的气氛。

3. 谈判座位的安排

谈判座位的安排影响人员之间的交流、谈判气氛和谈判双方之间的沟通，进而影响谈判的进程与效率。谈判座位的安排应符合国际惯例，要注意谈判的礼仪。正式的团队谈判，一般谈判人员的位置有两种排列方式。

（1）相对而坐排列。谈判桌一般采用长方形条桌，双方各居谈判桌的一边。按照国际惯例，以正门为准，主人应坐在背向门的一侧，客人则面向正门而坐；若谈判桌窄的一端面向正门，则以入门的方向为准，右边坐客方人员，左边坐主方人员。主谈人或负责人居中而坐，翻译安排在主谈人右侧紧靠的座位上，其他人员依职位或分工分两侧就座。

这种座位安排方法适用于比较正规的谈判。它的好处是双方相对而坐，中间有桌子相隔，有利于各自信息的保密；各自的谈判人员相互接近，便于商谈和交流意见，也可形成心理上的安全感和凝聚力。它的不利之处在于人为地造成双方对立感，容易形成紧张、呆滞的谈判气氛，对融洽双方关系不利。谈判中通常需要运用语言、表情等手段缓和这种紧张的对立气氛。

(2) 混合而坐排列。可用圆形桌或不用桌子，双方围成一圈或在U字形排列的发上混合交替安排就座。距离各自的主谈人或负责人越近，表明其地位越高，一般情况下谈判者应按照这个原则就座。

这种排列就座方式适合于双方比较了解、关系比较融洽的自由式谈判。它的好处是双方对立的态势有所缓和，有利于融洽关系，活跃谈判气氛，减轻心理对立情绪。不利之处是双方人员被分开，每个成员有一种被分割被孤立的感觉。同时也不利于己方谈判人员之间协商问题和资料保密。

总之，谈判场景的选择和布置要服从谈判的需要，要根据谈判的性质、特点、双方之间的关系和谈判策略的要求来加以确定。

◆内容提要

本章主要介绍商务谈判战略规划。包括对谈判对象的界定与调研、谈判者自身的调研及商务谈判环境的调研，评估谈判各方的优劣势，在此基础上确定分层次的谈判目标，选择实现目标的战略，制定谈判的计划。

◆关键词

商务谈判战略　环境调研　谈判场景　组织谈判队伍　商务谈判计划

◆复习思考题

1. 什么是商务谈判战略规划？包括对谈判中哪些活动的规划？
2. 对谈判对象要从哪些方面进行调研？
3. 如何确定商务谈判的目标？
4. 影响商务谈判战略制定的因素有哪些？它们是如何发挥其作用的？

第六章　商务谈判各阶段的策略

学习目标

掌握商务谈判各阶段的策略；掌握谈判策略的选择和运用。

导入案例

中国佳意公司向南美卡蒂欧公司出售一条制衣生产线。双方就生产能力、技术指导量、设备及备件供应量均达成了协议，随后进入价格谈判。虽然制衣设备可比性强，但由于加入了技术及技术专家指导，使得价格又不完全可比。围绕30多万美元的设备价格，双方争论得十分激烈。买方要按市价定，卖方要将技术含量加进去，理由是没有另收技术指导费已算便宜。

买方强调总价，要求卖方把派人的费用也一并谈。卖方把技术指导单价及附带条件一一介绍。人员的工资比较透明，双方很快就达成了协议。而生活费用既可由卖方自理，又可由买方负担，但买方没有松口。待其他合同条件谈得差不多了，买方才回头谈设备总价。

卖方为了得到合同，将价格下调了5%，但双方仍然有6%的价差。买方看到卖方做了5%的调整，同意再让2%，希望双方成交。卖方认为价格再降4%实有困难，坚决不同意，反复阐述"有技术问题""已降了价，很优惠了""要亏了"等理由，一下子又把买方挤到墙角，谈判气氛紧张起来。

冷静了一会儿后，买方把本子合上，说："双方均难，双方也均有意合作。既然贵方无条件可让了，那我就试一下，看是否能使双方摆脱困境。"买方提出承担卖方人员在现场指导期间的食宿和交通费用。卖方计算后接受了买方建议，拿下了这项出口合同。

（资料来源：王桂林.国际商务谈判[M].西安：西安交通大学出版社，2013.）

第一节　开局阶段的策略

一、开局阶段的目标设计

谈判的开局是整个商务谈判的起点，开局的效果如何在很大程度上决定着整个谈判的走向和发展趋势。因此，一个良好的开局将为谈判成功奠定坚实的基础，谈判人员应给予高度重视。

开局阶段主要是指谈判各方见面后，在讨论具体、实质性问题之前，相互介绍寒暄及就谈判内容以外的话题进行交谈的那段时间。

在开局阶段，谈判者首先要面临的问题是，如何创造出一种适宜谈判的气氛。一般来说，创造谈判气氛主要需要考虑以下几个因素：

（一）谈判各方之间的关系

（1）双方有很好的业务关系，长期合作得很好。在这种情况下，开局阶段的气氛应该是真诚的、友好的、热烈的、轻松愉快的。见面时，谈判人员在语言上应该是热情洋溢的；在姿态上应该是亲切放松的；在说话内容上可以谈一些比较熟悉的话题。谈判各方可以较快地将话题引入实质性谈判。

（2）双方曾经有过业务往来，但关系一般。在这种情况下，开局目标要创造一个比较友好、随和的气氛。但是在语言的热情程度上应该有所控制；在姿态上，可以自然随和。在适当的时候，自然地将话题引入实质性谈判。

（3）双方过去有过业务往来，但合作不佳，印象不好。那么开局阶段的气氛应该是严肃的、凝重的。语言上，在注意礼貌的同时，应该是比较严谨的，甚至可以带一点冷峻；内容上，可以对过去双方业务关系表示不满意、遗憾，以及希望通过本次交易磋商能够改变这种状况；在姿态上，注意与对方保持一定的距离。在适当的时候，可以慎重地将话题引入实质性谈判。

（4）双方初次接触，以前没有打过交道。在开局阶段，应力争创造一个友好、真诚的气氛，以淡化和消除双方的陌生感，以及由此带来的防备，为实质性谈判奠定良好的基础。在语言上，应该表现得礼貌友好，但又不失身份；在内容上，可以就个人在公司的任职情况、负责的范围、专业经历等进行一般性的询问和交谈；在姿态上，应该不卑不亢，自信但不骄傲。在适当的时候，可以巧妙地将话题引入实质性谈判。

（二）谈判各方的实力

就双方的谈判实力而言，不外乎以下三种情况：

第一种情况：谈判双方的经济实力与谈判能力相当，都有良好的主观愿望，态度认真坦诚，表现出求大同、存小异的意向或承诺，坚持不让小事破坏根本决策或改变大局等，那么就要力求创造友好、轻松、和谐的气氛。己方谈判人员在语言和姿态上要做到轻松而不失严谨、礼貌而不失自信、热情而不失沉稳。谈判者应当把创造和谐的谈判气氛作为己方的开局目标。

第二种情况：双方经济实力、谈判能力悬殊，而且对方企图先发制人、以强凌弱，那么为了不使对方在气势上占优势，从而影响后面的实质性谈判，就要在开局阶段的语言和姿态上，一方面要表示出友好、积极合作，另一方面也要充满自信、举止沉稳、谈吐大方，使对方不至于轻视自己，即作为弱者的己方应该把追求平等对话、创造友好气氛当作开局目标。

第三种情况：如果双方经济实力、谈判能力相差悬殊，作为弱者的对方态度又不卑不亢，那么作为强者的己方就应该将创造平等坦诚、互谅互让的气氛作为一种开局目标。同时，为了使对方能够清楚意识到己方谈判实力明显强于对方，在谈判中不抱过高的期望值，在语音和姿态上，既要表现得友好礼貌，又要充分显示出己方的自信和气势。

二、开局气氛的营造及种类

开局气氛的营造应该服务于谈判的方针和策略，以及谈判各阶段的任务。政治形势、经济形势、市场变化、谈判任务、天气、时间等都会对谈判气氛产生影响，因此，需要在谈判准备阶段做有利于实现谈判目标的准备。谈判气氛在不同的谈判中是不一样的，即使在同一次谈判的过程中，影响谈判气氛的因素发生变化，也会使谈判气氛发生微妙的变化。谈判开局气氛的营造十分关键，因为这一阶段的气氛会直接影响双方是否有一个良好的开端。

在商务谈判的实践中开局气氛各具特色，主要类型包括：积极友好、和谐融洽的谈判气氛；平静、严肃、拘谨的谈判气氛；冷淡、对立、紧张的谈判气氛；松弛、缓慢、持久的谈判气氛。不同的谈判气氛对谈判效果的影响是不言而喻的。热烈的、积极的、合作的气氛会将谈判朝着达成一致协议的方向推动，而冷淡的、对立的、紧张的气氛会将谈判推向更为严峻的境地。谈判气氛会影响商务谈判人员的心理、情绪和感觉。

三、开局阶段的主要策略

（一）一致式开局策略

一致式开局策略是指在谈判开始时，为使对方对自己产生好感，以"协商""肯定"的方式，创造或建立起对谈判的"一致"的感觉，从而使谈判各方在友好愉快的气氛中不断将谈判引向深入的一种开局策略。

知识链接6-1

某大型连锁超市A准备采购一批有机农产品，供应商是一家有良好口碑的农业合作社B。

谈判开场，A方代表微笑着说："早就听闻贵合作社在有机农业领域的卓越成就，你们坚持的绿色环保种植理念和我们超市为消费者提供健康食品的宗旨是完全一致的。我们都希望把最优质、最健康的有机农产品送到消费者手中。"

B方代表回应道："非常感谢您的认可。我们合作社一直致力于有机种植，严格把控质量，就是为了让消费者能吃得放心。我们也很希望能和贵超市这样有广泛市场影响力的企业合作，共同为消费者服务。"

双方在这种和谐、一致的氛围下开始谈判。A方接着介绍了超市对有机农产品的种类、数量需求以及质量检测标准等，但强调这些标准也是为了更好地实现双方共同的目标——为消费者提供优质产品。B方则详细阐述了自身的种植和采摘流程、质量控制方法，展示了与超市目标相符的实力。

这种一致式开局策略，让双方在谈判伊始就建立了良好的关系，为后续的价格、供货量、运输等条款的谈判营造了积极的氛围，使谈判更顺利地进行，最终双方达成了合作协议，超市获得了稳定的优质货源，合作社也有了更广阔的销售渠道。

（二）保留式开局策略

保留式开局策略是指在谈判开局时，对谈判对手提出的关键性问题不作彻底、确切的回答，而是有所保留，从而给对手造成神秘感，以吸引对手步入谈判。

在采取该策略时，不要违反谈判的首要原则，即以诚信为本，向对方传递的信息可以是模糊信息，但不能是虚假信息；否则，会使自己陷于难堪的局面之中。

（三）坦诚式开局策略

坦诚式开局策略是指以开诚布公的方式向谈判对手陈述自己的观点或想法，从而为谈判打开局面。

这种策略比较适合有长期合作关系的双方，对以往的合作，双方都比较满意，不用太多的客套，坦率地提出自己的观点反而更能使对方产生信任感。

这种策略也适合于谈判实力较弱的一方，坦率地摆出自己的弱点，表现出合作诚意，有利于继续合作。

（四）挑剔式开局策略

挑剔式开局策略是指开局时对对手的某项错误严加指责，使其感到内疚，从而达到营造低调气氛，迫使对方让步的目的。在使用该种策略时要把握好度，如果态度过于恶劣，以至于对方无法接受的话，对方极有可能会退出谈判。

知识链接 6-2

巴西一家公司到美国去采购成套设备，巴西谈判小组成员因为上街购物耽误了时间，当他们到达谈判地点时，比预定时间晚了 45 分钟。美方代表对此极为不满，花了很长时间来指责巴西代表不遵守时间，没有信用，如果这样下去的话，以后很难合作，因为浪费时间就是浪费资源和金钱。对此，巴西代表感到理亏，只好不停地向美方道歉。谈判开始以后，美方似乎还对巴西代表来迟一事耿耿于怀，一时间弄得巴西代表手足无措，说话处处被动，无心与美方代表讨价还价，对美方提出的许多要求也没静下心来认真思考，急忙地就签订了合同。

等到合同签订以后，巴西代表平静下来，头脑不再发热时才发现吃了大亏，上了美国人的当，但为时已晚了。

（资料来源：刘宏，白桦. 国际商务谈判[M]. 北京：中国人民大学出版社，2021.）

（五）进攻式开局策略

进攻式开局策略是指通过语言或行为来表达己方强硬的态度，从而获得谈判对方必要的尊重，并借以制造心理优势，使谈判顺利进行下去。适用的场景为对方以势压人，在使用该策略时注意有理、有利、有节，要切中要害，对事不对人。

第二节　报价阶段的策略

谈判各方在结束非实质性交谈之后，要将话题转向有关交易内容的正题，即开始报价。

报价，不仅指产品在价格方面的要价，而且泛指谈判的一方对另一方提出自己的所有要求，包括商品的数量、质量、包装、价格、装运、保险、支付、商检、索赔、仲裁等交易条件。其中价格条件是商务谈判的核心。

一、报价的原则和形式

（一）报价的原则

1. 卖高买低原则

对卖方来说，报价必须是“最高”价；对买方来说，报价必须是“最低”价，这是报价的首要原则。卖方开最高价或买方开最低价，可以为以后的讨价还价留下充分的回旋余地，使己方的谈判策略更富有弹性，以便于掌握成交时机。

2. 肯定原则

报价时，态度要坚决、果断、毫不犹豫，这样做能给对方留下认真而诚实的好印象。任何欲言又止、吞吞吐吐的行为，必然会导致对方的不良感受，甚至会产生不信任感。报价要明确、清晰和完整，以便对方能够准确了解己方的期望。

此外，报价时不要做过多解释、说明和辩解，因为对方会质疑己方报价。如果对方还没有提出问题之前，己方便主动加以说明，会提醒对方意识到己方最关心的问题，这种问题有可能是对方尚未考虑过的问题。

3. 合理原则

无论是卖方还是买方，报高价与报低价必须是合情合理的，即能找出合适的理由为之辩护。卖方的报价要报得高一些，但绝不是漫天要价；同样，买方的报价要报得低，但绝不是毫无道理地压低价。卖方所报的高价与买方所报的低价必须合乎情理。如果卖方的报价过高或买方的报价过低，又讲不出道理，对方必然认为你缺少谈判的诚意，或者被逼无奈中止谈判而去；或者以其人之道还治其人之身，相对也是个漫天要价；对方质疑，而己方又无法解释，结果只好被迫无条件让步。

通过反复比较和权衡，设法找出价格所带来的利益与被接受的成功率之间的最佳结合点。

（二）报价的形式

根据报价的方式，有书面报价和口头报价之分。书面报价是谈判一方事先提供了比较详尽的文字材料、数据和图表等，将本企业愿意承担的责任，以书面形式表达清楚，从而进行报价，义务约束力强。

根据报价的战术，有欧式报价术与日式报价术之分。欧式报价战术与前面所述报价原则是一致的，它的一般模式为：提出含有较大虚头的价格；然后，根据买卖双方的实力对比和该笔交易的外部竞争状况，通过给予各种优惠，来逐步软化和接近买方的市场和条件，最终达成交易。日式报价术是将最低价格列在价格表上，以求首先引起买主的兴趣。买卖双方最后成交的价格，往往高于价格表中的价格。

二、报价的顺序

（一）先报价

1. 先报价的优势

先报价划定了框架，最终谈判将在此范围内达成，对谈判的影响较大；先报价能先声夺人，报价后显得更有力量，更有信心；先报价还可以占据主动，对整个谈判的所有磋商行为持续发挥作用。

知识链接 6-3

撒切尔夫人与共同体各国首脑的谈判

1975 年 12 月，在柏林召开的欧洲共同体各国首脑会议上，举行了削减英国支付共同体经费的谈判。各国首脑们原来以为英国政府可能希望削减 3 亿英镑，从谈判的惯例出发，撒切尔夫人会提出削减 3.5 亿英镑。所以，他们就在谈判中，提议可以考虑同意削减 2.5 亿英镑。这样讨价还价谈判下来，会在 3 亿英镑左右的数目上达成协议。

可是，完全出乎各国首脑们的意料之外，撒切尔夫人狮子大开口，报出了 10 亿英镑的高价，使首脑们瞠目结舌，一致加以坚决反对。可撒切尔夫人坚持己见，在谈判桌上始终表现出不与他国妥协的姿态，共同体各国首脑——这些绅士们，简直拿这位女士——铁娘子，没有任何办法，不得不迁就撒切尔夫人，结果不是在 3.5 亿英镑，也不是在 2.5 和 10 亿英镑的中间数——6.25 亿英镑，而是在 8 亿英镑的数目上达成协议，即同意英国对欧洲共同体每年负担的经费削减 8 亿英镑。撒切尔夫人用先报价、报高价的手法获得了谈判的巨大成功。

（资料来源：刘园. 国际商务谈判[M]. 北京：北京大学出版社，2022.）

2. 先报价的劣势

先报价如出乎对方的预料和期望值，可能会使对方失去信心；对方了解己方的报价后，可以对他们原有的想法做出最后的调整。

（二）后报价

1. 后报价的优势

对方在明处，己方在暗处，可以根据对方的报价及时地修改己方的价格，以争取最大的利益。

2. 后报价的劣势

己方后报价，可能被对方占据主动，谈判价格一般在对方划定的框架内谈判。

（三）报价顺序的实际运用

1. 先报价情形

（1）如果预期谈判将会出现你争我斗、各不相让的气氛，“先下手为强”的策略比较适用。

（2）如果己方的谈判实力强于对方，或者说与对方相比，己方在谈判中处于相对有利的地位，己方先报价是有利的。

（3）就一般惯例而言，发起谈判的人应带头先报价。

（4）如谈判各方都是谈判行家，则谁先报价均可。

（5）如对方是外行，暂且不论自己是不是外行，自己先报价可能较为有利，因为这样做可以对对方起一定的引导或支配作用。

（6）如果谈判的对方是老客户，同己方有较长时间的业务往来，而且双方合作一向比较愉快，在这种情况下，谁先报价对双方来说都无足轻重。

2. 后报价情形

如谈判对方是谈判行家，己方不是谈判行家，则后报价可能较为有利。

三、报价时机策略

在商务谈判中，先让对方充分了解商品的使用价值和能为对方带来多少收益，待对方产生兴趣后再谈价格。当对方追问价格时为报价最佳时机。在谈判开始时对方询问价格，这时最好的策略应该是听而不闻。对方若坚持立即报价，也不能故意拖延。把价格同对方可获得的利益联系起来一起介绍效果更好。

第三节 磋商阶段的策略

商务谈判的磋商阶段，也是谈判的实质性阶段，它是指谈判开局后到谈判终局之前，谈判各方就实质性事项进行磋商的全过程，是谈判的中心环节。磋商的内容包括谈判标的、商品质量、数量、价款或者酬金、履行期限、地点和方式、违约责任、解决争议的方法等。但是磋商阶段的核心往往还是围绕标的价格展开。

一、讨价

讨价也称之为"再询盘"。这种讨价要求，既是实质性的，可迫使报价降低；又是策略性的，可误导对方对己方的判断，改变对方的期望值，并为己方的还价作准备。如果说，报价后的价格解释和价格评论是价格磋商的序幕，那么，讨价便是价格磋商的正式开始。

（一）讨价的定义

讨价是指在一方报价后，另一方认为其报价离己方期望目标太远，对其价格解释予以评论之后，要求另一方重新报价或改善报价。

价格解释，是指一方就其报价的内容构成、价格的取数基础、计算方式所做的介绍或解答。通过价格解释，一方可以了解另一方报价的实质、态势及其诚意。所以，双方都应对此非常重视。

（二）讨价的类型

1. 全面讨价

当卖方报价并且对其报价进行解释和说明之后，如果买方认为卖方报价很不合理且离自己的期望太远，可要求卖方从整体上重新报价。

2. 分别讨价

常用于较复杂交易对方第一次改善报价之后，或不便采用全面讨价方式的讨价。例如，全面讨价后，将交易内容的不同部分，按照价格中所含"水分"的大小分为"水分"大的、"水分"中等的、"水分"小的三类，再分别讨价；或者不便全面讨价的，如技术贸易价格，按具体项目分为技术许可基本费、技术资料费、技术咨询费、人员培训费和设备费等，再分别讨价。

3. 针对性讨价

如果买方对卖方的报价基本肯定，则可以要求卖方就某些明显不合理的部分重新报价，即对“水分”最大的部分进行降价，此时买方的讨价是具有针对性的。

二、还价

（一）还价定义

还价是指一方在听了另一方的价格评论后修改了报价或未修改报价，要另一方说出他希望成交的价格，即要另一方以数字或文字描述的方式回答。

价格评论，是指一方通过对另一方的价格解释予以分析研究，寻求其报价的不合理之处，并对这些“噱头”和“水分”在讨价还价之前先挤一挤。

（二）还价的方式

1. 逐项还价

这种方式是指对谈判中的各项条款逐一进行还价。例如，在设备采购谈判中，针对设备的价格、运输费用、安装调试费用、售后服务费用等分别进行还价。假设一台设备的报价是：设备价格100万元、运输费5万元、安装调试费8万元、售后服务费每年3万元。采购方可能会针对这些项目分别提出还价，如设备价格降到90万元、运输费降到4万元、安装调试费降到6万元、售后服务费每年2万元。这种方式条理清晰，能够让对方清楚地了解己方对每个条款的看法和期望，适用于谈判内容比较复杂、条款较多的情况。

2. 分组还价

分组还价是将谈判内容按照一定的类别或关联程度分成若干组，然后针对每组进行还价。比如在采购一批办公用品的谈判中，可以把文具类(如笔、本子等)分为一组，办公设备类(如打印机、复印机等)分为另一组。对于文具类，采购方可能提出整体价格降低10%；对于办公设备类，要求赠送一定数量的耗材作为还价条件。这种方式可以简化谈判过程，尤其适用于谈判内容较多且可以进行合理分类的情况，有助于提高谈判效率。

3. 总体还价

总体还价是指对谈判的全部内容或整个交易方案进行综合性的还价。例如，在一个房地产项目合作谈判中，一方可能会提出一个总体的还价方案，如“我们认为整个项目的合作价格应该降低20%，同时合作周期延长1年，并且在利润分配上我方占比要提高10%”。这种方式适用于谈判双方已经对各项条款进行了详细讨论，并且己方对整个交易有一个明确的、整体的价值判断。它能够从宏观角度对谈判进行把控，避免陷入细节的纠缠，但要求谈判者对谈判的整体情况和价值有准确的把握。

三、讨价还价阶段前期的策略

（一）投石问路

投石问路策略是指利用一些对对方具有吸引力或突发性的话题同对方交谈，借此探测对方的态度和反应。

1. 基本做法

首先，提出假设性问题。在商务谈判中，投石问路策略主要是通过提出一系列假设性的问题来实现。例如，在采购办公家具的谈判中，采购方可能会问："如果我们把采购量增加一倍，价格会有怎样的变化？""如果我们要求家具的材质换成更高档的，成本会增加多少？"这些问题都是基于假设情况，并不代表采购方一定会采取这些行动。

然后，询问细节信息。除了价格相关的内容，还会涉及产品或服务的其他方面。如，询问"如果我们要求缩短交货时间，是否会影响产品质量？如果会，你们有什么应对措施？"或者"如果我们需要增加额外的售后服务项目，像定期上门保养，收费标准是怎样的？"通过这种方式，谈判者可以详细了解对方在各个交易环节的情况。

2. 适用情况

第一，信息不对称的情况。当谈判双方对产品或服务的信息了解程度不同时，使用该策略非常有效。例如，在新的技术产品采购谈判中，采购方可能对产品的成本构成、生产工艺难度等知之甚少，而供应商则掌握这些关键信息。通过投石问路策略，采购方可以逐渐了解产品背后的成本因素、技术细节等，缩小信息差距，从而在谈判中处于更有利的地位。

第二，价格敏感度高的谈判。对于那些价格是关键因素的谈判场景，如大宗商品交易、原材料采购等，投石问路策略有助于摸清对方的价格底线。例如，在钢铁采购谈判中，采购商可以通过询问不同采购量、不同交货期等条件下的价格变化，来推测供应商的成本结构和利润空间，进而在价格谈判中争取更有利的条件。

第三，复杂产品或服务的谈判。如果谈判涉及的产品或服务具有复杂的构成要素，如大型设备采购或者是综合的服务套餐，投石问路策略可以帮助谈判者逐一了解这些复杂要素的相关信息。这样，谈判者就能够更好地评估整个交易的价值，在讨价还价阶段更有针对性地提出自己的要求。

知识链接6-4

一家汽车制造公司A计划采购大量新型发动机，有几家发动机供应商参与竞争。在与其中一家供应商B谈判的讨价还价前期，A公司采用了投石问路策略。

A公司代表询问B公司："如果我们的采购量增加20%，价格能优惠多少？""如果我们要求发动机的某些零部件使用更高质量的材料，成本会增加多少？这部分成本会如何影响发动机的整体价格？""如果我们要求缩短交货时间，是否需要额外付费？如果需要，费用是多少？"

这些问题看似只是在询问一些假设性的情况，实际上A公司是在通过这种方式了解B公司的价格弹性、成本结构、生产灵活性等关键信息。

对于B公司而言，在回答这些问题时需要谨慎。如果回答得过于宽松，可能会在后续谈判中失去优势；如果回答得过于保守，又可能让A公司觉得合作诚意不足。比如，B公司在回答采购量增加的价格优惠问题时，透露了一定的价格调整空间，A公司就可以根据这个信息进一步评估与B公司合作的成本效益，并且在后续正式的讨价还价中利用这个信息争取更有利的价格。同时，A公司通过这些问题还可以了解到B公司在质量提升和交货时间调整方面的应对策略，从而更好地制定自己的谈判策略，在讨价还价阶段掌握更多主动权。

（二）抛砖引玉

1. 基本做法

（1）主动提供部分信息或小利益。在商务谈判中，谈判者会先主动抛出一些不太关键的信息或者做出小的让步，以此来引导对方透露更有价值的信息或者做出更大的让步。例如，在技术转让谈判中，转让方可能先提供一些基本的技术原理或简单的应用案例（这些内容可能本身价值不大，但能显示诚意），引导受让方说出对技术的期望程度、应用计划，甚至是预算范围等更关键的信息。

（2）引导对方深入交流。通过先给出的“砖”，引发对方的兴趣和回应，从而促进双方的沟通更加深入。比如，在产品销售谈判中，销售方可以先提出一个比较基础的产品配置方案和相对优惠的价格，吸引购买方询问细节。在这个过程中，销售方就可以巧妙地引导购买方表达对产品功能、质量、售后服务等方面的具体要求，为后续的谈判提供方向。

2. 适用情况

第一，信息获取困难的谈判。当谈判对方比较谨慎，不太愿意主动透露信息时，抛砖引玉策略就很适用。例如，在商业合作谈判中，一方对市场渠道、客户资源等关键信息守口如瓶。此时，另一方可以先分享自己在产品研发或者运营管理方面的一些经验和成果（“砖”），以此来换取对方在渠道资源等方面的信息（“玉”）。

第二，试探对方底线和兴趣点。对于需要了解对方底线或者兴趣所在的谈判场景，抛砖引玉是个有效的策略。比如，在房地产租赁谈判中，出租方可以先提出一个包含基本租赁条件和相对适中租金的方案，观察承租方的反应。如果承租方对租金价格没有过多异议，但对租赁期限、装修条款等比较关注，出租方就能大致判断出承租方的利益重点，从而在后续谈判中更有针对性地调整方案。

第三，建立良好谈判氛围。在谈判初期，双方关系比较紧张或者陌生的情况下，抛砖引玉策略有助于缓和气氛。例如，在跨企业并购谈判中，收购方可以先分享一些自身企业的成功案例和优势资源（“砖”），表达对被收购方的欣赏和合作诚意，从而让对方放下防备，更愿意分享自己的想法和要求，引出更有价值的内容（“玉”）。

（三）价格诱惑

1. 基本做法

首先，设定价格诱饵。商务谈判一方会故意抛出一个极具吸引力的价格，这个价格看似非常优惠，但实际上可能附带一些条件或者隐藏着一些限制。例如，在电子产品销售谈判中，商家可能会推出一款特价笔记本电脑，价格比市场均价低很多。但仔细查看后会发现，这个价格对应的产品配置可能是较低的，或者不包括一些常用的配件，又或者其售后服务期限较短。

其次，强调价格优势。在展示价格诱饵的同时，会着重强调这个价格与其他产品或方案相比的优势。如上述案例中，商家会强调这款特价笔记本电脑的价格比同品牌其他型号的电脑便宜多少，以此来吸引消费者的注意力，引导消费者关注价格而暂时忽略其他潜在问题。

2. 适用情况

第一，吸引价格敏感型客户。当面对的谈判对象主要关注价格因素，对产品或服务的成本较为敏感时,价格诱惑策略往往能发挥很好的作用。例如,在日用品采购谈判中,采购商通常会比较不同供应商的价格,对于那些能提供明显价格优势的供应商会更感兴趣。此时,供应商就可以利用价格诱惑策略,先以低价吸引采购商的注意。

第二,市场竞争激烈的场景。在竞争激烈的市场环境下,产品或服务的同质化程度较高,价格成为了关键的竞争因素。例如,在智能手机市场,各品牌之间竞争激烈,手机厂商在与运营商谈判合作时,可能会采用价格诱惑策略,以较低的手机批发价格吸引运营商选择自己的产品,从而在市场中占据一席之地。

(四) 目标分解

1. 基本做法

首先,明确总体目标。在商务谈判开始前,先确定此次谈判希望达成的最终目标。比如,一家公司进行设备采购谈判,总体目标可能是在预算范围内购入高质量、高性能且售后服务完善的设备,同时保证合理的交货期。

然后,分解目标维度。将总体目标按照不同的维度进行分解。以设备采购为例,可分为价格目标(如采购价格不能超过预算的一定比例)、质量目标(设备要符合特定的技术参数和质量标准)、售后服务目标(如保修期时长、维修响应时间等)、交货期目标(明确具体的交货日期范围)等。

再次,细化各维度目标。对每个维度进一步细化。对于价格目标,可详细到设备主体价格、运输费用、安装调试费用等各部分的价格上限;质量目标细化到设备零部件的质量标准、整体性能测试指标等;售后服务目标明确维修人员到场时间、维修费用承担范围、备件供应情况等;交货期目标精确到最早和最晚交货日期。

2. 适用情况

(1) 复杂交易谈判。当谈判涉及的内容较多、交易结构复杂时,目标分解策略很实用。例如,企业并购谈判,涉及资产估值、人员安置、品牌使用、未来发展规划等多个复杂领域,通过分解目标,可以更清晰地进行谈判。

(2) 多方参与谈判。在有多个参与方的谈判场景中,目标分解有助于各方明确自己的诉求和重点。比如,国际合作项目谈判,不同国家的企业有着不同的利益关注点,将目标分解后,各方能更好地协调。

(3) 长期合作谈判。对于建立长期合作关系的谈判,需要考虑的因素众多,包括合作模式、利益分配、风险承担等随时间变化的情况。运用目标分解策略,可以全面地规划谈判内容,保障长期合作的顺利开展。

知识链接 6-5

我国一家公司与德国仪表行业的一家公司进行一项技术引进谈判。对方向我方转让时间继电器的生产技术,价格是 40 万美元。德方依靠技术实力与产品名牌,在转让价格上坚持不让步,双方僵持下来,谈判难以进展。最后我方采取目标分解策略,要求德商就转让技术分项报价。结果,通过对德商分项报价的研究,我方发现德商提供的技术转让明细表上的一种时间继电器元件石英振子技术,我国国内厂家已经引进并消化吸收,完全可以不再引进。以此为突破口,我方与德方洽商,逐项讨论技术价格,将转让费由 40 万美元降至 25 万美元,取得了较为理想的谈判结果。

(资料来源:王海云.商务谈判[M].北京:北京航空航天大学出版社,2007.)

(五) 抹润滑油

1. 基本做法

首先,寻找润滑点。在商务谈判中,"润滑油"是指那些对谈判双方来说价值相对较小,但又能在一定程度上满足对方需求,从而缓解谈判紧张氛围、促进谈判顺利进行的因素。例如,在设备采购谈判中,这些润滑点可能是设备的配套小工具、免费的培训课程次数、稍微延长的付款期限等。

其次,适时提供润滑因素。谈判者会在适当的时候提出这些润滑因素,以换取对方在关键问题上的让步或者改善谈判气氛。比如,当双方在设备价格和主要性能参数上僵持不下时,采购方可以提出如果供应商能够在价格上降低一定比例,采购方可以接受稍短的设备保修期,但同时要求供应商提供额外的操作培训课程作为补偿。

2. 适用情况

(1) 商务谈判陷入僵局时。当商务谈判双方在核心问题上,如价格、合同期限、股权比例等,难以达成一致,出现僵局,抹润滑油策略可以发挥作用。例如,在房地产租赁谈判中,出租方和承租方在租金价格和租赁期限上互不相让,此时,承租方提出如果租金按照出租方要求,希望出租方能够承担一定的房屋简单维修费用或者允许承租方在不破坏房屋结构的前提下进行适当装修,以此来打破僵局。

(2) 建立良好关系时。在希望与对方建立长期合作关系的谈判中,通过提供"润滑油"来显示自己的合作诚意是很有效的。例如,在供应商和生产商的合作谈判中,供应商可以主动提出在初期为生产商提供一些免费的样品检测服务或者给予更灵活的交货时间安排,增进双方的感情,为长期合作打下基础。

四、讨价还价阶段中期的策略

(一) 步步为营

步步为营策略是指谈判者在谈判过程中步步设防,试探着前进,不断地巩固阵地,不动声色地推行己方的方案,让人难以察觉,己方的每一微小让步都要让对方付出相当代价。

例如,先就订货数量、产品规格、型号、质量标准等进行洽谈,待达成一致意见后再就产品价格进行洽谈,然后,再就付款方式、交货时间等进行洽谈,在每个具体问题上都取得了成果,也就完成了总的洽谈任务。

(二) 疲劳轰炸

在商务谈判中,有时会遇到锋芒毕露、咄咄逼人的谈判对手。他们以各种方式表现其居高临下、先声夺人的挑战姿态。对于这类谈判者,疲劳战术是一个十分有效的策略。

这种战术的目的在于通过许多回合的拉锯战,使对方疲劳、生厌,以此逐渐磨去其锐气;同时也扭转了己方在谈判中的不利地位,等到对手筋疲力尽、头昏脑涨之时,己方即可反守为攻,促使对方接受己方条件。

(三) 以林遮木

以林遮木策略是指在谈判中,故意搅乱正常的谈判秩序,将许多问题一股脑儿地摊到桌面上，使人难以应对，借以达到使对方慌乱失误的目的的策略。

知识链接6-6

我国某工厂在与外商洽谈一项来料加工业务。外商乘坐的飞机下午2时抵达上海市，厂方人员把外商接到厂里参观，晚餐后双方便坐下来谈判。其他条件的谈判都很顺利，唯在加工费问题上双方产生分歧。我方提出每套加工费15美元，而外商只同意出12美元。厂方说明这批货的加工费是经过认真核算后计算出来的，如外商不信可以自己复查。接着，厂方就把有关产品在加工过程所投入的劳动量和工资、厂方的经营费和管理费、包装费用以及其他有关费用等一大堆数据抛给外商，让外商自己核算成本。由于外商前晚上一夜没合眼，精神不振再加上这么一大堆资料，更是头脑发胀，他们自知要认真核算这些数据没有一两天的时间是不行的。

若在中国核算，一来对中国投入产出的情况不了解，许多数据无从核实；二来专门从事会审的人员这次又没一同前来；再说，日程安排也不允许在中国待很长的时间。由于上述条件的牵制，外商要核实这些资料已是完全不可能的了。此刻，外商只有两条路可走：要么接受我方的要价；要么空手而归。经过考虑，外商最后还是同意按我方报价，签订了来料加工协议。

（资料来源：黄锡光. 国际商务谈判技巧[M]. 上海：华东理工大学出版社，1994.）

以林遮木策略的基本做法包括以下两种：

首先，分散焦点。在商务谈判中，使用以林遮木策略的一方会提出大量复杂的、看似相关但又有主次之分的议题。例如，在一个商业合作项目谈判中，除了提出核心的利润分配和投资比例问题外，还会引入诸如办公场地的选择、员工培训计划、品牌推广细节、市场调研方式等众多议题。这些议题的目的是让对方的注意力从核心问题上分散开来。谈判者会将众多议题混在一起讨论，使谈判过程变得复杂和烦琐。比如，在设备采购谈判中，采购方可能会把设备的价格、性能参数、颜色外观、包装方式、运输保险、售后服务、配件供应等一系列问题同时摆出来，让供应商难以集中精力应对，尤其是难以聚焦在价格等核心问题的谈判上。

其次，隐藏关键意图。采用这种策略的谈判者会把自己真正想要达成的关键目标隐藏在众多议题之中。例如，在土地使用权转让谈判中，转让方真正关心的是土地价格和付款方式，但却通过强调土地周边的规划发展、未来可能的增值空间、土地上现有的一些小建筑的处置等问题，来掩盖自己对价格和付款方式的底线。谈判者还会利用复杂的议题组合，让对方难以准确判断每个议题的重要性排序。在技术转让谈判中，转让方可能会把技术的更新频率、技术培训的场地安排、技术文档的格式等问题与技术转让费这个核心问题交织在一起，使受让方不容易分辨出哪些是可以让步的次要问题，哪些是绝对不能妥协的关键问题。

（四）软硬兼施

软硬兼施策略又叫黑(红)脸白脸策略、好人坏人策略或鸽派鹰派策略，是指在商务谈判过程中，利用谈判者既想与你合作，但又不愿与有恶感的对方人员打交道的心理，以两个人分别扮演“红脸”和“白脸”的角色，诱导谈判对手妥协的一种策略。

红脸白脸策略中，谈判者中两个人一个扮演“红脸”，是温和派，从中协调，做和事佬，负责收场；一个扮演“白脸”，是强硬派，态度坚决、咄咄逼人。有时候也可能是同一个人，时而红脸时而白脸，“打个巴掌给个甜枣”。

知识链接 6-7

有一次，性情古怪、易怒的亿万富翁休斯为购买飞机一事与飞机制造厂谈判。休斯事先列出了 34 项要求，对其中的几项要求是非满足不可的。休斯亲自出马与飞机制造厂厂商进行谈判。由于休斯脾气暴躁、态度强硬，致使对方很气愤，谈判气氛充满了对抗性。双方都坚持自己的要求，互不相让，斤斤计较，尤其是休斯的蛮横态度，使对方忍无可忍，谈判陷入僵局。事后，休斯感到自己没有可能再和对方坐在同一个谈判桌上了，他也意识到本人的脾气不适合这场商务谈判，于是选派了一位性情温和又不乏机智的人做他的代理人去和飞机厂代表谈判。他的代理人说："只要能争取到那几项非得到不可的要求我就满足了。"出乎意料的是，这位代理人最终争取到了 34 项要求中的 30 项。

休斯惊奇地问他靠什么"武器"赢得了这场谈判。他的代理人回答说："这很简单，因为每到相持不下时，我都问对方'你到底希望与我解决这个问题，还是留待霍华·休斯跟你们解决？'结果对方无不接受我的要求。"

上述谈判就是巧妙地运用了"红脸白脸"策略。休斯演"白脸"，他的代理人演"红脸"，两人一硬一软，轮番上阵，最后达到目的。

（资料来源：刘宏，白桦. 国际商务谈判[M]. 北京：中国人民大学出版社，2021.）

五、讨价还价阶段后期的策略

（一）最后通牒

最后通牒策略是指当谈判各方因某些问题纠缠不休时，其中处于有利地位的一方向对方提出最后交易条件，要么对方接受本方交易条件，要么本方退出谈判，以此迫使对方让步的谈判策略。

最后通牒策略是极有效的策略，它在打破对方对未来的奢望、击败犹豫中的对手方面起着决定性的作用。

最后通牒策略以极强硬的形象出现，人们往往不得已而用之。它的最后结果是可能中断谈判，也可能促使谈判成功。一般来说，因为谈判各方都是有所求而来的，谁都不愿白白地花费精力和时间空手而归。

（二）场外交易

场外交易策略是指当谈判进入成交阶段，双方将最后遗留的个别问题的分歧意见暂且放下，东道主一方安排一些旅游、酒宴、娱乐项目，以缓解谈判气氛，争取达成协议的做法。

场外轻松、友好、融洽的气氛和情绪则很容易缓和双方剑拔弩张的紧张局面。轻松自在地谈论自己感兴趣的话题，交流私人感情，有助于化解谈判桌上激烈交锋带来的种种不快。这时适时巧妙地将话题引回到谈判桌上遗留的问题上来，双方往往会很大度地相互做出让步而达成协议。

需要指出的是，在运用场外交易策略时，一定要注意谈判对手的不同习惯。有的国家的商人忌讳在酒席上谈生意。为此必须事先弄清，以防弄巧成拙。

（三）私下接触

私下接触策略是指通过与谈判对手的个人接触，采用各种方式增进了解、联络感情、建立友谊,从侧面促进谈判顺利进行的策略。

私下交往的形式很多,比如,电话联系、拜访、娱乐、宴请等。

在使用私人接触策略时应注意:要提高警觉,谨防言多必失,即使气氛很好也不能忘乎所以。

私下交往的形式很多,皆无不可。但各国、各地区商人往往有独特的偏好。比如,日本人喜欢在澡堂一起洗澡闲谈;芬兰人乐于在蒸汽浴室一起消磨时间;而英国人则倾向于一同去绅士俱乐部坐坐;我国的广东人喜欢晨起在茶楼聊大。对于不同的谈判对手要了解习俗,兼顾偏好,则更有利于联络情感。私下交往策略更适用于各方首席代表,它不像正式谈判,可以无拘无束地交谈,气氛融洽灵活。特别是谈判桌上难以启齿求和时,在私下交往中就能轻松地把愿意妥协的方面表达出来。此外,对于细节问题的研究,可以更加深入等。

(四) 权力有限

权力有限策略是指在商务谈判中,实力较弱的一方的谈判者被要求向对方做出某些条件过高的让步时,宣称在这个问题上授权有限,无权向对方做出这样的让步,或无法更改既定的事实,以使对方放弃所坚持的条件的策略。

权力有限策略的成功运用,不仅可以有效地保护己方,坚定谈判者立场,还可以以此作为对抗对方的盾牌,因此又称之为“挡箭牌”策略。

应对权力有限策略的关键在于预防,即谈判一开始,就不要与没有权力的谈判者进行谈判。预防的最好办法是在开局时就搞清楚对方是否有拍板定案的权力。

第四节 让步阶段的策略

一、让步的原则、步骤和方式

(一) 让步的原则

第一,不作无谓的让步。使较小让步给对方较大满足,每次让步要换取对方其他方面让步。

第二,重要问题上力求对方先让步,次要问题上我方可先让,不承诺做同等幅度让步。

第三,考虑让步要三思而行,不可掉以轻心。如果感觉考虑欠周全,想要收回,不要不好意思,因为这不是决定,可推倒重来。

第四,让对方感知我方让步的艰难性。

第五,幅度不宜太大,节奏不宜太快。若让对方感觉软弱,会使其掌握主动。

第六,确保让步时的保密问题。

(二) 让步的实施步骤

(1) 确定谈判的整体利益。让步的第一个步骤是在谈判的准备阶段进行的。在谈判的准备阶段,谈判者要权衡利弊后,确定己方的整体利益。

(2) 时机要适当,行为要适当。在己方有可能要做出让步后,要把握时机,应在对方的一再要求下，做出适当让步，往往会用这样的语言暗示对方："好吧，在这个问题上，我们暂时放一放。"

(3) 你让我才让，以让换让。把己方的让步与对方的让步联系起来，当没有得到对方的某个交换条件时，不要轻易让步。

（三）让步的方式

美国著名谈判大师嘉洛斯曾以卖方为例，归纳出 8 种让步方式。下面以卖方的让步策略为例，说明常见的不同情况。假设某谈判团队所设定的妥协范围为 60，那么有以下 8 种不同的让步方式，见表 6.1 所列。

表 6.1 八种让步方式

让 步 方 式	预定让步	第一次	第二次	第三次	第四次
1. 冒险式让步方式	60	0	0	0	60
2. 一次性让步方式	60	60	0	0	0
3. 均衡式让步方式	60	15	15	15	15
4. 山峰式让步方式	60	13	8	17	22
5. 递减式让步方式	60	22	17	13	8
6. 递增式让步方式	60	8	13	17	22
7. 断层式让步方式	60	46	10	0	4
8. 反弹式让步方式	60	50	10	−1	1

1. 冒险式让步方式

这种方式是在谈判前期一直坚持自己的立场，不做任何让步。直到谈判最后关键时刻，才做出一次性大幅度的让步，以促成交易。例如，在价格谈判中，卖方一直强硬地维持原价，当谈判接近破裂边缘，买方准备放弃时，卖方突然大幅度降低价格。适用于谈判者对自己的立场有绝对信心，并且判断对方非常渴望达成交易的情况。但这种方式风险较高，可能会导致谈判破裂。

2. 一次性让步方式

这种方式是指在谈判一开始就做出全部让步，直接亮出自己的底线。例如，在价格谈判中，卖方直接给出自己能够接受的最低价格，不再做任何调整。这种方式比较少见，适用于谈判者希望快速达成协议，并且对自己的底线有充分自信，同时也认为对方是比较理性、能够接受底线价格的情况。

3. 均等让步方式

这种方式是指将让步幅度分成等额的若干份，在谈判过程中逐步做出让步。比如，在涉及 100 万元的价格谈判中，每次让步 5%，分多次进行。这种方式比较平稳，适用于谈判双方实力相当，且谈判内容相对比较常规的情况。它给对方一种稳定、可预测的感觉，但也可能让对方期待更多的让步。

4. 山峰式让步方式

这种方式是指在商务谈判的初期，让步幅度较小，随着谈判的推进，让步幅度逐渐增大，达到一个峰值后，又开始逐渐减小让步幅度。例如，在价格谈判中，开始可能每次让步 1%，之后让步幅度增加到 3%、5%，当达到 5%这个峰值后，又逐步回到 3%、1%的让步幅度。这种让步方式就像山峰的形状一样，有起有伏。它通过让步幅度的变化，给对方一种谈判者在不断调整自己的底线，但又有一定限度的感觉。在让步过程中，谈判者会根据对方的反应和谈判的具体情况，灵活控制让步的节奏和幅度。

它适用的情况包括：

(1) 复杂的谈判环境：当谈判涉及多个利益相关方或者多种复杂的议题时，山峰式让步可以有效地应对不同方面的压力。例如，在跨国企业并购谈判中，涉及资产估值、人员安置、品牌整合等多个复杂问题，采用山峰式让步可以在不同议题上根据重要性和对方的关注点，灵活地调整让步策略，以满足各方的利益需求。

(2) 对方态度不明朗时：如果谈判对方的态度比较模糊，或者其底线难以捉摸，山峰式让步可以用来试探对方的反应。通过逐步增加让步幅度，观察对方的接受程度和进一步的要求，从而推测对方的利益期望和底线。如，在技术合作谈判中，一方不知道对方对技术共享程度的期望，通过山峰式让步，可以了解对方对不同程度技术共享的反应，找到双方都能接受的平衡点。

5. 递减让步方式

这种方式是指以大幅度的让步为起点，让步幅度随着谈判的进行逐渐减小。比如，一开始让步 15%，接着让步 10%，最后让步 5%。这种方式向对方传递一个信号，即让步空间越来越小，自己的底线即将到达。它适用于希望在保持一定灵活性的同时，控制让步幅度，引导对方尽快达成协议的谈判场景。

6. 递增让步方式

这种方式是指让步幅度随着谈判的进行逐渐增大。例如，在让步过程中，第一次让步 5%，第二次让步 10%，第三次让步 15%等。这种让步方式可能会让对方觉得谈判者的底线比较模糊，或者有较大的让步空间。它通常用于谈判者希望尽快达成协议，并且对自己的谈判底线有一定弹性的时候，但也容易使对方得寸进尺。

7. 断层式让步方式

这种方式是指谈判者将谈判过程划分为几个明显不同的阶段。例如，在价格谈判中，前一阶段谈判者坚守原价，没有任何让步的迹象，表现得非常强硬。当谈判进展到某个特定节点时，谈判者会突然做出大幅度的让步。比如，在设备采购谈判中，采购方最初对价格寸步不让，在经过几轮讨论，涉及交货期、售后服务等其他关键问题后，突然表示可以在价格上降低一个较大的幅度，这种让步幅度明显与之前的强硬态度形成巨大反差。在做出大幅度让步后，谈判者会再次坚守新的价格或条件，不会轻易继续让步。就像采购方在降低价格后，会向供应商表明这是极限价格，不能再降低，把让步定格在这个断层处。它适用的情况包括：

(1) 试探对方底线后：当谈判者通过前期的强硬态度，大致了解了对方的底线和迫切程度后，采用断层式让步。例如，在技术转让谈判中，转让方一开始不轻易让步，在判断受让方对技术的渴望程度较高，且接近其心理价位时，突然降低转让价格，以此达成交易，同时确保自己的利益最大化。

(2) 改变谈判节奏时：如果谈判陷入僵局或者节奏缓慢，断层式让步可以打破这种局面。比如，在房地产租赁谈判中，出租方和承租方在租金和租赁期限上僵持不下，出租方突然在租金上做出较大让步，但要求承租方延长租赁期限，这种方式可以改变谈判的节奏，引导双方重新审视谈判条件。

(3) 应对不合理要求时：当对方提出不合理要求，谈判者可以先强硬拒绝，在对方调整要求后，做出断层式让步。例如，在商品采购谈判中，采购方要求供应商大幅降低价格并提供额外服务，供应商先表示无法接受，当采购方重新考虑服务内容后，供应商突然在价格上做出较大让步，但不再增加服务内容。

8. 反弹式让步方式

这种方式是指先做出一定的让步，之后又收回部分让步。例如，在价格谈判中，卖方先降低价格 10 万元，随后又表示由于成本增加等原因，需要将价格回调 5 万元。这种方式比较复杂，可能会引起对方的不满。它适用于谈判者发现自己让步过快或者对方对让步不珍惜时，用来调整谈判节奏和对方的期望，但要谨慎使用，以免破坏谈判气氛。

知识链接 6-8

苏先生为什么会失败？

苏先生向客户 A 推销一套环保设备，与客户 A 有接触的共计 8 个供应商。客户 A 最后选中了 3 家(含苏先生)。其中一家报价高，苏先生并不理会他，而将注意力放到另外一家。因为报价几乎一样，苏先生与经理商量，为了战胜对手，把价格降到最低线来增加竞争力，经理同意了。苏先生马上向客户 A 通报了这个消息，对方很高兴，因为苏先生报的价格下降了 13%。同时苏先生了解到，竞争对手报的价格还比他高 5%。苏先生认为这一次肯定会接到订单，因为即使对方再下浮，也不可能比他低。但第二天接到客户 A 的电话，对方希望苏先生把施工费也算进去，再下浮 4%。苏先生和经理经过商量，认为只能再让 2%。即，与客户各承担 50%，这样苏先生的让利下降到 15%。第三天，苏先生得到消息，对手以下浮 12%价格战胜了他 15%的让利。他最不明白的是，为什么价格最低却赢不了？

分析其中的原因：

(1) 苏先生一步退位到 13%，客户 A 感到仍有让利余地，所以要求继续优惠 4%，尽管这是客户 A 的错觉。

(2) 当客户提出再下浮 4%时，苏先生只同意再让 2%，让客户 A 觉得被“骗”，所以，对苏先生失去信心(或心理上不平衡)并将订单转到另一个竞争者手中。客户 A 根本不在乎那百分之几的让利，而是对苏先生失去信任感。

苏先生就是对让步的节奏和幅度把握得不好以至于失去了机会。人们有这样一个共同特征：对经过自己艰苦奋斗而得到的成果总是倍加珍惜，而对轻易就可获得的东西往往不那么看重。因此，在谈判中，对某一项让步，谈判各方会做出什么反应，不仅仅取决于让步绝对值的大小，还取决于彼此的让步策略，即怎样做出让步，以及对方是怎样争取到让步的。

(资料来源：http://www.gototsinghua.org.cn/wenku/guanliyunying/mba_89547.html.)

二、迫使对方让步的策略

(一)“车轮战”

“车轮战”策略是指在谈判桌上的一方遇到关键问题或与对方有无法解决的分歧时，借口自己不能决定或其他理由，转由他人再进行谈判。这里的“他人”或者是上级、领导，或者是同伴、合伙人、委托人、亲属、朋友。不断更换自己的谈判代表，有意延长谈判时间，消耗对方的精力，促使其做出大的让步。

一个谈判代表与对方谈了一段时间后，就找理由更换一个新的谈判代表上场；新的谈判代表上场后，可以抹杀其前任所做出的让步，要求重新开始讨论；谈了一段时间后，又找理由换第三个谈判代表上场。这样，便可使对方处在不利的位置。因为他要复述过去争论的话题，要了解新的对手，就会消耗许多精力，使其在正式的谈判中力量不足，从而丧失信心、降低要求。

该策略的使用有一定的条件和原则。它往往是在谈判中期或接近尾声时，由形势不利的一方施行。制造、利用或借口各种“客观”原因召回负责人或某个重要成员，让另一个身份相当的人代替。该策略还可以运用于一方成交心切或一方有求于另一方的场合。

（二）利用竞争

在谈判中，我们应该有意识地制造和保持对方的竞争局面。有时，对方实际上并没有竞争对手，但可以巧妙地制造假象来迷惑对方，以求逼迫对方让步。

比如，进行技术引进谈判时，我们可以多考察几家国外的厂商，同时邀请他们前来进行谈判，并且适当地透露一些有关对方竞争对手的情况；在与其中的一个厂商最终谈成之前，不要过早地结束与其他厂商的谈判。

制造竞争的具体方法包括：

(1) 邀请多家卖方参加投标，利用其之间的竞争取胜。

(2) 同时邀请几家主要的卖主与其谈判，把与一家谈判的条件作为与另一家谈判要价的筹码，通过让其进行背靠背的竞争，促使其竞相降低条件。

(3) 邀请多家卖主参加集体谈判，当着所有卖主的面以压低的条件与其中一位卖主谈判，以迫使该卖主接受新的条件。

知识链接6-9

谈判专家约翰逊要造一个游泳池，要求也很简单：长30英尺，宽15英尺，有温水过滤设备。对普通建筑公司来说，这些都不在话下；稍微麻烦一点的是竣工时间必须在六月一日以前。隔行如隔山，对建筑游泳池约翰逊是个门外汉。但让人吃惊的是，在短时间内，他不仅仅从外行变成了内行，而且还货比三家，找到了质量高价格低的建筑商。他用的办法是坐收渔利。

约翰逊打出了招标广告，有三位承包商A、B、C前来接洽投标事宜。由于是暗标，三家互不知道对方的标单内容。经过比较，约翰逊发现这三家提出的要求各不相同，价格也有差异。他当机立断决定邀请三位竞标者前来面谈。三位承包商如约而至，约翰逊让他们在客厅里闲聊了一会，自己则以“忙急事”不参与谈判。10点钟的时候，约翰逊邀请A进书房详谈。A宣布自己的游泳池造得最好，他的设计方案和工程质量都曾获表彰。他顺便告诉主人，B常使用旧的过滤网，C先生的信誉不高。接下来B先生在书房里大言不惭地宣称，只有自己才使用真正的钢管，其他承包商一般是使用塑胶管。C先生则告诉主人，其他人使用的过滤网有问题，而他绝对做到保质量并按时完工。约翰逊比较三者的优劣，发现A华而不实，B的质量最好，C的价格最低，最后他选中了B作为游泳池的承建者，但只付C先生提出的价格。当 A、B、C 三者互相指责，自我标榜时约翰逊直想发笑。他心里想起一个成语：鹬蚌相争，渔翁得利。而他自己正是那个在一旁等候多时、伺机取利的渔翁。

（资料来源：https://www.diyifanwen.com/fanwen/shangwuliyi/10620167.html.）

（三）既成事实

既成事实策略也叫先斩后奏策略。这在商务谈判中可以解释为"先成交，后谈判"，即实力较弱的一方往往通过一些巧妙的办法使交易已经成为事实，然后在举行的谈判中迫使对方让步。先斩后奏策略的实质是让对方先付出代价，并以这些代价为"人质"扭转自己实力弱的局面，让对方衡量所付出的代价和中止成交所受损失的程度，被动接受既成事实。

严格地讲，该策略是一种不讲道理的策略。但在特定的条件下，使用它也可以产生一定的效果。在运用该策略时应注意，必须有正当理由，否则被视为缺乏商业道德，而不宜采用。

先斩后奏策略的具体做法如下。

(1) 卖方先取得买方的预付金，然后找理由提价或延期付货。

(2) 买方先获得了卖方的预交商品，然后提出推迟付款。

(3) 买方取得货物之后，突然又以堂而皇之的理由要求降价。

此外，为了防止出现由于对方采用既成事实策略造成损失的情况，谈判人员在谈判中应做到：

(1) 应尽量避免"人质"落入他人之手，让对方没有"先斩"的机会。

(2) 即使交易中必须先付定金或押金，也应做好资信调查，并注明何种情况下才可以退款。

(3) 采取"以其人之道，还治其人之身"的做法，尽可能相应掌握对方的"人质"；一旦对方使用此计，则可针锋相对。

(4) 一旦情况发生，要敢于向对方领导抗议，若不能解决，可向当地的司法机关起诉。

(5) 采取联合战线，揭穿对方的行为。

（四）"踢皮球"

"踢皮球"策略指针对对方的要求，己方不便拒绝，便假借各种理由，左右推诿，把对方的"皮球"踢来踢去，不当一回事；对方在万般无奈的情况下，只得妥协让步。若遇到谈判形势对己方不利而想中止谈判，或想达到降低对方条件、挽回损失、反败为胜的目的，或想达到降低期望的程度而使之自动让步时才运用。只不过"踢皮球"策略往往是在谈判接近尾声时或即将签字时才运用。其手法是转移矛盾，假借上司或委托人等第三方之手去达到各种目的。

商谈者首先称无权决定某一问题，无权签约，需请求上司或有关部门审核或研究决定，或以请示委托人批复等为借口，故意将谈判工作搁浅，让对方心中无底地等待。然后，借口其上司或有关部门或委托人不同意或不批准使谈判劳而无功，或者借口其上司或委托人认为交易条件"太苛刻"，必须降低某条件方能继续商谈等，迫使对方做出让步。

第五节　成交阶段的策略

谈判经历了开局阶段、报价阶段、磋商阶段及让步阶段后，最后进入了成交阶段。

一、成交阶段的含义及主要目标

（一）成交阶段的含义

当谈判各方对重要交易条件已基本达成一致意见，双方的期望已非常接近，即将签署协议的阶段，称之为成交阶段。

（二）成交阶段的主要目标

成交阶段的主要目标有三个：一是力求尽快达成协议；二是尽量保证本方已取得的谈判成果不能丧失；三是争取获得最后的利益，为实现该目标必须采取相应的策略。

二、成交阶段的判定标准

成交阶段的判定标准主要包含谈判涉及的交易条件与谈判时间。

首先，按照谈判涉及的交易条件来判定。

（1）考察交易条件中尚余留的分歧。在分歧点众多的情况下，如果某部分（90%左右）的分歧点已解决，可以说谈判已进入成交阶段。

（2）考察谈判对手交易条件是否进入己方成交线。成交线是指己方可以接受的最低交易条件，是达成协议的下限。当谈判对手交易条件已进入己方成交线，那么实际上已可以成交，因为谈判的最低目标已实现。

（3）考察双方在交易条件上的一致性。当双方在交易条件上全部或基本达成一致，而且个别问题如果做技术处理也能达成共识，这表明谈判已进入成交阶段。

知识链接 6-10

在21世纪中国政府和中国企业走出去的背景下，在“一带一路”倡议推动的大趋势下，我们越来越多地在非洲以及第三世界国家输出资本、输出技术，提升所在国的基础建设水平，帮助这些国家实现产业升级。非洲作为我国重要的对外直接投资地区，随着双方在经济合作贸易等方面的全面推进，逐步形成了多层次、多元化的投资格局。我国作为发展中国家，不具备发达国家对外投资的优势，投资模式的经验难以直接复制。随着许多大型项目成功经验的积累，创新出许多适合中非间直接、间接投资的模式。例如，经贸合作区模式、援助合作模式以及“资源-信贷-项目”一揽子合作模式。其中“资源-信贷-项目”一揽子合作模式极具非洲特色，适合自然资源丰富却缺乏资金开发的国家。什么是“资源-信贷-项目”模式？安哥拉有许多未开发的石油储备，于是就用它们来作为下一期的抵押品，换取当期中方在安哥拉进行基础设施投资。这种模式建立在双方政府签署的合作协议框架上。中方企业通过正常的竞标程序获得安哥拉基础设施建造的合同，并且由第三方公司进行监理。建设方向安哥拉政府申请支付，获得批准之后由中国进出口信贷银行直接支付。初期时合同用美元支付，不久之后随着人民币国际化地位的确立以及为避免汇率风险的因素，大部分项目改由人民币结算。“安哥拉模式”的成功对于我国在非洲直接投资具有良好的示范效应。“资源-信贷-项目”一揽子合作模式此后在阿尔及利亚、尼日利亚等国迅速得到推广，非洲国家纷纷效仿。

（资料来源：中国—非洲的21世纪与未来. https://mp.weixin.qq.com/.）

其次，按照谈判时间来判定。

（1）双方约定的谈判时间。以双方根据谈判内容明示约定的时间作为判定谈判结束的做法。一般地，双方谈判手首次见面时均会先交换对谈判任务的看法并据此讨论所需的时间与人员，这个时间既反映了谈判正常所需的时间，又反映了双方公认的谈判时间。一旦时间用完，不论成交与否、分歧多少，谈判都要结束。

（2）单方限定的谈判时间。是指以谈判一方提出的可参与谈判的时间长度作为判定谈判结束的做法。单方限定时间时，其言可能为真，也可能为假。客观与策略两种情况均存在。判断其真假很重要，充分利用时间更重要。

三、成交阶段的谈判策略

（一）最后通牒

在商务谈判进入成交阶段，一方向对方提出最后的交易条件，并明确表示如果对方不接受，谈判将结束。如采购方对供应商说："我们最多只能接受这个价格，并且必须在明天中午前给我们答复，否则我们就和其他供应商合作了。"这种策略通过给对方施加时间和条件的压力，迫使对方做出决策。

它适用于当谈判者已经清楚对方的底线，且自己占据一定优势，或者想尽快结束谈判时可以使用。但要注意使用该策略的风险，因为可能会导致谈判破裂。

（二）场外交易

场外交易策略是指将谈判从正式的场合转移到轻松的场外环境，如餐厅、高尔夫球场等。在这种环境下，双方的情绪更加放松，更容易建立友好关系。例如，在紧张的商业合作谈判后，双方代表一起去吃晚餐，在晚餐过程中，以更轻松的方式讨论最后的细节，达成合作意向。

它适用于谈判在正式场合陷入僵局，或者双方关系比较紧张的情况。场外交易可以缓解气氛，增进彼此的感情，从而促进交易的达成。

（三）优惠诱导

在成交阶段，谈判者向对方提供额外的优惠条件，以促使对方尽快做出成交决策。如销售方对购买方说："如果您今天就签订合同，我们可以额外赠送您一年的售后服务或者一定数量的配套产品。"

它适用于当对方还在犹豫是否成交时，这种策略可以增加产品或服务的吸引力，尤其适用于竞争比较激烈的市场环境，或者对方是对价格和附加值比较敏感的客户。

（四）保证承诺

商务谈判人员向对方做出保证，消除对方在成交时的顾虑。如供应商对采购商承诺："我们保证产品质量达到行业标准，如果出现质量问题，我们将在 24 小时内提供解决方案，包括免费更换或维修。"

它适用于对方对产品质量、售后服务、交付时间等方面存在担忧的情况。通过明确的保证和承诺，可以增强对方的信心，促进交易的达成。

（五）检查确认

在即将成交之际，双方对谈判的所有条款和条件进行详细的检查和确认。比如，双方重新核对价格、数量、交货方式、付款方式等各项内容，确保没有误解或遗漏。

这是一种谨慎的策略，适用于任何商务谈判的成交阶段，尤其是涉及复杂交易或大量资金的谈判，能够避免在合同执行过程中出现纠纷。

四、签约的程序及注意事项

（一）签约的程序

1. 签约前准备

（1）文本准备。由双方或一方起草合同文本。合同内容应包括谈判达成的主要条款，如商品或服务的名称、规格、数量、价格、交货/服务期限、付款方式、质量标准、违约责任等。例如，在设备采购谈判后，采购方要确保合同中详细记录了设备的型号、性能参数、采购数量、单价、总价、预计交货日期、运输方式、安装调试责任等内容。

（2）审核校对。双方都需要对合同文本进行仔细审核。审核人员包括法务人员、业务负责人等。他们要检查合同条款是否准确反映了谈判结果，是否符合法律法规和公司政策。如检查合同中的价格条款是否与谈判确定的价格一致，付款方式是否明确、合法。

（3）确定签约人。明确双方的签约代表，签约代表应具有相应的授权。对于大型企业的重大合同，签约人可能是企业的法定代表人或经过法定代表人授权的高级管理人员。

2. 签约仪式安排

（1）场地布置。如果举行签约仪式，要选择合适的场地，如会议室或酒店宴会厅。场地要整洁、庄重，布置好签字桌、座椅，摆放双方的公司标志。同时，要准备好足够的合同文本、笔等签约用品。

（2）仪式流程确定。确定仪式的流程，一般包括双方代表入场顺序、就座安排、致辞环节、签字顺序等。双方代表先入座，简短致辞后，进行签字。签字时，助签人要协助翻开合同文本，指明签字位置。

3. 正式签约

（1）双方签约代表在合同文本上签字，签字应清晰、完整。如果是多页合同，要注意在每一页都有签字或者加盖骑缝章，以防止合同内容被篡改。例如，在房产买卖合同中，买卖双方要在合同的最后一页签名，并在每页的边缘盖上骑缝章。

（2）签字完成后，双方交换合同文本，这意味着双方都对合同内容承担相应的责任。交换文本后，签约仪式基本结束。

4. 签约后跟进

双方都要将合同文本妥善存档，建立合同档案，方便日后查阅和执行。合同档案应包括合同文本、谈判记录、相关的审批文件等。

之后，双方根据合同内容开始为履行合同做准备。如采购方准备付款资金，供应方安排生产或备货等。

（二）签约的注意事项

1. 合同条款明确性

合同条款必须清晰、准确，避免模糊不清或有歧义的表述。例如，对于产品质量标准，不能只写“符合行业标准”，而要明确是哪种行业标准，是国家标准、地方标准还是行业协会标准等具体内容。

2. 法律合规性

确保合同内容符合相关法律法规。例如，在国际贸易合同中，要注意遵守国际贸易惯例和相关国家的法律规定，包括进出口管制、知识产权保护等方面的法律。

3. 风险防控

对可能出现的风险要有充分的预估，并在合同中明确责任分担。如在服务合同中，要规定如果因不可抗力因素导致服务无法按时提供，双方的责任如何划分。

4. 保密条款

如果谈判涉及商业秘密，合同中要包含保密条款。明确双方对在谈判和合同履行过程中知悉的对方商业秘密负有保密义务，包括保密的范围、期限和违约责任等。

◆内容提要

本章主要介绍了商务谈判的五个阶段，即开局阶段、报价阶段、磋商阶段、让步阶段和成交阶段的谈判策略。

◆关键词

开局阶段策略　报价策略　磋商策略　让步策略　成交策略

◆复习思考题

1. 试述先报价的优劣势?
2. 在涉及谁先报价的问题时可采取的策略有哪些?
3. 讨价还价阶段中期的策略有哪些?
4. 试述迫使对方让步的策略。

◆思考案例

别开生面的较量

某年11月，国内A厂负责人到国外S公司考察，与S公司谈定引进3台卷簧机，一台双面磨床，总价值260万美元的意向，同时约定S公司派代表到北京与A厂签订正式协议。A厂长回国后，经专家论证，260万美元的价格偏高，但第一轮谈判价格已经确定，很难变动，只能通过第二轮谈判在一些方面加以挽回。

12月17日，S公司的董事长K和其助手来到北京，与A厂长进行第二轮的谈判。在此之前，A厂长对S公司和K董事长的情况和特点进行了详细的调查。谈判一开始，经验丰富、老练精明的K立即表示:“谢谢主人对我们的欢迎，我们这次来贵厂，完全是带着诚意而来，我们信守以前谈定的意向，希望马上签订协议，我们已经买好明天下午的飞机票，要赶回去过圣诞节。”K董事长气势逼人，一开始就施加压力，希望速战速决。

A厂长不慌不忙地笑着说:“K先生，离圣诞节还有一个星期呢，何必急着回去呢！作为主人，我们很愿意陪同客人到处看看，北京有许多世界著名的风景。另外，我想我们应该将协议仔细、认真地磋商一下,如果匆忙签字,将来出现纠纷就不好了。”

K 先生碰了个软钉子,意识到马上签字是不可能的了。A 厂长慢慢地翻阅协议草稿,笑容满面地说:“K 先生,在协议中有一点小问题,我想向您请教一下。在我方向贵公司购买的机械设备中,没有说明是否包括一些附属设备?”“不,不包括任何附属设备。”

A 厂长立刻严肃地说:“K 先生,这恐怕就不太合理了。我们购买设备是使用的,不是放着看的,比如用户购买了一台电视机,怎么会不包括必要的天线、连接导线、遥控器呢?这恐怕不符合商业习惯吧。”K 先生一愣,自觉刚才的回答欠妥当:“好吧!那就写上。”谈判对手想反正没多少钱,不要因小失大,只要能签订协议,这点损失无所谓。

A 厂长接着说道:“我方购买的贵公司的 3 台卷簧机,怎么没有包括必要的配套电子操控平台呢?”

1 台电子操控平台价值 3 万美元,3 台就总价值 9 万美元,K 董事长一听就急了。

“不,不,如果是这样,我们是无法接受的。”推磨似的谈判开始了,直到中午,K 先生让步了,谈判对手希望能下午签署协议。

丰盛的午饭后,A 厂长亮出了自己的底牌:“我希望 K 先生能够谅解,按照目前的协议条件,我还是无法签字。我们所购买的这些设备,现在只能生产一般的弹簧,我们希望也能生产高级专用弹簧,这需要贵公司提供有关技术资料;同时我们还希望贵公司能够派专人来帮助我们安装、调试设备。作为合作诚意的象征,我们将再向你方多订购一台双面磨床。”

K 董事长一听,非常生气地说道:“我听说中国人是礼仪之邦,可没想到你们如此没有合作诚意,看来我们无法签订协议了。”K 先生欲起身离去。

A 厂长也义正词严地说道:“不是我们没有合作诚意,坦率地告诉你,贵国另一家 Y 公司正在与我们接洽。谈判对手们所提供的价格比你们优惠许多。但我们中国人非常重视与朋友的友谊,希望能够与你方做成这笔生意。当然,不必勉强,实在不行,那就另当别论了。”

K 先生听后,沉默了一会,说道:“好吧,我们再谈谈。”

谈判一直持续到晚上 6 点,仍未达成协议,关键是生产高级专用弹簧的技术,K 董事长无论如何也不肯让步。晚 8 点,在客人下榻的饭店继续谈判,一直到次日凌晨 2 点,谈判仍处在僵局中。

A 厂长起身告辞:“今天就谈到这里吧!明天我还有很重要的工作,你们也需要休息了。”说完便告退了。

次日早晨,又开始谈判,可一上午仍无结果。A 厂长遗憾地对 K 董事长说道:“非常遗憾,我们没能达成一致意见。希望以后有机会再合作!下午我们派专车送你们去机场。”午饭时,K 先生和谈判对手的助手只是低头吃饭,没有任何表示。

午饭后,行李已经搬上停在饭店门口的汽车上了。A 厂长与客人握手告别,送上轿车,微笑着对客人挥手:“再见,一路顺风!”

轿车引擎发动了,突然 K 先生对 A 厂长说:“厂长先生,你如能上车陪我们,还可以再谈谈!”A 厂长无动于衷地说:“你们不是下午的飞机吗?恐怕时间不够了。”“如果途中谈不好,我们可以把飞机改期为明天。”“如果先生真想谈,我可以派人帮你们改期,请你们下车谈。”

K 先生下车了,不到 1 个小时,K 先生让步了,双方在协议上按 A 厂长的要求签字了。

请根据谈判过程以及双方策略,分析中方在谈判中获得胜利的原因。

第七章　商务谈判僵局处理策略

学习目标

熟悉商务谈判僵局阶段应掌握的策略，熟练运用各种打破僵局的策略和技巧；熟悉产生各类僵局的原因；掌握僵局处理的共同原则和目标。

导入案例

甲公司是一家电子产品制造商，乙公司是一家大型零售商。甲公司希望乙公司能采购他们新研发的一批高端智能手表，并且给出了较高的定价。乙公司则觉得价格过高，同时对产品的市场接受度存在疑虑，双方在价格和首批进货量这两个关键问题上陷入僵局。

冷静期策略：谈判双方意识到情绪有些激动后，决定暂时休会。各自冷静思考，重新评估自己的立场和目标。在这个过程中，甲公司重新核算了成本和利润空间，乙公司也对市场上同类产品进行了更细致的调研。

调整议题策略：复会后，双方先避开价格和进货量这两个敏感问题。开始讨论产品的独特功能、技术优势、售后服务等。甲公司详细介绍了智能手表的健康监测精准度比竞争对手高出 30%，并且有独家的快速充电技术。乙公司对这些优势表现出浓厚兴趣。

利益补偿策略：甲公司为了打破僵局，提出如果乙公司愿意按照他们期望的进货量采购，甲公司将在后续的营销活动中提供支持，包括分担一部分广告费用，并且提供一定数量的免费产品用于乙公司的促销活动。这对乙公司来说，增加了产品销售的潜在收益，一定程度上弥补了他们在价格方面的顾虑。

客观标准策略：双方引入了市场调研机构的数据，对产品的合理定价区间进行评估。同时参考了其他类似产品在不同渠道的销售价格和利润空间。根据这些客观标准，甲公司适当降低了价格，乙公司也相应地增加了首批进货量。

通过这些策略的综合运用，甲乙双方最终成功打破僵局，达成了合作协议。

第一节　谈判僵局的含义与分类

一、谈判僵局的含义与本质

（一）谈判僵局的含义

谈判僵局指在商务谈判过程中，因对所谈问题的利益要求差异较大或其他原因，又都不肯做出让步，导致因暂时不可调和的矛盾而形成的对峙，从而使谈判出现不进不退的僵持局面。当僵局出现后，必须进行迅速的处理，否则就会对谈判顺利进行产生影响。僵局是谈判各方都不愿看到的情况，因为一旦僵局得不到妥善的解决，就会使谈判终止，合作失败，利益遭到损失。原本可以达到共赢的谈判结果，这样一来，就成了两败俱伤。

如何打破僵局，关键是要认清僵局的本质。

（二）谈判僵局的本质

谈判僵局的本质是谈判各方在利益、立场、观点等方面的分歧达到了难以调和的程度。

从利益角度看，各方对价值分配存在巨大争议。比如在价格谈判中，一方想获得更高利润而抬高价格，另一方想降低成本而压低价格，这种利益冲突如果找不到平衡就会形成僵局。

从立场方面来说，谈判各方可能坚守自己预先设定的条件。例如在合作谈判里，一方坚持要控股权，另一方也坚决不让，这是立场的对立导致僵局。

从观点视角来讲，对产品质量、市场前景等认知不同也会引发僵局。比如在新产品销售合作谈判中，一方认为产品有巨大市场潜力，另一方却觉得市场接受度存疑，这种观点差异可能让谈判无法顺利推进。

二、僵局阶段和让步阶段的联系

并不是任何商务谈判都会经历僵局阶段，僵局阶段只是谈判各方发生了互相不让步的特殊情况。在谈判者看来，共赢总比僵局导致的谈判破裂要好得多，如何从僵局阶段过渡到让步阶段，即让谈判各方都相互妥协才是商务谈判成功的关键。

（一）僵局阶段是进入让步阶段的前奏

僵局阶段是商务谈判一种特殊的情况，而让步阶段是每个谈判者都必经的阶段。一旦遇到场上僵局，谈判者都会想方设法打破僵局，逐步消除分歧，让谈判顺利进入让步阶段，以达到既定的谈判目标。

（二）让步阶段是僵局的最终归宿

僵局的解决最终在于谈判各方做出适当的让步，若各方继续坚持自己的观点和要求，谈判会一直僵持下去。让步会缓和谈判的紧张气氛，使谈判继续进行，顺利进入让步阶段。

三、谈判僵局的分类

（一）按照项目合作的不同过程划分

1. 协议期僵局

谈判各方在磋商阶段因意见分歧所形成的僵持局面，也就是谈判过程中出现的各种僵局。

2. 执行期僵局

在执行合同过程中，因对合同条款理解不同而产生的分歧，或因始料未及情况的出现引起合同执行纠纷所导致的。

（二）按照商务谈判的不同阶段划分

1. 谈判初期僵局

商务谈判初期是各方彼此熟悉、了解、建立融洽气氛的阶段。这一阶段发生僵局的概率相对较小。因为此时各方对谈判都充满了期待，而且刚开始时一般也不会涉及核心利益问题。但由于误解，或准备不充分，或感情上受到伤害，也可能会导致一开始就草草收场。

2. 谈判中期僵局

商务谈判中期是谈判的实质性阶段，各方需要就有关技术、价格、合同条款等交易内容进行详尽的讨论、协商。在合作的背后，客观存在着各自利益上的差异。这就可能使谈判暂时向着难以统一的方向发展，产生谈判中期的僵局。例如，在中外合资企业谈判中，对各自投资比例大小、收益多少产生的分歧。在技术转让谈判中，技术出让方和技术接收方对技术的价格产生分歧。因此，谈判中期僵局是因为各方都不愿在关键问题上退让而产生的，也是谈判破裂常发生的阶段。

3. 谈判后期僵局

商务谈判后期是达成协议的阶段。在已经解决了技术、价格等关键性问题之后，还有一些如项目验收程序、运输保险等执行细节需进一步商议。特别是合同条款的措辞、语气等易引起争议。谈判后期的僵局不像中期僵局那样难以解决，只要某一方稍做些让步，便可达成一致签订合同。

（三）按照商务谈判的具体内容划分

1. 价格僵局

在所有可能导致谈判僵局的谈判主题中，价格最为敏感，也是产生僵局频率最高的。

2. 其他僵局

除了价格僵局外，其他交易条件，如付款方式、支付方式、运输方式、质保期限、标的的技术要求、项目的实施进度等，也会造成谈判僵局。

第二节　商务谈判僵局产生的原因

在商务谈判过程中，在一些交易条件上可能形成分歧和对立，如果都不妥协，僵局就有可能发生。要掌握突破谈判僵局的方法与技巧，首先就要认清谈判僵局产生的原因，以便对症下药。造成谈判僵局的原因可能是多方面的，诸如，谈判各方性格的差异；个人权利限制；主谈人缺乏决断能力；谈判一方利用己方优势强迫另一方接纳己方意见等。谈判僵局是由其中一种或几种因素共同作用而形成的。

一、谈判一方故意制造谈判僵局

这是一种带有高度冒险性和危险性的谈判策略，即谈判一方为了试探对方的决心和实力有意给对方出难题，搅乱视听，甚至引起争吵，使谈判陷入僵局，其目的是使对方屈服，迫使对方放弃自己的谈判目标而向己方目标靠近，从而达成有利于己方的交易。

故意制造谈判僵局的原因可能是过去和对方在商务谈判中上过当、吃过亏，现在要报复对方；或者凭借自己的实力，设置圈套；或者自己处在十分不利的地位，通过给对方制造麻烦改变自己的谈判地位，并认为即使自己改变不了不利地位，也不会有什么损失。谈判一方故意制造谈判僵局，另一方必然进行反攻，从而导致商务谈判难以为继，出现僵局。

通常，如果该方法运用得当，会获得意外成功；如果运用不当，其后果往往难以预料。因此，除非谈判人员有较大的把握和能力，否则最好不要轻易使用这种方法。

知识链接7-1

1995年12月德国总理科尔访华期间，上海地铁二号线的合作谈判陷入了僵局。形成僵局的原因是，德国代表以撤回贷款强压中方接受比原定能接受价格高出7500万美元的价格。对方代表有恃无恐，在谈判桌上拍桌子威胁中方代表，扬言再不签约，一切后果由中方负责。

中方代表根据手中掌握的地铁车辆国际行情，知道即使按照中方原定的报价，德国公司仍然有钱可赚。对方只是企图倚仗提供了政府贷款就漫天要价，想把德国政府贷款的优惠，通过车辆的卖价又悄悄地拿回去。

中方代表坚决拒绝在协议上签字。德方代表在我国走访后，明白中国市场不容小觑后，不愿意失去这单生意。所以，在以后的谈判中不得不缓和自己的态度。

经过一轮又一轮的艰苦谈判，德方不但把车辆价格下调，整个地铁项目的报价也比原来降低了1.07亿美元。

（资料来源：刘安鑫.市场营销实务[M].上海：上海交通大学出版社，2013.）

二、谈判人员的因素导致谈判僵局

（一）人员素质低下导致谈判僵局

商务谈判是由人进行的，谈判人员的素质始终是影响谈判结果的重要因素。如果谈判人员缺乏专业知识、怕承担责任、好自我表现等，就会给所达成的交易带来风险，这也是造成谈判僵局的重要原因。同时谈判人员不适宜地使用拖延时间、最后通牒、激将法等手段也是导致对方感情受损、谈判受阻的经常性原因。

（二）谈判人员情绪的原因所造成僵局

谈判对谈判人员的情绪控制能力有很高的要求，因为谈判活动中，谈判方的需要和期望满足的情况千变万化，谈判者的情绪心理也往往会随之波澜起伏。当情绪波动时，谈判人员要善于采用适当的对策，不能让情绪对谈判产生负面的影响。然而，若谈判人员选择不当，不能很好地控制情绪的谈判者会在谈判过程中制造意外的麻烦，导致谈判僵局，更可能导致各方交恶，给公司形象造成巨大的负面影响。

三、语言障碍、文化差异导致谈判僵局

（一）语言障碍导致谈判僵局

在谈判过程中，由于语言及语言表达习惯的不同，影响相互交流效率。它主要存在于：

本国语与外国语之间、普通语与地方语言之间、地方语之间、日常用语与商业用语之间。语言障碍一般表现为:一方能够听懂,但另一方不能听懂;或双方都听不懂;或双方都能听懂但经常产生误解。

在国际商务谈判中,双方的交流需要通过翻译来进行。翻译的语言理解能力和表达能力,直接决定交流的效率。

知识链接 7-2

某跨国公司总裁访问我国一家制造企业,商讨合作发展事宜。受访企业总经理很自豪地向客人介绍说:"我公司是中国二级企业……"此时翻译人员把二级企业翻译为"second-class enterprise"。该跨国公司总裁闻此,原本很高兴的兴致突然冷淡下来,敷衍了几句便起身告辞。他心里想:"我怎么能和一个二流企业合作?"可见,一个小小的语言沟通障碍会直接影响业务洽谈。

(资料来源:毛晶莹. 商务谈判[M]. 北京:北京大学出版社,2014.)

(二) 文化差异导致谈判僵局

在国际商务谈判中,由于谈判各方生来就受不同文化的熏陶,并在商业活动中形成固定的行为方式。因此,一旦这种行为方式超出了产生这种行为方式的文化环境,就会与另一种文化环境下所产生的行为方式发生冲突,在一方看来完全是合理的要求也会被对方认为是非分之想,从而使交流产生障碍,这就是文化障碍。

知识链接 7-3

一家美国的软件公司和一家日本的电子企业进行合作谈判。美国公司希望向日本公司授权其软件技术,用于日本公司新开发的电子产品中。

美国谈判团队成员性格直爽,在谈判一开始就直接切入主题,讨论授权费用和市场推广计划等核心问题。他们习惯在谈判桌上直接表达自己的观点和要求,并且希望能够快速得到回应。然而,日本团队则比较注重礼仪和人际关系的建立。日本代表们更希望先进行一些轻松的社交活动,例如,互相介绍公司背景、进行一些礼貌性的寒暄问候等,以营造和谐的氛围。这种沟通风格的差异使得日本团队觉得美国团队过于急切和鲁莽,而美国团队则认为日本团队不够高效,双方在谈判初期就产生了一些不愉快的情绪。

在谈判过程中,当涉及一些关键决策,如授权范围和费用支付方式时,美国公司采用的是由主要负责人和谈判团队快速决策的方式。他们根据事先制定的目标和底线,在谈判桌上就可以灵活地做出决策和让步。而日本公司的决策过程比较复杂,需要经过多层级的内部讨论和审批。日本谈判代表不能当场做出重大决策,需要将谈判中的各种情况和提议带回公司,经过各个部门的研究和上级领导的批准才能答复。这导致美国团队认为日本团队在故意拖延时间,而日本团队觉得美国团队不给他们足够的时间来进行内部沟通,双方的矛盾逐渐加深。

在讨论软件技术的市场推广策略时,美国公司强调个人主义和竞争意识,提出了一系列激进的市场推广方案,包括通过广告竞争突出自己的软件优势,甚至不惜与其他竞争对手产生冲突。而日本公司深受集体主义文化的影响,注重团队合作和长期稳定的合作关系。他们更倾向于与其他企业建立和谐共生的市场环境,避免激烈的竞争。这种价值观的差异使得双方在市场推广策略上无法达成共识。

双方都意识到文化差异是问题的关键，为了打破僵局，他们邀请了专业的跨文化商务顾问来协助谈判。顾问建议双方先暂停关于核心问题的讨论，花一些时间了解彼此的文化背景和商务习惯。美国团队开始理解日本公司的决策过程是基于他们的企业文化和管理模式，并非故意拖延；日本团队也明白了美国公司的直接沟通风格和竞争意识是源于美国的商业文化。之后，双方重新调整了谈判节奏和方式。美国团队在沟通中更加注重礼仪和耐心，日本团队也加快了内部决策的流程，并在市场推广策略上找到了一个折中的方案，既考虑到了适当的竞争，也维护了合作关系的和谐稳定。

四、双方立场分歧所造成的僵局

谈判者双方因所谈价格、质量、时间等重要关系彼此利益的条款时，发生较大分歧，造成双方固执己见，且暂时没有一种完美的方案可以解决此类问题而造成双方陷入僵局。

这类原因造成的谈判僵局比较普遍，谈判的过程其实就是双方彼此妥协、减少分歧、促成合作的过程，因实质问题谈不拢而造成的僵局会通过双方的彼此妥协让步而逐渐解决。谁先让步、让步多少才能达到双方满意是解决此类僵局的关键。

五、沟通理解障碍导致僵局

沟通理解障碍就是谈判各方在交流彼此情况、观点、协商合作意向、交易的条件等过程中，所遇到的由于主观和客观的原因所造成的理解障碍。

知识链接7-4

一次关于成套设备引进的谈判中，我国某市的谈判班子对外方所提供的资料做了研究，认为对方提供的报价是附带维修配件的。

于是按此思路与外方进行了一系列的洽谈。然而，在草拟合同时，发现对方所说的附带维修配件，其实是指一些附属设备的配件，而主机配件并不包括在内，需要另行订购。

这样，我方指责对方出尔反尔，而对方认为我们是故意作梗。

事后中方仔细核对原文，发现所提及的“附带维修配件”只是在谈判附属设备时出现过，而中方误以为对所有设备提供配件。

（资料来源：景楠.商务谈判[M].北京：对外经济贸易大学出版社，2014.）

第三节 处理谈判僵局的原则和目标

各种僵局既有特殊性，又有共同点。因此，在制定谈判策略时，既要考虑到各个僵局的不同特征，又要遵循僵局中可共同利用的规律，这就要求谈判人员处理僵局时遵守一些原则。

一、处理谈判僵局的原则

（一）冷静沉稳原则

当僵局发生时，作为代表公司利益的谈判者，情绪都会发生一连串的波动，毕竟谈判没有顺利地进行下去，公司或许因为这次可能出现的谈判失败而蒙受损失。谈判者肩负的责任重大，没有耐心的谈判者往往就会急于求成，更有甚者会在谈判场上释放自己的情绪，导致气氛更加紧张。因此，谈判者要控制好自己的情绪，做到冷静沉稳，以免作茧自缚，应从长远打算，记住“小不忍则乱大谋”，在谈判桌上做到不大喜大悲，不要有明显的情绪表露，以免给对方找到并掌握我方的谈判漏洞。公司在选派谈判人员时，应注意高标准地挑选有较强情绪控制力的谈判者。

（二）客观诚恳原则

在商务谈判中，各方在主要事项上有着共同的利益，但在具体问题上存在着利益的冲突而又不肯让步。这时，一个关键的原则是要坚持客观诚恳的态度，不能因为利益的分歧而走入偏执的胡同。优秀的商务谈判人员应该始终保持专业的谈判态度，这样才能使谈判顺利进行。同时诚恳相待有助于赢得对方的信任，建立长期的合作关系。

（三）共同利益原则

僵局的实质就是谈判各方在共同利益分配上发生了分歧，而非谈判就此破裂而终止了。在这样的情况下，谈判人员的基本任务就是通过谈判寻求一种让利益有所调和的方案。谈判者对待僵局要有清楚的认识、充分的耐心和信心，切勿让其他不必要的因素影响谈判的进行。如果能认识和发现在对立立场背后存在的共同利益，平衡利益，就能为谈判僵局的突破带来契机。应从各自的当前利益和长远利益两方面来看问题，对当前利益和长远利益做出调整，寻找平衡点，最终达成谈判协议。如果都着眼于追求当前利益，可能都将失去长远利益。只有各方都做出让步，协调各方的关系，才能保障共同利益实现。

知识链接 7-5

有一家百货公司计划在市郊建立一个购物中心，选中的土地使用权归张桥村所有。百货公司愿意出价 100 万买下使用权，而张桥村却坚持要 200 万元。经过几轮谈判，百货公司的出价上升到 120 万元，张桥村的还价降到 180 万元。至此，双方再也不肯让步了，谈判陷入僵局。张桥村坚持的是维护村民利益的立场，因为农民以土地为本，失去了这片耕地的使用权，他们就没有很多选择，只希望多得到一些钱开办一家机器厂，另谋出路。百货公司则站在维护国家利益的立场上，因为百货公司是国有企业，让步到 120 万元已经是多次请示上级后才定下的，他们希望在购买土地使用权上省下一笔钱用于扩大生产规模。然而冷静地审视双方的利益，可发现双方对立的立场背后存在着共同利益：失去土地的农民要办一家机器厂谈何容易；百货公司要扩大商场规模，就要招聘一大批售货员，这也是迫在眉睫的事。早些时日将项目建成，让购物中心快点建起来，依靠购物中心吸纳大量农村剩余劳动力，既可解决农民的谋生问题，又可解决补充售货员的困难，成为双方共同的利益所在。于是双方有了共同的目标，很快就找到了突破僵局的方案。方案之一：按 120 万元成交，但是商场建成后必须为张桥村每户提供一个就业的名额。方案之二：张桥村以地皮价 180 万元入股，在购物中心建成后，让出一部分由农民自己经营，以解决生计问题。这样双方的需要都可以得到满足，谈判就顺利地突破了僵局，进入两个方案的比较与选择之中，不久协议就达成了。

（资料来源：景楠. 商务谈判[M]. 北京：对外经济贸易大学出版社，2014.）

（四）避免个人冲突原则

谈判桌上情况复杂，谈判合作条件也会随时发生改变。僵局出现时，谈判者都应顾全大局，以公司利益和立场为主，不应随意做出决定，更不能因为和对方个人立场不同而和对方产生不必要的个人冲突。尤其是不要为观点的分歧而争论，出言不逊，伤害谈判者感情，破坏公司形象。个人冲突在谈判场是被认为是缺失风度和失仪的行为。从公司角度上讲，是公司选派谈判人员的重大失误。从谈判者角度上讲，谈判者应以避免个人冲突为最基本的谈判底线，把个人恩怨放到一边，顾全大局，以公司利益为重，摆正心态，在遇到僵局的时候不能因个人冲突让谈判陷入困境。

（五）平等互利原则

尽管从规模和经济实力看谈判各方有大小、强弱之别，但在法律地位上讲，各方享有的权利、义务应当一律平等。恃强凌弱，损人利己，不会建立良好的公共关系；在强大的谈判对手面前诚惶诚恐，不敢维护自己的合理利益，一味让步，只能使对手认为你软弱可欺，提出更加苛刻的条件。

二、谈判僵局阶段的总体目标

在谈判前，公司会和谈判者商议谈判的总体目标。总体目标包括最优期望目标，可接受的目标以及最低限度的目标。总体目标制定后，谈判人员就可以明确在每次谈判中的目标和责任，明确自己所处的地位和谈判成功的标准，从而制定相应的谈判策略，以保证公司利益的实现。然而，当谈判遇上僵局，公司的预定最优期望目标很难立即实现的时候，谈判者就应考虑公司制定的可接受目标和最低限度的目标。那在僵局阶段的总体目标是什么？谈判者怎样既权衡各方的利益，又同时保证公司内部的谈判目标呢？

僵局阶段的总体目标是打破僵局，让谈判顺利过渡到让步阶段。陷入僵局的各方往往都不肯让步，各执一词，固执己见，以各自公司利益为主。如何通过各种策略促使对方首先让步，或者谈判各方相继让步才是谈判者在此阶段要努力实现的目标。

另外，在应对僵局而做出让步时，应随机应变，面对公司既定的谈判目标无法实现时，要及时和公司联系沟通，适当调整谈判目标，舍弃目前无法实现的目标，试探性地调整谈判目标，缓解谈判气氛。

第四节　商务谈判僵局处理的策略

一、针对情绪性对立僵局的策略

针对因一方谈判者情绪化而引起的僵局，作为一个有能力的谈判者应冷静应对，善于和

对方沟通,可实施以下策略:

(一) 中止休会

中止休会策略它不仅是谈判人员为了恢复体力、精力的一种生理需求,而且是谈判人员调节情绪、控制谈判过程、缓和谈判气氛、融洽关系的一种策略技巧。谈判中,因观点产生差异、出现分歧是常有的事,如果各执己见、互不妥协,往往会出现僵持严重以致谈判无法继续的局面。这时,如果继续进行谈判,各方还沉浸在刚才的紧张气氛中,结果往往徒劳无益,有时甚至适得其反,导致以前的成果付诸东流。因此,比较好的做法就是休会。因为这时各方都需要时间进行思索,有机会冷静下来,或者每一方的谈判成员之间需要停下来,客观地分析形势、统一认识、商量对策。

(二) 真诚对待对方

面对情绪化的对方,要以诚相待,这在一定程度上可以缓解对方的情绪,让对方回到谈判桌上来。通过这种方式也可以把对方和己方的关系拉近,为进一步合作奠定基础。虽说商场如战场,但对追求共同利益的谈判各方,彼此以诚相待,达成合作的谈判结果,实现共赢才是首要的目标。

(三) 改变谈判环境

当出现情绪性对立僵局时,改变谈判环境是一种有效的缓和策略。

可以把正式的会议室谈判环境转换为相对轻松的场所,比如安排在一个有特色的餐厅边用餐边谈。轻松的用餐氛围能够缓解紧张的情绪,美食也有助于让人放松心情,双方在这样的环境下会更容易放下之前的对立情绪。或者转移到户外的花园、海边等环境优美、让人感觉舒适的地方。自然的景色可以舒缓神经,让双方以更加平和的心态看待问题。在这种环境中,可以先不急于谈核心的争议点,而是从轻松的话题入手,比如谈谈对周边自然景观的感受,增进彼此之间的感情,从而为重新开启建设性的谈判创造条件。

(四) 更换谈判人

情绪化的谈判僵局,归根结底是因为谈判人员个人因情绪自控能力不强而导致的。避免这样的僵局出现,首先,公司在谈判开始时就要严格要求并挑选谈判人员。另外,当这类僵局出现时,公司及时更换情绪化的谈判人员也是一个不错的决定,或者对方公司变换谈判人,解除谈判者双方的个人恩怨,促使谈判顺利进行。

二、针对文化差异僵局的策略

在国际商务谈判中,难免会遇到由于不同文化的商务谈判人员。为了避免因国际文化差异而造成谈判僵局,要针对不同文化背景的商业人士,制定有针对性的谈判策略。

(一) 做好谈判准备,知彼知己

面对不熟悉的异国谈判人士,对对方的文化习俗了解得越多,在一定程度上就越会避免此类僵局的出现。因为信息掌握得越充足,就越了解对方的谈判风格,并针对该风格制定相应的策略。例如,与拉美国家的商业人士进行谈判时,就不应采取急于求成、一次就谈成功的紧凑策略,而应把谈判目标分为几个阶段来谈,做好打持久战的准备。这是因为,拉美人士悠闲、散漫的生活习惯导致他们的谈判进程一向很缓慢,决策时间长。理解我方和对方的差异,更能保证谈判的顺利进行。当谈判人员对对方国家的文化,谈判风格不熟悉时,直接雇请的谈判顾问可以给我方谈判人员一定的指导性的建议。聘请的顾问最好是曾经生活在对方国家的人员,并具备良好的沟通能力和理解能力。

(二) 包容多元文化,求同存异

世界文化是多元的,一些民族和国家的文化并不能被所有人所认同和理解。面对这种情况,谈判人员应包容多元文化,避免不必要的因文化冲击而造成的僵局。对一些文化禁忌要做到不触碰,要尊重和理解文化差异。总之,在谈判前能够透彻地了解对方的谈判风格和一些文化禁忌,是有利于谈判顺利进行的。例如,与阿拉伯人谈判,谈判者应尊重并理解他们所奉行的伊斯兰教义,这是因为阿拉伯人商人会根据伊斯兰教教规处理问题。理解他们对宗教的虔诚,是对他们的尊重。谈判过程中要做到求同存异。在参与国际谈判的时候,更应强调相互认同的文化价值以增进彼此的信任和情谊,这样才能抵御文化的冲击,让谈判顺利进行。

三、针对一方战术性谈判僵局的策略

针对此类僵局,谈判者应当有良好的判断能力,认识到对方不是不和我们合作,而是威胁逼迫我方妥协接受对方条件。谈判者应保持冷静,巧妙化解对方制造的僵局,谈判者可参考以下策略和技巧。

(一) 采取不理睬的态度

中华传统文化在化解谈判僵局的过程中也起到了重要作用。老子提倡"无为"思想,即在有所不为的情况下遵循事物的发展规律,这种思想也可以应用到此种僵局处理上。因为对方制造僵局的主要目的就是利用心理逼迫打乱我方阵脚,让我们情绪紧张并露出破绽,选择有利时机逼迫我们妥协。在这种情况下,若我方采取不理睬态度,无视他们制造的假僵局,也会给对方一定的压力。因为这会透露出一个信息,即对方战术我方已经识破。对方发现策略无效,可能会采取其他措施,而僵局也会自然而然地被化解。

(二) 投石问路,察言观色

谈判人员可以通过各种方法洞察对方的心理,提前判断出对方谈判人员的目的,并针对不同心理特征的谈判人员采取不同的心理攻势予以回击。

1. 投石问路

通过这种方式往往可以诱使对方暴露他的心理、性格或意图。尤其是在对方故意制造僵局的情况下,我方可以运用"问"的技巧,以拆穿对方的意图,让我方在心理上占据优势。

2. 察言观色

一个人的一举一动、一言一行,都从侧面反映了他的性格和心理。谈判过程中,可以观察谈判者,从细节上判断对方的性格。以握手而言,一般来说,松弛的握手表示从礼节上敷衍对方,紧紧地握手则表示真诚与高兴,主动热情地握手可表示友好的愿望。视握手为例行公事的人一般缺少诚意,做事草率,不值得信赖;握手时掌心出汗的人易冲动,常处于紧张和不安之中;在公众场合频繁与陌生人握手的人则自我表现欲很强。如果遇到倔强的对手,我方可以针对他的特点，避免毫不顾忌地驳斥他的观点，不要硬碰硬，学会同对手周旋。当面对软弱的谈判对手的时候，我方可以采取主动出击的方式。

（三）硬碰硬，以僵局化解僵局

以僵局化解僵局这种策略要冒很大风险。本来谈判的气氛已经很紧张了，我方反威胁回击很可能造成场面失控，更甚者会导致公司关系交恶，谈判终止。因此，此策略应谨慎应用，若对方公司实力不如我方，比较迫切地要和我们合作，这时，可采取此种策略用以震慑对方，树立我方优势，以刚克刚。

知识链接7-6

中方某公司向韩国某公司出口丁苯橡胶已一年。第二年，中方公司根据国际市场行情将价格从前一年的成交价每吨下调了120美元（上年1200美元/吨）。韩方感到可以接受，建议中方到韩国签约。

中方人员一行到了首尔，双方谈了不到20分钟，韩方说："贵方价格仍太高，请贵方看看韩国市场的价格，三天以后再谈。"

在韩国市场的调查中，批发和零售价均高出中方公司的现报价30%～40%。市场价虽呈降势，但中方公司的报价是目前世界市场最低价。中方人员电话告诉韩方人员："调查已结束，得到的结论是：我方来首尔前的报价低了，应涨回去年成交的价位，但为了老朋友的交情可以下调20美元，而不再是120美元。请贵方研究，有结果请通知我们。若我们不在饭店，则请留言。"

韩方人员接到电话后一个小时，即回电话约中方人员到其公司会谈。

韩方认为，中方不应把过去的价格再往上调。中方认为，这是韩方给的权力。中方按韩方要求进行了市场调查，结果应该涨价。

韩方希望中方多少降些价格，中方认为原报价已降到底。经过几个回合的讨论，双方同意按中方来韩国前的报价成交。

（资料来源：王桂林. 国际商务谈判[M]. 西安：西安交通大学出版社，2013.）

四、针对谈判实质问题僵局的策略

（一）委婉巧妙地否定对方要求

谈判各方在谈判实质问题上发生分歧，作为谈判一方要做的就是适当地否定对方的谈判要求，通过各种方式迫使对方降低谈判的要求，做出妥协。

以下是一些委婉巧妙否定对方要求，应对谈判实质问题僵局的策略。

(1) 客观限制法：强调存在一些客观条件的限制，使我们无法满足对方要求。例如，"贵方提出的价格调整方案我们很理解，但目前市场原材料价格大幅上涨，且物流成本持续攀高，我们实在没有利润空间来支持这样的价格变动了"。

(2) 提供替代方案法：不直接否定，而是提出另一个方案来替代。比如，"我们知道您希望增加产品定制内容，但这样会严重影响工期。不过我们可以在现有标准产品基础上，为您免费增加部分特色功能，这既能保证交付时间，又能满足您的部分特殊需求"。

(3) 第三方因素法：借助第三方的情况或观点来否定。像"行业内最近出台的质量标准规范很严格，我们必须遵守，所以您提出的简化生产流程降低成本的建议，我们实在难以施行，否则产品无法通过质检”。

（二）强调合作后的共同利益

在商务谈判出现实质问题僵局时，强调合作后的共同利益是一种非常有效的策略。

当双方在某个具体条款（如价格、交货期、服务范围等）上僵持不下时，可以通过描绘合作成功后的美好愿景来引导对方关注共同利益。例如，在采购设备的谈判中，双方对价格存在很大分歧。采购方觉得销售方的报价过高，销售方则认为价格已经是在成本基础上的合理定价。此时，销售方可以这样说：“我们理解您对价格有所顾虑，但如果我们能达成合作，设备投入使用后，贵方的生产效率预计能提高30%，产品质量也会更加稳定。这不仅会增加贵方的市场竞争力，产品销量提升后，我们作为设备供应商，后续的设备维护和更新订单也会增多，这是一个双赢的局面。”

或者在合作开发新产品的谈判中，遇到知识产权归属的僵局时，可以说：“我们现在纠结于知识产权的归属，但如果我们把目光放长远，产品一旦成功推向市场，凭借双方的品牌和渠道优势，会收获巨大的市场份额。而收益的增加可以让我们共同投入更多资源用于研发新产品，这远比现在争夺知识产权更有利于我们的长期发展。”

这种策略能够让双方从对立的立场中暂时抽离出来，将注意力转移到共同获利的前景上，从而增加双方做出让步、打破僵局的可能性。

（三）搁置问题，延后回答

面对不可调和的实质性问题，谈判者可以采取搁置问题，延后回答的策略。尽量在回避的问题之外，尽快达成其他谈判条款的合作，这样就会给谈判者一种压力，迫使这次谈判不得不继续进行下去，僵局自然而然就化解了。另外谈判者也可以采取舍弃利益相关较小的谈判条款，为争取利益相关较大的谈判条件制造良好氛围。通过问题搁置可以让对方暂时忘记刚才紧张的谈判气氛，为解决僵局的症结营造良好的环境。

（四）有技巧地让步妥协

针对经过多次磋商而难以解决的实质条款，己方可考虑做出适当的让步和妥协。应特别注意的是，让步应掌握一定的技巧，把握好让步时机，尽量不过早让步，在保证谈判最基本目标的前提下，做出适当让步。

五、突破僵局的其他策略

（一）采取横向式的谈判

当谈判陷入僵局，经过协商而毫无进展，各方的情绪均处于低潮时，可以采用避开该话题的办法，换一个新的话题与对方谈判。横向谈判是回避低潮的常用方法。由于话题和利益间的关联性，当其他话题取得成功时，再回来谈陷入僵局的话题，便会比以前容易得多。

先撇开争议的问题，再谈另一个问题，而不是盯住一个问题不放，不谈妥誓不罢休。例如，在价格问题上双方互不相让，僵住了，可以先暂时将价格搁置一旁，改谈交货期、付款方式等其他问题。如果在这些议题上对方感到满意了，再重新回过头来讨论价格问题，阻力就会小一些，商量的余地也就更大些，从而弥合分歧，使谈判出现新的转机。

（二）借用外力法

当谈判各方严重对峙并陷入僵局时，信息沟通就会发生严重障碍，互不信任，互相存在偏见甚至敌意。此时由第三方出面斡旋，可以为双方保全面子，使双方感到公平，信息交流变得畅通起来。

商务谈判的中间人主要是由谈判者自己挑选的。在实际谈判过程中，中间人可以是独立于谈判各方的第三方，也可以是与双方都有利益关系者。

（三）角色移位法

角色移位就是要设身处地、从对方角度来观察问题。当一方从对方的角度来思考问题，或设法引导对方站到己方的立场上来思考问题，彼此就能多一些了解。谈判陷入僵局时，先审视己方提出的条件是否合理，是否有利于合作关系的长期发展，然后再从对方的角度看看其所提出的条件是否有道理。如果善于用对方思考问题的方式进行分析，就会获得更多突破僵局的思路。

（四）用语言鼓励对方打破僵局

当谈判出现僵局时，可以用话语鼓励对方："看，许多问题都已经解决了，现在就剩这一点了，如果不一起解决，那不就太可惜了吗？"这种说法看似很平常，实际上却能鼓动人，发挥很大的作用。比如，在一场包含六项议题的谈判中，有四项是重要议题，其余两项是次要议题。现在假设四项重要议题已有三项达成协议，只剩下一项重要议题和两项次要议题。那么，如果出现僵局，你可以这样说："四个难题已经解决了三个，剩下一个如果也能一并解决，其他的小问题就好办了。让我们共同努力，好好讨论唯一的难题吧。这唯一的难题，如果就这样放弃了，你就白做了，太遗憾了。"听你这么一说，对方也会感同身受，这样僵局就自然化解。

（五）寻找替代法

谈判中一般存在着多种可以满足双方利益的方案，而谈判人员经常只是简单地采用某一种方案，但当这种方案不能为双方同时接受时，僵局就会形成。

在谈判准备时期，如果能构思更多对彼此有利的方案，往往会使谈判如顺水行舟；而一旦遇有障碍，只要及时拨转船头，就能顺畅无误地到达目的地。

知识链接 7-7

某出口商曾就某项高级技术设备的交易与国外某买方进行谈判。在谈判过程中，双方就交货的地点问题上发生争执并使谈判陷入僵局。出口商从自己的利益出发，要求在自己一方的工厂交货，而买方则坚持只能在货物交到买方工地后方可接收，其中牵涉到三个较远的工地。为了使这场交易不至于落空，双方都积极寻找变通的方案。最后，经过出口商方面的提议，双方决定采取一种新的折中方案：先在出口商的工厂做临时交货，然后在摆放的中心仓库做最后交货。买方仅有权按照出口商的检验程序和规格复检，如果设备到达买方中心仓库后 30 天内未进行复检，应视同交货完毕。由于这个提议比出口商原来的条款有所改进，满足了买方关于设备只能在抵达买方国家之后才能做最后交货的愿望，并且基本上按照过去其他合同的先例，不至于引起买方法律部门的异议，所以被买方接受和采纳，谈判很快取得了成功。

（资料来源：孙平.当代商务谈判[M].武汉：武汉大学出版社，2007.）

第五节 僵局处理阶段礼仪

礼仪与礼节是贯穿于商务谈判的整个过程，是每个阶段都需要遵守和注意的细节。在谈判的僵局阶段，谈判人员更应该注意礼仪，既要体现商务谈判人员的素养，又要营造良好的谈判气氛，以使谈判继续进行下去。在此阶段，谈判人员应注意以下细节。

一、态度诚恳、举止大方

在谈判陷入僵局后，对方往往会摆出傲慢、冷漠的态度，在这种情况下，己方谈判人员应表现出应有的大度，冷静地分析原因，控制好情绪，避免因失礼而导致谈判的进一步恶化。和对方交流的态度要诚恳，不要马上就以牙还牙。

谈判人员在僵局阶段从容不迫、不失礼节会使对方产生信任感和安全感，从而赢得对方的尊重和欢迎，为打破僵局、营造缓和的气氛创造了有利条件。另外，中国自古就有以“礼”服人的优秀文化传统，在对方面前表现出特有的风度的时候，会让对方有一种心理暗示，即看到我方以礼相待，对方会感到自己的情绪失控，慢慢地也会冷静下来，不会继续固执己见，让僵局一直持续下去。

二、营造和维护谈判和谐的氛围，以和为贵

在僵局阶段，由于谈判各方因实质的问题不能达成共识，谈判的气氛开始紧张，甚至会发生激烈的争吵，和谐的气氛遭到破坏。在充满僵持争执和激烈争吵的环境下，谈判很难顺利进行，谈判人员应采取适当的方法进行调节，使谈判气氛缓和。

古人云：“君子以和为贵。”在谈判桌上，谈判人员要特别注意举止谈吐的礼仪修养，虽然气氛紧张，但态度应诚恳，以便先入为主，使对方感到亲切、自然，这样有助于消除双方的距离感。避免和对方谈判人员发生不必要的争吵，要注意避免讨论与谈判内容无关的内容，例如对方的个人习惯、性格、喜好等，以免影响整个谈判的进行。

三、尊重世界多元文化，避免谈判文化冲突

在国际商务的背景下，面对多元文化的国际商务人士，要多同他们交流沟通，做到相互理解和相互尊重，避免不必要的文化冲突。

在谈判的过程中，有许多习俗、礼节，是需要特别注意的。其中一些文化禁忌，谈判人员不要触碰，否则会导致冲突，甚至会使关系破裂。主要包括一些物品、图案的禁忌，颜色的忌讳，举止的忌讳，数字的忌讳等，这些都是需要谈判人员注意的细节。例如，西方人很忌讳13这个数字，谈判者在谈到有关报价的内容时，还是尽量避免用到13这个数字，以免产生误会。

◆**内容提要**

本章探讨了僵局的含义和本质,分析了僵局的成因和种类。针对发生的谈判僵局提出了化解的共同原则和目标,阐述了相应的策略和技巧。阐述了僵局阶段谈判人员应该注意的一些礼仪。

◆**关键词**

商务谈判僵局　商务谈判僵局的原因　商务谈判僵局处理策略

◆**复习思考题**

1. 谈判僵局的分类有哪几种?

2. 针对谈判实质问题僵局之策略有哪些?

3. 在僵局阶段应注意哪些礼仪?

◆**思考案例**

一次,美国谈判专家荷伯受人之托,代表一家大公司到俄亥俄州去购买一座煤矿。矿主是一个强硬的谈判对手,在谈判桌上,他开出了煤矿的价格——2600 万美元。荷伯的还价是 1500 万美元。

"先生,你不会是开玩笑吧?"矿主粗声粗气地说。

"绝对不是,但是请你把你的实际售价告诉我们,我们好进行考虑。"

"没什么好说的,实际售价就是 2600 万美元。"矿主的立场毫不动摇。

谈判继续下去。荷伯的出价逐渐升高,从 1800 万美元到 2000 万美元到 2100 万美元再到 2150 万美元,但是矿主依然一副泰山压顶不变色的神态,拒绝做出让步。报价在 2150 万美元和 2600 万美元之间对峙,谈判陷入僵局。显然,在此情形下,只注重结果就无法取得创造性的进展,由于荷伯没有掌握有关对手需要的信息,重拟谈判的内容显得困难重重。

为什么矿主不接受这个显然是公平的价格呢?荷伯冥思苦想,始终不得其解。于是荷伯只得一顿接一顿地邀请矿主吃饭,在每次进餐的时候,荷伯都要向矿主解释公司所做出的最后还价是合理的,矿主的态度却总是左顾右盼而言他。一天晚上,矿主终于对荷伯的反复解释答话了:"我兄弟的煤矿卖了 2550 万美元,还有一些附加利益。"

"原来如此。"荷伯心中顿时豁然开朗,"这就是他固守那个价钱的理由。""他有别的需求,原来是我们的疏忽。"

掌握了这一个重要的信息,荷伯立即与公司有关人员碰头。他说:"我们首先得搞清楚他兄弟的公司究竟确切得到多少,然后我们才商量我们的报价。显然我们必须首先处理对手的个人需要这个重要的问题,这跟市场价格毫无关系。"

公司同意了荷伯的意见,荷伯按照这条思路进行谈判,不久,谈判顺利达成了协议,最后的价格并没有超过公司预算,但是付款的方式和附加条件使矿主感到自己获得的远比他兄弟多。

1. 案例中的谈判僵局属于哪种类型?

2. 请总结案例中荷伯打破僵局的策略。

第八章　商务谈判中的沟通技巧

学习目标

了解语言沟通的概念及作用；了解口头语言沟通的优缺点、种类以及有效口头语言沟通的要素特征与效果特征；了解书面语言沟通的优缺点及写作原则；理解商务谈判中的陈述技巧、倾听技巧、提问技巧、回答技巧与说服技巧；掌握商务谈判中的书面语言沟通写作步骤与常用商务文书的撰写；了解非语言沟通的概念特点、作用；了解常见的非语言沟通的形式。

导入案例

语言决定了交易的成败

一个农夫在集市上卖玉米，因为他的玉米棒子特别大，所以吸引了很多买主。其中一个买主在挑选的过程中，发现很多玉米棒子上都有虫子，于是他故意大惊小怪地说："伙计，你的玉米棒子倒是不小，只是虫子太多了，你想卖玉米虫呀？可是谁爱吃虫肉呢？你还是把玉米挑回家吧，我们到别的地方去买好了。"买主一边说着，一边做着夸张而滑稽的动作，把众人都逗乐了。

农夫见状，一把从他手中夺过玉米，面带微笑却又一本正经地说："朋友，我说你是从来没有吃过玉米咋的？我看你连玉米质量的好坏都分不清，玉米上有虫，这说明我在种植中没有施用农药，是天然植物，连虫子都爱吃我的玉米棒子，可见你这人不识货！"接着，他又转过脸对其他人说："各位都是有见识的人，你们评评理，连虫子都不愿吃的玉米棒子就好吗？比这小的棒子就好吗？价钱比这高的玉米棒子就好吗？你们再仔细瞧瞧，我这些虫子都很懂道理，只是在棒子上打了一个洞而已，棒子可还是好棒子呀！我可从来没有见过像他这么说话的买主呢！"

他说完了这一番话语，又把嘴凑在那位故意刁难的买主耳边，故作神秘状，说道："这么大，这么好吃的棒子，我还真舍不得这么便宜地就卖了呢！"农夫的一席话，趁此机会，把他的玉米棒子"个子大，好吃，虽然有虫，但是售价低"这些特点表达出来了，众人被他的话语说得心服口服，纷纷掏出钱来，不一会儿工夫，农夫的玉米销售一空。

从上述案例中，我们可以看到，对同一个玉米，农夫和买主却有两种完全不同的评论，好坏的判断有时候只在语言的差异。农夫充分运用了语言的艺术，利用不同的表述方式，反映了问题的不同方面，从而使问题由不利转向有利。由此，我们也可以看到口头语言沟通技巧在商务谈判中的应用价值。

（资料来源：道客巴巴. http://www.doc88.com/p-198102022478.html.）

第一节　商务谈判中的语言沟通概述

一、语言沟通概述

根据信息载体的不同，沟通可以分为语言沟通和非语言沟通两种类型。首先，我们来了解沟通与商务沟通的具体含义。其次，我们来了解语言沟通的概念与类别。最后，我们来理解商务谈判中语言沟通的重要作用。

（一）沟通与商务沟通

《现代汉语词典》(第7版)关于沟通的解释为“使两方能通连”。由此我们认为，沟通是指信息、思想与情感凭借一定符号载体，在个人或群体间从发送者传递到接收者，并获得理解、达成协议的过程。沟通是主客体双方准确传递、理解、反馈信息、思想与情感的过程。

商务沟通是指商务组织为了取得经营的成功，通过组织大量的商务活动，凭借一定的渠道，将有关商务经营的各种信息发送给商务组织内外接收者并寻求反馈，以求得与接收者之间相互理解、支持与合作的过程。根据上述定义，我们可以将商务沟通理解为沟通主体(包括个人和组织)为实现商业目的、协调商业关系而进行的一系列沟通活动。

（二）语言沟通

语言沟通是建立在语言文字的基础上，又可细分为口头语言沟通和书面语言沟通两种形式。口头语言沟通是所有沟通形式中最直接的方式，它的优点是快速传递和及时反馈，口头沟通的信息可以在最短的时间内被传递，并在最短的时间内得到接收者的回复。如果接收者对信息有疑问，迅速的反馈可以使发送者及时检查其中不明确的地方并进行改正。书面语言沟通是一种准确性较高的沟通方式，具有有形可见、长期保存、可作为法律依据等优点，书面沟通记录的信息可以长期保存下来，便于事后查询，适用于复杂的或长期的沟通。

语言沟通分类，见表8.1。

表8.1　语言沟通的详细类别

大　类	小　类
语言沟通	口头语言沟通
	书面语言沟通

(资料来源：作者整理。)

（三）语言沟通的作用

在现代商务活动中，语言沟通的作用主要体现在以下几个方面：

1. 语言沟通是实现信息共享的重要手段

著名作家萧伯纳曾说过：“如果你有一个苹果，我也有一个苹果，我们彼此交换苹果，那么，你我仍然各有一个苹果；如果你有一种思想，我也有一种思想，我们彼此交换思想，那么，我们每个人将各有两种思想。"这句话说出了信息共享的重要意义。语言沟通最基本的作用就是在商务活动中实现信息共享。任何人想要在商务活动中取得成功,必须通过与同事、公司外部的相关人员进行沟通以实现有关信息的共享。

2. 语言沟通是在新环境中获取竞争优势的必要手段

在现代社会,沟通正成为企业和个人在新环境中谋求生存与发展、增强竞争优势的必要手段。从公司外部看,环境的变化越来越迅速,竞争越来越激烈。公司需要通过沟通了解市场需求,让客户熟悉本公司产品,以促使客户做出购买决定。公司还需要通过沟通来获取利益相关方的支持。只有对外沟通良好的公司才能收集和传递相关信息,保持和增进与有关各方的关系,从而在激烈的市场竞争中处于有利的地位。因此,良好的沟通是增强外部竞争优势所必需的。从公司内部看,商务活动想要取得成功,需要让员工了解公司的发展方向与策略,这就需要良好的语言沟通。质量管理、新产品开发、供应链和物流管理等方案的实施,都需要公司内部部门之间的信息传递畅通、相互信任,这一切都依赖良好的沟通。

3. 语言沟通能力是个人求职和升迁的必备素质

语言沟通对于现代职场而言具有交流信息、传递思想和维系人际关系的功能。所以,语言沟通能力对每个工作岗位都非常重要,良好的沟通能力也成为个人求职和升迁的必备条件。企业在选拔和录用新员工时,会在投递简历、自我介绍、面试等环节考查求职者的沟通能力。对于已经在职的工作人员来说,语言沟通能力同样重要。大多数企业在决定员工升迁时,都会把沟通能力作为重要的因素来考查和评估,具有良好沟通能力的人常常能够获得更多的升迁机会。

二、商务谈判中的口头语言沟通

口头语言沟通是最重要最常见的沟通形式,它借助口头语言实现信息交流。口头语言沟通具有沟通对象的广泛性和沟通形式的多样性,口头语言沟通的对象既可能是公司内的同事,公司外部的客户,其他商业机构、新闻媒体以及政府有关部门的人员。

(一) 口头语言沟通的优点和缺点

与其他沟通方式相比,口头语言沟通具有以下优点和缺点。

1. 口头语言沟通的优点

第一,口头语言沟通可以综合运用多种手段,适合对复杂问题的沟通。在口头语言沟通中,沟通者可以传递语言信息和非语言信息,还可以利用各种辅助手段,如摄影仪和模型等来提升沟通效果。尤其是在双方对所讨论的问题知之甚少或分歧严重的情况下,口头语言沟通能够取得其他形式沟通无法达到的效果。

第二,口头语言沟通可以迅速获得对方的反馈。口头沟通具有即时性,便于及时对对方的观点和行为做出反应。因此,沟通者可以迅速获得对方的反馈,从而决定新一轮沟通所采取的策略。口头语言沟通能够大大提高沟通效率,缩短解决问题的时间。

第三,口头语言沟通有利于培养感情。口头语言沟通会给人以亲切、自然的感觉,如果各方能取得一致意见,就能够获得认同感,从而逐渐建立起友好的关系。所以,口头语言沟通往往会提高沟通成功的可能性。

2. 口头语言沟通的缺点

第一,口头语言沟通失真的可能性较大,沟通的内容可能会“走样”。正如传声筒小游戏一样,每个人都以自己的方式解释模糊的信息,当信息到达终点时,其内容常常与原意大相径庭。若重要决策通过口头语言沟通方式在组织金字塔中向下传递,则信息失真的可能性较大。

第二,口头语言沟通对时间和地点要求比较高。比较正式的口头语言沟通,如商务面谈等,需要事先对时间和地点进行安排和磋商。在口头语言沟通过程中,必要的寒暄甚至一再强调某件事或某种观点,都会使口头语言沟通花费较长的时间才能完成,太短的沟通时间往往难以达到预期的沟通目的。

第三,口头语言沟通不利于控制情绪。在口头语言沟通过程中,双方都会通过大量的非语言信息来推测对方的意图。因此,任何一方想要掩饰都是比较困难的。如果意见分歧太大,往往不容易控制情绪,常会导致一方产生过激反应,则会使沟通陷入僵局。

(二)口头语言沟通的种类

在商务活动中,口头语言沟通有很多种类,最常见的几种类型是商务面谈、商务演讲、商务发言。

1. 商务面谈

面谈是指任何有计划和受控制的,在两个人(或多个人)之间进行的、有目的且互有听说的谈话。简而言之,面谈就是“有计划的交谈”。面谈是最常见的口头语言沟通方式,也是口头语言沟通中最为重要的沟通方式。商务人员如果不能掌握有效的面谈技巧,就可能无法胜任本职工作。根据目的和涉及内容的不同,面谈主要分为信息收集面谈、招聘和求职面谈以及绩效评估面谈三种形式。

2. 商务演讲

演讲又称为演说或讲演,是在特定的现实背景下,运用有声语言和体态语言,对听众发表意见、抒发情感,以达到感召听众目标的一种口头语言沟通方式。演讲是一种事先经过充分准备的、正式的口头语言沟通,往往需要较高的艺术性和技巧性。演讲的主要目的是劝说和鼓动听众。常用的演讲方式主要有即兴演讲、提纲型演讲、读稿型演讲和记忆型演讲。在正式场合发表演讲,演讲方式的选择非常重要。应根据不同的场合、听众、性质等方面来选择不同的演讲方式。

3. 商务发言

发言既包括事先做好充分准备的发言,也包括即兴发言。即兴发言是指在某些特定场合,为应对现场需要或表达自己的意愿而临时进行的发言。即兴发言可能是经过邀请而进行的被动发言,也可能是自己主动的发言。发言可分为传递信息的发言、引荐发言,以及介绍、总结和汇报等性质的发言。传递信息的发言要在短时间内向受众提供他们原来不知道的信息。所以,发言者事先必须清楚受众对相关信息的了解程度,从而避免说得太多或太少。为了更清楚直观地说明问题,最好事先准备好一些辅助性的道具,如图表、模型或照片等。引荐发言是指为了激发受众聆听发言人讲话而进行的发言,引荐发言应该简短、具体和有针对性。做好引荐发言的关键是,既要了解发言人,又要了解受众,要善于找出双方的共鸣点,强调受众将如何得益于发言人的讲话。介绍、总结和汇报性发言主要是围绕某个项目、议题或活动进行。介绍性发言主要要求语言通俗易懂;总结和汇报性发言则要求发言包括的内容全面完整,基本包括执行过程、取得的成绩、存在的问题、解决方案和以后的计划等方面。

(三) 有效口头沟通的效果特征

有效沟通的效果特征是能够成功地说服他人。说服力是让他人改变态度和观点、认同自己的态度和观点的一种能力。说服力是取得商业成功最重要的要素,是商业成功者应具备的主要能力。在既具有频繁沟通,又具有自由竞争双重特性的商业社会中,每一次成功都有赖于一些协同效应。因此,说服力就意味着个人巨大的成就感和企业丰厚的利润。反之,如果没有这种能力,上对上司、中对同事、下对员工,内对同行、外对顾客,就会失去影响力、竞争力,甚至难以生存。

1. 有效沟通效果的具体表现

有效沟通效果具体表现在三个方面:第一,强化他人现有的积极观点,这种积极观点是与你相同的观点。第二,修改或转变他人现有的观点,当从可靠的信息提供者处获得新证据后,人们的态度会朝着某个方向转变,但这是一个比较漫长的过程。第三,让他人接受新的观点,这是最难实现的目标。以上三点在口头语言沟通中表现得尤为突出。

2. 说服力的来源

有关说服力的来源,体现在以下方面:第一,诱之以利,让对方获得利益。没有利益的驱动,在商务场合中是不能说服对方的。如果对方是你的一位顾客,为了使对方获得利益,你就必须确保你推销的产品是优质的;你要对自己的产品有十足的信心,绝不能推销自己都怀疑其品质的产品;你还必须善于挖掘顾客的购买意图,使其产生真正的需要感,获得新的满足和快乐。第二,投其所好,让对方感到亲切。当对方还处于警觉状态时,你是很难说服对方的。面对顾客,你需要付出更多的努力来赢得对方的信任。人们在决定接受某产品或某项服务时,都要事先确定其中不存在风险。所以,你必须耐心地对这个产品加以详细说明,对产品功能进行充分展示,使你的潜在顾客打消顾虑。第三,动之以情,消除对方的心理障碍。情感是说服活动的媒介,当对方还处于不信任你的状态时,你的话是不可能产生说服力的。如果对方是你的顾客,你就必须尽量表现得友好。当他拿不定主意时,你要善解人意和富有耐心,要以诚相待。只有这样,你才能取得顾客的认同。

三、商务谈判中的书面语言沟通

相对于口头语言沟通来说,书面语言沟通的形式发展迅猛。书面语言沟通从单一的文件发展出多种多样的形式,包括报纸、文案、杂志、书籍、报告、信件、电子邮件、合同、方案等。而且,书面语言可以通过华美的图片、形象的图表、清晰简洁又深刻的语言来进行有形展示,增强书面沟通效果。

(一) 书面语言沟通的概念及重要性

无论在企业内部各部门之间互相协商、支持、沟通,还是企业和供应商、客户等外部部门之间互相沟通时,都应当有书面语言沟通函件。

1. 书面语言沟通的概念

书面语言沟通是指以书面或电子邮件为载体,运用文字和图表进行信息传递的一种正式的沟通形式。从形式上看，表现为文字，具有一定的行文格式；从内涵上看，表现为创造性。书面语言沟通通常表现为大量的文书工作，能够传播的信息量较大，是一种比较经济的沟通方式，而且不受场地的限制。实际上，书面语言沟通无论对组织还是对个人来说，都是非常重要的。从个人角度来看，具有较强书面沟通能力的人能够更好地展示自己的想法和业绩，从而具备较强的说服力，未来获得的晋升机会也会更多。从组织角度来看，有效的书面沟通有助于和客户建立良好的关系，有助于树立企业良好的形象，从而有利于实现组织的目标。

书面语言沟通主要适用于：简单问题小范围沟通时，如 3～5 个人对产出物给出最终的评审结论等；短时间内很难有结果，需要团队一起思考、斟酌，如复杂的技术问题；传达非常重要的信息；澄清一些影响团队的谣言。

2. 书面语言沟通的重要性与必要性

企业离不开书面语言沟通，书面语言沟通在企业管理中起着举足轻重的作用，有利于实现组织的战略目标。在企业内部，公司的规章制度、职务说明书和年度计划、月度计划等书面沟通形式在管理沟通中占有很大的比重。随着企业的发展，很多企业都有内部刊物，为企业树立良好的形象，并进一步打通企业内部的沟通渠道。在企业外部，商务信函和商务交往信件等沟通形式成为联结企业与外部环境之间的桥梁。

（二）书面语言沟通的优缺点

相较于口头语言沟通来说，书面语言沟通拥有其独特的优点和缺点。

1. 书面语言沟通的优点

第一，具有稳定性、权威性。与口头语言相比，书面语言具有较强的稳定性。口头语言中的很多词汇常常具有一定的流行性，不同时期有不同的流行语，不同地区也具有不同的流行语。相比之下，书面语言则稳定得多，比如，几百年前的文献我们现代人也能够看得懂，来自不同地区的报告材料的差异性很小，这些稳定性的文字材料有利于不同时代、不同地区之间进行信息交流。另外，因为书面语言具有唯一性和较强的稳定性，所以在法律等领域都具有比较强的权威性。因此，在商务活动中，与外部的各种契约合同和内部管理的各种重要材料大多采用书面的形式。

第二，具有严格的规范性。书面语言沟通有利于使信息发送者所要传达的信息更加规范、更有条理。书面语言的规范性有效地保证了沟通的顺利进行，可以有效避免分歧。因此，一些复杂或困难的信息适合使用书面的形式来表达，比如商务合同等。

第三，书面语言沟通讲究逻辑性和严密性。书面文字的写作需要按照一定的逻辑顺序将要表达的内容呈现给读者。一些比较复杂的商务文书通常会采用的逻辑是“提出问题—分析问题—解决问题”。商务文书都有特定的写作内容和形式要求，目的就是提高办事效率、加强工作的标准化和严谨性。

第四，书面沟通的内容容易复制和保存，有利于大规模地传播。书面语言沟通的信息可以长久地保存下来有利于信息接收者对书面材料进行查看和加工。随着互联网、计算机等技术的发展，书面文字以极低的成本被复制及传播，为商务领域的沟通交流创造了更多的可能。

2. 书面语言沟通的缺点

第一，书面语言沟通需要具备一定的文字沟通技能。由于书面语言沟通有很强的规范性与逻辑性要求。所以，很多职场人士要进行专门的训练和学习才能具备一定的书面沟通能力。比如，文字表达的技巧、方法，不同书面材料的写作规范和要求等。

第二，书面语言沟通无法使用非语言要素。在一般情况下，口头语言沟通具有一定的非语言要素，人们往往会使用一些面部表情、手势、身体动作等非语言形式来加强沟通的效果。显然，这在书面沟通中是无法做到的。

第三，与口头语言沟通相比，书面语言沟通耗时较长。在相同时间的沟通交流中，口头语言沟通往往比书面语言沟通所传达的信息要多得多。之所以如此，是因为口头沟通不需要花费过多的时间进行构思和修改，语言也比较简洁，即使出现一些不规范的省略句也并不影响听众的理解；而书面材料则是有计划制作的结果，是需要花费大量时间和精力对内容、结构和逻辑顺序进行构思和修改，才能达到语法规范、语言流畅、用词准确。

第四，书面语言沟通无法及时地提供反馈信息。口头语言沟通尤其是面对面沟通，能够使接收者对其所听到的内容及时提出自己的看法和疑问，反馈速度较快。而书面语言沟通缺乏快速的反馈机制，无法确保所发出的信息能够被读者及时接收和反馈。发送者往往要花费很长的时间来确认信息是否已经被接收和被正确理解，而且对接收者的反馈速度也很难把握，这种滞后性的反馈有可能会贻误时机。所以，当出现紧急情况的时候，为了确保对方及时反馈，通常会先采用口头语言沟通的方式来获得对方的承诺，再通过书面语言沟通来进行确认。

（三）书面语言沟通的写作原则

书面语言沟通的写作需要把握一定的基本原则。有专家提出了“4C”原则：正确性（correct）、清晰性（clear）、完整性（complete）、简洁性（concise）。我们主要从管理沟通的角度出发，对“4C”的原则进行简单的分析。

1. 基本原则

正确性是写作的首要原则。即，写出的文字要真实可靠，有凭有据，观点正确无误，语言恰如其分。书面沟通者在明确写作目的后，把握主旨，全面了解有关主题，正确地向信息接收者传递相关信息，从而实现有效沟通。

清晰性是对内容和形式上的要求。要做到行文格式清楚、思路清晰、思维敏捷。要保证行文满足“清晰”性原则，还必须选择贴切的词汇和适当的句型。表述清晰能够引起读者的兴趣，能使读者正确领会文章的内容。

完整性是书面语言沟通的一个重要原则。与口头语言沟通相比，书面语言沟通的一大优势就是使人们有充分的时间思考、推敲，从而向接收者表达出完整的事实、思想和观点。在进行书面语言沟通时，为了完整地表述，写作者要经过认真细致的检查和思考，不断补充重要的事项。

简洁性是指删除一些次要的事项和没有价值的文字。简洁性似乎和完整性相矛盾，实际上两者是相辅相成的。为了表述完整，信息发送者需要完整地表达重要的事项，但这并不意味着把所有的事实、观点都罗列出来，可以通过重要性排序把一些不太重要的事项删除，对没有价值的文字进行删减，最终做到既完整又简洁。

2. 其他原则

创新性原则。创新通常意味着无限制和非常规的。“创新性商务写作”既要求掌管逻辑思维的左脑提供事实、细节和分析判断，又要求具有创造力的右脑针对某种情境提供创新性的、全面的和新颖的见解。商务沟通者应注意依据公司情况及时更新需要沟通的信息，促进对方更好地理解所传达的信息。

以读者为中心原则。写作者需要考虑以下几个问题：读者期待的是什么？这份书面函件能给读者带来什么？如何让读者心甘情愿地做出我方期待的让步？如何把双方的利益有效地结合起来，做到双赢？

在进行书面语言沟通时，以读者为中心的原则要求我们注意：找出更易被接受的表达方式，在沟通时多用“您”，这样能够维护读者的自尊，为自己树立良好的形象；也要尽量直接进入主题，直截了当地提出问题，避免不相关的话语；还要为读者提供详细具体的信息，以便读者能够尽快知道是哪份订单、哪批货物等。

第二节　商务谈判中的口头语言沟通技巧

一、商务谈判中的陈述技巧

陈述是有条有理地表达事物、事实或己方的观点。在商务谈判中，各方的接触、沟通与合作都是通过语言的陈述来实现的。说话的方式不同，对方听到后做出的反应也不同。说话是一门艺术，也是一种技巧。谈判人员必须掌握和灵活运用说话的技巧，实现良好沟通并最终取得谈判的成功。在谈判过程中，陈述技巧主要包括入题和阐述两个部分。

（一）入题技巧

谈判各方刚进入谈判场所时，有时会有陌生感和拘束感，尤其是谈判新手在重要谈判中，往往会产生忐忑不安的心理。因此，商务谈判必须讲求入题技巧，采用合适的入题方法。

1. 迂回入题

为避免商务谈判时单刀直入、过于直接，影响谈判的融洽气氛，谈判时适用迂回入题的方法。例如，从题外话入题，以当前的社会新闻、旅游、艺术、社会名人等作为话题；从介绍己方谈判人员入题，简略介绍己方人员的职务、学历、经历、年龄等，既打开了话题，消除了对方的忐忑心理，又充分显示了己方强大的阵容，使对方不敢轻举妄动；从自谦入题，如果对方在己方所在地谈判，可谦虚地表示各方面照顾不周，或者谦称自己才疏学浅，缺乏经验，希望通过谈判建立友谊等；从介绍本企业的生产、经营、财务状况入题，充分显示己方雄厚的财力、良好的信誉和质优价廉的产品等基本情况，从而坚定对方谈判的信心。总之，迂回入题要做到新颖、巧妙、不落俗套。

2. 先谈原则、再谈细节问题

一些大型的商务谈判会有太多需要洽谈的细节问题，双方高级谈判人员也不可能介入谈判全程，这时需要分成若干等级，进行多次谈判，往往采取先谈原则问题、后谈细节问题的方法入题。一旦双方就原则问题达成一致，洽谈细节问题也就有了依据。

3. 从具体议题入手

大型商务谈判总是由具体的一次次谈判组成，在每一次谈判中，各方可以首先确定每一次会议的商谈主题，然后从这一具体主题入手进行谈判，一项主题谈判完成之后，再谈判下一个主题。

（二）阐述技巧

在商务谈判入题之后，接下来便是各方进行阐述了，这是商务谈判中的一个重要环节。

1. 开场阐述

（1）开场阐述的要点。一是开宗明义，明确本次会谈需要解决的主题，以统一认识，集中注意力；二是表明我方通过谈判应得到的利益，尤其是至关重要的利益；三是表明我方的基本立场，回顾以前合作的成果，说明我方在对方所享有的信誉，展望今后合作中可能出现的机遇或挑战，表明我方可采取何种方式为共同利益做出贡献等；四是应尽可能简明扼要地阐述我方原则；五是让对方明白我方意图，创造和谐的洽谈气氛，以诚挚和轻松的表达方式来进行阐述。

（2）把握对方开场阐述的反应。一是认真耐心地倾听对方的开场阐述，总结对方开场阐述的内容，思考和理解对方阐述的关键问题；二是如果对方开场阐述的内容与我方意见差距较大，不能打断对方的阐述，也不能立即与对方争执，应该先让对方说完，认同对方之后再巧妙地转换话题，从侧面进行反驳。

2. 让对方先谈

在商务谈判中，如果我方对市场最新行情和产品定价情况不太了解，或者还未决定购买何种产品，或者无权决定是否购买，一定要让对方首先说明可提供的产品种类、产品性能、产品价格怎样，然后再谨慎地表达意见。有时即使我方对市场最新行情和产品定价比较了解，心中有明确的购买意图，而且能够直接决定是否购买，也不妨让对方先阐述利益要求、报价和产品介绍，在此基础上再提出自己的要求。这种后发制人的方式经常能收到不错的效果。

3. 坦诚相见

在商务谈判中，应当提倡坦诚相见，因为人们往往对坦率诚恳的人有好感。不但将对方想知道的情况坦诚相告，而且可以适当透露我方的某些想法，坦诚相见是获得对方信赖的好方法。不过，需要注意的是，与对方坦诚相见，难免要冒风险。可能因为坦诚而处于被动地位，因为对方可能会利用坦诚逼我方让步。因此，坦诚相见并不是将一切和盘托出，应以既赢得对方信赖，又不使自己陷于被动、丧失利益为度。

二、商务谈判中的倾听技巧

倾听是在对方讲话的过程中，倾听者通过视觉和听觉的同时作用，接收对方的信息、确定其含义以及对其做出反应的过程。在倾听的过程中，不仅要听到对方的话语，还要重视对方说话的声调、音量、停顿等。倾听不是单纯地运用耳朵这一器官接收对方的信息，而是通过多个器官的系统作用，使自己获得全面、完整的信息。在谈判过程中，倾听技巧主要包括克服倾听障碍和提升倾听能力技巧两个部分。

（一）克服倾听障碍

我们熟知的传声筒游戏生动地表明了倾听障碍是客观存在的。由于存在倾听障碍，谈判各方的沟通会处在较低水平。倾听障碍通常存在于环境和倾听者两个方面，要达到良好的倾听效果，需要克服环境障碍和倾听者障碍。

1. 克服环境障碍

环境对倾听的影响是显而易见的。例如，管理者在会议室向下属征询意见，大家会认真地倾听并发言；但如果换到餐厅的环境，下属可能会随心所欲地谈想法。我们也能体会到，环境中的噪声会妨碍完整地听取信息。它能干扰信息的传递过程，使信号被削弱；关键它会影响倾听者的心情。

在商务谈判中，需要谈判各方共同选择并营造一个良好的倾听环境，最大限度地克服环境障碍以改善倾听效果。一般来说，良好的倾听环境包括适宜的时间、适当的地点和平等的沟通氛围。环境障碍的克服较为容易。

2. 克服倾听者障碍

倾听者本人在整个谈判沟通中具有举足轻重的作用。倾听者理解信息的能力和态度都直接影响倾听的效果。在创造适用沟通的环境条件之后，商务工作者还要以良好的态度和精神状态面对说话者。来自倾听者的障碍主要为两类：

第一类是倾听者的理解能力。倾听者本人的知识水平、文化素质、职业特征和生活阅历都与其自身的理解能力紧密相连，具有不同理解能力的倾听者必定会有不一样的倾听效果。所以，若倾听者的理解能力较差往往会构成倾听障碍。

第二类是倾听者的态度。倾听者的不良态度有时会成为倾听障碍，这些态度主要包括拒绝倾听不同意见、心不在焉地听、急于判断问题而打断对方、在倾听时候东张西望等。

倾听者障碍的克服需要较长时间的努力，并且主要依靠个人努力去完成。克服倾听者障碍的关键在于提升倾听者的专注力和提高倾听者的理解力，让倾听者能够完整准确地接收信息，并且能够正确地理解信息。在商务谈判中，倾听者应该提醒自己注意采取适时适当的行动，坚持不懈地锻炼，以克服自己的倾听障碍，提升倾听能力。

（二）提升倾听能力的技巧

在商务谈判沟通过程中，倾听者要做到“耳到”“眼到”“心到”“脑到”。“耳到”是要集中注意力把说话者说的每句话都听清楚。“眼到”是要用眼睛去观察对方的表情、眼神、手势、体态与穿着等方面，来判断其口头语言的真正含义。“心到”是要站在对方的立场和角度去体会其处境和感受。“脑到”是要用大脑去分析对方的动机，来判断其口头语言是否有弦外之音。有效的倾听是一种技巧，掌握倾听的技巧，能使谈判各方更轻松地达到沟通的目的。

1. 全神贯注地倾听

谈判中能够给予对方最好的善意，就是排除其他干扰事项，以积极的态度用心倾听，不错过任何一个细节。用心倾听不仅能够倾听到谈话的主要内容和观点，还能够理解说话者的肢体语言，比如，读懂说话者的面部表情和手势等。倾听者需要有倾听对方说话的愿望，有意识地培养全神贯注倾听他人说话的能力。

2. 注视对方的眼睛

目光接触是一种肢体语言，是眼神的交汇，是彼此展现真诚、读懂对方的一种方式，表示“我在全神贯注地听你说话”。一位细心的倾听者会适当地注视对方的眼睛，保持与说话者的目光接触。相反，不称职的倾听者会看手机、看窗外、看天花板或者看对方肩膀后面。如果不好意思直视说话者的眼睛，也可以注视眼睛周围的区域，比如额头、鼻子、嘴、颈部等。通过目光接触，谈判各方能表露出更多的感受与理解。

3. 及时给予动作和表情反馈

为了鼓励说话者继续说下去，倾听者不仅要对听到的信息表现出兴趣，而且要能够利用各种动作和表情给予反馈。比如，用赞许性的点头、面带微笑地注视、用手托着下巴、竖起大拇指等，向说话者表明你在认真倾听，使说话者感受到倾听者的尊重与信任；用皱眉、迷惑不解等表情，给说话者提供准确的反馈信息，以利于其及时进行调整。

4. 要通过记笔记来集中精力

倾听者通过记笔记能够保持专注，也能长久地记下正确的信息，正所谓“好记性不如烂笔头”。在商务谈判中，倾听者认真记笔记，代表比较重视这个话题、重视说话的人，使对方感受到支持和尊重。

5. 学会复述

复述是指用自己的话来重新表达说话者所说的内容。有效的倾听者常用这样的语言复述：“我听您说的是……”“您是否是……的意思？”复述是核查你是否认真倾听的最佳手段。用自己的语言复述说话者所说的内容，并将其反馈给说话者，可以检验自己理解的准确性。复述对方说过的内容，既表达了对说话者的尊重，又能够利用对方的观点来说出自己的想法。因此，复述既能够让倾听者赢得说话者的信任，又能够找到共同话题，从而拉近彼此的距离。

6. 适时适度地提问

作为一个倾听者，虽然其主要任务是倾听他人所说，但是，如果倾听者进行正确的发问，也是向说话者表明自己确实在倾听其说话的直接、恰当的方式。

三、商务谈判中的提问技巧

提问是商务谈判中经常运用的语言技巧。通过巧妙而适当的提问，可以摸清对方的需要，向对方表明谈话的开始和结束，把握对方的心理状态，向对方提出建议，并准确表达己方的思想。在商务谈判的沟通过程中，提问是引导对方有方向地谈论和得到反馈的工具。

（一）提问的方式

在商务谈判中，人们一般以发问的方式来试探对手的态度与实力。对同一问题，也可以用不同的方法、从不同的角度发问。从回答问题的角度，将提问分为开放式提问和封闭式提问两种方式。

1. 开放式提问

开放式提问是指提出比较概括、广泛的问题，对回答的内容限制不严格，给对方充分的自由发挥的余地。这样的提问方式比较宽松，答复时可以畅所欲言，提问者可以获得更多的信息。开放式提问常用于访谈的开头，可缩短双方的心理、感情距离，但由于松散和自由，整理答案的时候工作量较大。通常，开放式提问的疑问句及典型问法有：“您对我们产品的印象如何？”“您希望这件事最终怎样解决？”“您对我们有什么建议？”“您觉得这种产品有哪些优势？”等。

2. 封闭式提问

封闭式提问是指在特定领域中带出特定答复（“是”“否”）的问句，这类问题对回答的内容有一定的限制，提问时给对方一个框架，让对方在可选的几个答案中进行选择，可以使发问者获得特定资料或确切的回答，不至于跑题。封闭式提问一般用来澄清事实、获取重点，缩小讨论范围。例如，“你是否认为‘上门服务’没有可能?”“我们能否得到最优惠的价格?”等。

（二）提问的技巧

在提问的时候，需要注意以下几个技巧：

1. 要明确具体

在商务谈判中，提出的问题需要明确具体，既包括表述问题的词义明确具体，便于理解；又包括问题的内容明确具体，便于回答。

2. 要紧扣主题

在商务谈判中，提问是为了获得某种信息，问什么问题要在倾听者总目标的控制之中，如果对方的讲话内容偏离了自己想要的主题范围，那么要能够通过提问把讲话人的讲话引入自己需要的信息范围。这对提问者要求比较高，要求在提问中紧紧围绕谈话的主题和内容进行，不要随意提一些不相关的问题。

3. 要少而精

在商务谈判中，恰当的提问有助于双方的交流，但太多的问题会打断讲话者的思路。至于提多少问题比较合适，要根据谈话的内容和双方的个人风格而定。如果你在谈判中有很多问题打算向对方提出，可以适当将问题压缩精简，在对方表达完自己的意思后，再提出自己的疑问。

4. 要看准时机

在商务谈判中，提问的时机十分重要。过早地提问会扰乱对方思路，而且显得十分不礼貌；过晚地提问会被认为未能理解或注意力不集中，也会产生误解。当对方正在发言时，如果我们脑海中闪现出疑问，千万不要中止倾听对方的谈话而急于提出问题，这时可先把问题记录下来，等待对方讲完后，有合适的时机再提出问题。如果对方的答案不够完善，甚至回避不答，要耐心等待时机再追问。如果在不恰当的时机提出问题，可能会带来意想不到的损失。

四、商务谈判中的回答技巧

在商务谈判中有问必有答，提问是主动的，回答是被动的。谈判中需要巧问，更需要巧答。一般来说，回答不但要根据对方的提问来回答，而且要把尽可能地说明白、讲清楚，使提问者的问题得到答复。谈判由一系列问答构成，巧妙而得体的回答与善于发问同样重要，应掌握回答的基本方式与技巧。

（一）回答的方式

回答的方式不同，谈判的结果也会不同。在商务谈判中，回答一般有以下几种方式：

1. 含糊式回答

含糊式回答是指用一些含义不清的语言或模糊不清的概念来回答，使对方不得要领。当遇到一些比较棘手的问题，一时难以准确回答，或者直接回答对自己不利，而如果拒不回答又会影响到谈判的合作气氛时，可以使用一些宽泛模糊的语言来应答。这样可以避免把自己的真实意图暴露给对方，给对方造成判断上的混乱和困难。这种回答由于没有做出准确的说明，因而可以做多种解释，从而为以后的谈判留出回旋余地。

2. 针对式回答

针对式回答就是专门针对提问人内心假设的答案来回答问题。这种回答方式的前提，需要弄清对方提问的真实意图。否则，提供的答案很难满足对方的要求，甚至还会泄露己方的秘密。

3. 局限式回答

局限式回答是指将对方提问的范围缩小后再进行回答。在商务谈判中，并不是所有问题的回答对己方都有利，因而在回答时必须有所限制，选择对自己有利的内容来回答对方。例如，当对方提问产品的质量时，只回答几个有特色的指标，利用这些指标给对方留下产品质量好的印象。

4. 转换式回答

转换式回答是指在回答对方的问题时，把商务谈判的话题引到其他方向。这种回答方式也就是常说的“答非所问”。但这种答非所问，必须是在前一问题的基础上自然转来的，没有刻意雕琢的痕迹。例如，当对方提问价格时可以这样回答：“我想您肯定会提这一问题，关于价格我相信一定会使您满意，不过在回答这一问题之前，请让我先把产品的几种特殊功能说明一下。”这样就自然而然地把价格问题转到了产品的功能上，使对方在听完自己的讲话后，把价格建立在产品功能的基础上，这对己方无疑是有利的。

5. 反问式回答

反问式回答是指用提问对方其他问题的方式来回答对方的提问，主要用来应付沟通中一时难以回答或不想回答的问题。这是一种以问代答的方式，将问题回抛给提问者，用反问的方式把说话的主动权掌握在自己手里，请对方反思后寻找答案。对一些不便回答的问题，以问代答是非常有效的方法。

（二）回答的技巧

1. 回答之前给自己留出思考的时间

在商务谈判过程中，回答问题的速度并非越快越好。有些人在对方提问的声音刚落，就着急回答问题。这些人的心理通常是：如果回答很迅速，就显示出自己有充分的准备，也显示了自己的实力；如果对方问话与自己回答之间间隔越久，就会让对方感觉要么自己对此问题缺少准备，要么自己被问住了。其实并不是这样的，在对方提出问题之后，我们可以通过调整一下坐姿、翻一翻笔记本、整理一下手头资料、喝喝水等动作来延缓时间，考虑一下对方的问题再进行回答。

2. 不要彻底回答问题

在商务谈判过程中，并非任何问题都要回答，不要毫无保留地回答问题，有些问题并不值得回答。在沟通中，对方提出问题可能是想了解一下我方的观点、立场和态度，也可能只是想确认某些事情。据此，应该视情况而定，对那些应该让对方了解或需要表明我方态度的问题要认真回答；而对那些可能会泄密、有损我方形象的问题，不予理睬就是最好的回答，但要注意礼貌。例如,外交活动中用“无可奉告”一词来拒绝回答,也是回答这类问题的好办法。

3. 巧换概念回答棘手问题

巧换概念是指在回答时针对对方的无理主张,故意断章取义,曲解对方语言中某些词语的意思,给对方以出其不意的回答。巧换概念通常被认为是一种诡辩的伎俩。但有时提问者别有用心设下圈套,就会使回答者陷入被动的境地。如果通过巧换概念的方法,通常能帮助回答者摆脱困境。

知识链接8-1

纪晓岚的巧妙应答

清代才子纪晓岚一次陪伴乾隆皇帝微服南巡。有一天两人走得口干舌燥,路见一棵梨树,纪晓岚摘下一个梨子,急不可待地自己吃了起来。乾隆对此颇为不满,问道:“孔融四岁能让梨。爱卿得梨为何让也不让,自己便吃了?”纪晓岚略微一怔,随即巧妙地解释说:“梨表离也。臣奉命伴驾,不敢让梨。”乾隆听罢,又说:“那咱们分吃了也好哇?”纪晓岚说:“哪敢与君分梨(离)呀?”乾隆闻之有理,没有怪罪他。

又走了一程,见路边有一棵柿树。纪晓岚这次赶紧挑了一个熟透的摘了下来,切成两半分而食之。乾隆边吃边问:“怎么这柿子就可以分吃了呢?”纪晓岚解释说:“柿表事也。臣伴君行,有事(柿)共参(餐)嘛!”

明明是口渴,自己着急吃梨忘记了皇上,却能巧妙地将一次危机转化为君臣间的良好互动,不得不为纪先生的聪明才智拍手称赞。

(资料来源:https://www.sohu.com/a/221358200_675552.)

4. 对于不知道的问题不要回答

人无完人,我们不可能全能、全知。在商务谈判中,也会遇到一些我们不知道的问题,千万不能为了维护自己的面子来强作答复以免损害自己的形象和利益。经验和教训告诫我们,对不懂的问题,坦率地告诉对方不能回答,或者暂时不方便回答,以免付出惨痛的代价。

五、商务谈判中的说服技巧

说服是指用理由充分的话使对方信服。说服是商务谈判中最艰巨、最复杂也是最富有技巧性的工作。在商务谈判中,说服工作常常贯穿谈判的始终,说服很多时候是通过辩论实现的。商务谈判中的说服,需要综合使用“陈述”“倾听”“提问”“回答”等技巧。

(一) 说服的方法

在商务谈判中,谈判各方难免会出现各种各样的分歧。谈判各方想要谋求一致的目标,主要就是想方设法说服对方改变初衷。“动之以情,晓之以理”,这是说服别人的最根本的两条原则。说服别人主要是通过摆事实、讲道理,让对方从你讲的道理中领悟其正确性,从而接受你的意见,按照你的意见行事。想要做到说服对方,必须掌握一定的方法。

1. 取得对方的信任

在说服对方的时候,最重要的是要取得对方的信任。基本的说服条件是先与对方建立起朋友关系,取得对方信任之后,对方才会正确地、友好地理解己方的观点。

2. 分析对方的顾虑

在说服对方之前,必须透彻地了解被说服对象的有关情况,以便有针对性地进行工作,包括对方的性格、长处、兴趣、真实想法等。许多人不能说服别人,就是因为他不仔细研究对方,不研究对方到底在想什么,就急忙下结论,还以为"一眼看穿了别人"。至于对方具体有什么想法,有哪些顾虑,谈判者必须先搞清楚,知道对方的心事,才能对症下药。比如,对方担心交货期,谈判者就可以向对方介绍本企业的生产情况,介绍本企业的设备、员工素质、资金实力等,以打消对方的顾虑。

(二) 说服的技巧

在商务谈判中,能否说服对方接受自己的观点,是谈判能否成功的关键。谈判中综合运用各种技巧让对方改变最初的想法,心甘情愿地接受己方的意见。在商务谈判中,说服的技巧一般有以下几种:

1. 用事实说服

在商务谈判中,谈判人员把一个事件展现在对方面前,让对方信服,接受建议。谈判者应避开正面说教,甚至避开说教的身份,好像是在无意中进行事实展现。这种方式应用在产品实物展示表演中。

2. 用经验说服

在商务谈判中,谈判者若无法用现场表演或不便于立即表演来证实自己的观点、说服对方的时候,可以用过去的事例说服对方。间接传递信息给对方,使对方信服。经验说服法的注意事项是千万不要老生常谈,而应显出一副特别有经验的样子。

3. 自我评判说服

这是一种取矛制盾的说服方式,是指用对方的话来评判对方的言行,使其造成前后矛盾的现象,从而无话可说,推翻对方的观点,服从我方谈判者的意见。使用这种方式需要谈判者充满机智,可以从纷乱的事物中找出其前后矛盾的地方。值得注意的是,不要用自己的语言直接评论对方的话,而是引用对方的话去诱导对方评论自己的言行。

4. 指明利弊说服

这种方法就是谈判者替对方分析利弊得失,从利与弊的对比中分析得失,打消疑虑,服从劝说。使用这种方法,需要有一种客观公正的心态,就事论事,实事求是,给人以可信任之感,是一种比较容易让人接受的说服技巧。

5. 换位思考说服

这种方法是站在对方的角度设身处地地谈问题,从而使对方对谈判者没有敌意。这就需要谈判者把自己设想成谈判对手,从对方的利益、需求、性格特征等方面出发,看能否说服自己。据此,对方才会感到谈判者是在为其着想,说服的效果将会更加明显。

第三节　商务谈判中的书面语言沟通技巧

一、商务谈判中的书面语言沟通写作步骤

在商务谈判中,书面语言沟通是一种重要的沟通方式。各类商务文书的体例、功能各不相同,因此并没有严格的写作程序。通常,商务文书的写作步骤包括写作准备、正式写作和修改文稿这三个阶段。

(一) 写作准备

写作的准备阶段是写作过程的重要环节。在写作前,只有做好充足的准备工作,正式写作的时候才能游刃有余。

1. 确定目标

确定目标就是写作者确定为什么写作以及要达到什么目的和结果。写作者在进行写作之前要制定一个特定的目标来指导行文,确保文章条理清晰、结构完整。只有写作者目标明确,才能使写作思路更加清晰、富有条理,使各项工作更加高效。另外,主题明确,中心思想突出,也能够使读者一目了然。

2. 分析读者

写作的目的是让读者能够阅读、理解,这要求写作者必须认真分析和研究读者,使文章更好地符合读者的需求和意愿,更有针对性地展开写作。写作者需要选择对读者有用的信息或者读者可能感兴趣的信息。

3. 收集与提炼资料

不管是写哪种商务文书,写作者都要充分地准备资料。资料是形成观点的基础,也是形成主题的支撑,更是安排结构的依据。收集资料的来源主要有两种:一种是现有的文献资料,信息量比较庞大,需要花工夫寻找合适的资料;另一种是第一手的调查材料,通过直接观察和社会调查获得。从各种渠道收集而来的资料,还需要加以归纳、整理、提炼。在具体的写作过程中,这些素材或成为写作的缘起,或成为说理的论据,或成为叙述中的事实,或成为解决问题的手段。

4. 组织观点

进行书面沟通时最重要也最困难的任务,就是在开始写作前把观点组织好。这样写作效率可以大大提高,在写作过程中稍作修改即可。收集好相关资料,可以将相同或类似的信息组织在一起形成不同的版块;再运用合适的方法,将板块之间的关系呈现在纸面上,从而有助于组织思路。组织观点最常用的方法是传统线性提纲法,此方法是用罗马数字或字母为资料建立一定的先后关系,一级一级地将主要观点串起来。

(二) 正式写作

做好准备工作,理清思路后,就可以着手正式写作了。写作过程是一种高度复杂的脑力劳动过程。在正式写作阶段,写作者要把自己的思想、内容、观点等以文字形式表达出来。

1. 选择恰当的结构

最常用的结构是时间顺序结构，它的好处是能够突出事件的发展脉络，比较清晰、连贯地描述事件。另一种常用的结构是分类别结构，通过使用分类别的方法，使要说明的内容更加清楚，避免重复、交叉的现象。

2. 提高写作技巧

(1) 把所有观点都罗列在纸上。当写作刚开始时，一时间会有很多想法，不知道该从哪里写起。这个时候，首先把所有想到的观点、案例、建议等一一罗列在纸上，然后，对所有的观点进行筛选，最后做出取舍。这样会使思路更加清晰、缜密，在写作时可以作为参考。

(2) 不要拘泥于写作顺序。在刚开始写作时，不妨先把题目、要点写下来。不需要强迫自己从文章的开头一直写到结尾，而是先从最有把握的部分着手，可以从中间开始写，也可以从结尾开始写，这样不容易漏掉要点。

(3) 行文一气呵成，不要边写边改。创作是一个连续的过程，保证具有连续的思路是至关重要的。写初稿时，对具体细节问题不要太担心。如果为了选择词语、句式等写写停停，这种局限于细节性问题、中断创作思路的写作方式不利于整体思路的连贯性。真的不确定使用哪个词语，可以做好标记，过后再仔细考虑。

(4) 安排一定的时间间隔。在初稿写好之后，脑力和视力都很疲劳，最好是间隔一段时间再进行逻辑性的修改和完善，这样会更高效。

(三) 修改文稿

写作过程就是修改、再修改、反复比较、反复推敲的过程。修改文稿时，为了提高修改的效率和效果，先从整体上修改文章的观点和逻辑性，然后修改文章的部分词句，保证文章清晰明了，富有节奏感。

1. 从宏观角度来整体把握文章的完整性

首先需要从整体上把握文章的完整性。通常应从以下几点来修改：是否已经将所有要表达的意思都写在其中；有没有需要再补充的内容；这些内容是不是被恰当地安排了。

2. 从微观角度来检查语言和结构

从微观的角度来修改，也就是修改语言和结构。确保简洁明了、语法准确，删除冗长的词句。结构安排是否对交流有利，是否对读者有吸引力，这些问题都要在修改时仔细斟酌。

3. 从正确性角度来检查细节

有效的写作者通常会在最后一步进行细节性的修改。这些细节性的修改主要包括措辞、语法、拼写或标点符号等方面。做收尾工作时，作者需要认真校对，不仅需要电脑校对，还要进行人工校对。

二、商务谈判中的常用商务文书撰写

商务文书是书面语言沟通在商务领域的应用，是人们在商务工作中为实现处理经济事务、交流商务信息等目的所使用的应用文体的总称。商务谈判中的文书撰写是指对谈判前的准备、谈判过程和谈判结果等全部内容的文字处理，主要包括商务往来所需要的商务会议纪要、商务谈判备忘录及商务谈判合同的文字处理。

（一）商务会议纪要

商务会议纪要是用于记载、传达会议情况和议定事项的公文，主要用文字形式，如实、及时、准确、完整地反映谈判全过程的书面材料。会议纪要有利于推动并加速谈判过程，可作为约束谈判各方行为的凭据，也为撰写备忘录和最终签订合同提供依据。会议纪要必须符合谈判的实际情况，不能随意添加或删改谈判的内容和基本精神。会议纪要主要由以下几个部分构成：

1. 标题

标题有两种常用格式。一是会议名称加纪要，会议名称可以写简称，也可以用开会地点作为会议名称，比如《合肥市××项目投资会议纪要》。二是把会议的主要内容在标题中揭示出来，类似于文件标题式的写法，比如《关于建设现代电商园区相关工作会议纪要》。

2. 文号、制文时间

文号写在标题的正下方，由年份和序号组成，用阿拉伯数字全称标出，并用“〔〕”括入，比如〔2022〕58 号。办公会议纪要对文号不做必须的要求，但在办公例会中一般要有文号，比如“第××期”“第××次”。

3. 开头

开头部分简要介绍会议概况，主要包括会议召开的形势和背景；会议的指导思想和目的要求；会议的名称、时间、地点、主持人、与会人员；会议主要议题或解决什么问题；对会议的评价。

4. 正文

正文部分是对会议主要内容及基本结论等进行具体阐述。根据会议议题的不同，有以下三种写法：第一种是集中叙述法，多用于小型会议，主要是把会议的基本情况、研究讨论的主要问题、与会人员的认识、解决措施及要求来进行整体的阐述和说明；第二种是分项叙述法，多用于大中型会议，主要是把会议的主要内容分成几个部分，加上标题，分开来写，一般要求采用分项叙述的办法，对目的、意义、现状进行分析，以及对目标、任务、措施等进行阐述；第三种是三步曲法，适用于专题会议，将会议的主要内容分为提出问题、分析问题和解决问题三个部分来写。

5. 结尾

结尾一般有两种写法：一种是正文写完之后就结束；另一种是提出希望和号召，有的是以会议名义向本地区发出号召，有的是突出强调贯彻落实会议精神的关键问题，指出其核心问题，有的是对会议做出简要评价并提出希望和要求。

（二）商务谈判备忘录

商务谈判备忘录是组织内部信息传递的一种书面沟通方式，用文字形式如实记录每一次谈判各方达成的重要协议的书面材料。备忘录的主要优点就是易读、易操作、易接受。

1. 备忘录的格式

在备忘录最广泛使用的格式中，基本包括概览、事例、探讨、建议和指导方针。备忘录的概览主要包括四个基本要素：日期、主题、递交、发送。如果信息较复杂，还包括附件和复印件。备忘录事例一般只有一两页长，如果有大量的数据就放在附件里。备忘录事例信息涉及面窄、具体而切合主题。事例一般采用口语化的语言。备忘录的探讨是指陈述完基本事实后，写作者会和读者探讨一下这些事实可能产生的影响。写作者不仅告诉读者要知道什么，还要说明这意味着什么以及为什么这么重要。在备忘录的建议和指导方针方面，首先，要把最重要的建议写在最前面，详细说明你想要做什么和需要什么时候开始实施；其次，把第二重要的建议写在第二位；最后，建议的数量通常都在三条以内。大多数决策备忘录会就如何执行提出建议。

2. 备忘录的类型

根据备忘录的用途，主要将备忘录分为告知型备忘录和说服型备忘录两种类型。告知型备忘录是用于存档、记录和告知等用途。书写告知型备忘录需要考虑这几点：向读者讲明白写备忘录的原因；备忘录最好只写一个主题；先总体，后部分；信息要准确；在称呼上最好避免使用第一人称单数；确保信息的详细程度符合读者的需求；提供反馈的信息。说服型备忘录向读者提供了清晰明了而又符合逻辑的论据，想要更好地写出更具有说服力的备忘录，需要注意以下几个方面：将作者的写作目的和对读者的分析结合起来考虑；列出一个提纲；直入主题；包含一个行动计划；把最有说服力的内容放在开头；引述先例，言之有据。

（三）商务谈判合同

商务谈判合同是谈判各方在经济合作和贸易交往中，对某一问题经过协商，取得一致意见后，共同订立的明确相互权利和义务关系的契约性文书。这是谈判各方为了预防纠纷或确立某种法律关系，为实现商务谈判的共同利益、愿望，经过协商而签署的具有法律效力的记录性应用文本。

1. 商务合同的构成

商务合同一般由首部、正文、尾部、附件四个部分组成。合同的首部称为约首，通常由标题、当事人基本情况及合同签订的时间、地点构成。具体包括合同的详细名称、签订合同当事人的名称、签订合同的目的和性质、签订合同的日期和地点、合同的成立以及合同中有关词语的定义和解释等内容。这是合同最重要的部分，当争议发生时，这部分内容将起到重大法律作用，不可忽视。合同的正文是合同的内容要素，即合同的主要条款，合同正文部分应该包括合同的标的与范围、数量和质量规格、价格与支付条款、合同的期限、履行地点和方式、违约责任、解决争议的方法等。由于此部分是合同关键所在，所以签订合同时往往在内容上比较明确、具体而又准确。合同的尾部为合同的结尾部分，内容包括合同的份数、合同的有效期、双方当事人签名、通信地址、盖章、银行开户名称、开户银行账号等。合同的附件是对合同有关的条款做进一步的解释与规范，对有关技术问题做详细阐释与规定，对有关标的操作性细则做说明与安排。如果是技术性较强的商品买卖合同，需要用附件或附图的形式详细说明标的的全部情况。附件的合同部分是合同的共同组成部分，同样具有法律效力。根据不同谈判目的与合同类型的具体特点，可以将谈判各方已经达成的一致意见以书面形式记录下来，并以准确的词语加以表述，形成一份合同。

2. 商务合同的主要条款

商务合同的主要条款是指一般商务合同都必须具备的共性条款，它规定了当事人双方的权利与义务，是确定商务合同是否合法有效的主要条件，也是双方当事人全面履行商务合同的主要依据。商务合同的主要条款包括以下几个方面：

(1) 标的。商务合同种类不同,其标的也不同。商务合同的标的物是整个谈判的中心内容,是合同当事人权利和义务共同指向的对象。标的可以是货物、货币,也可以是工程项目、智力成果等,但无论何种标的都必须符合国家法律法规的规定,国家限制流通的物品不可作为商务合同的标的。

(2) 数量和质量。数量是标的在量的方面的具体化,是计算和衡量合同当事人权利义务的尺度。在数量条款中,应当根据标的的种类,规定计量标的的单位和方法,还需要考虑可能发生的误差和自然损耗等问题。质量是标的内在素质和外观形象的综合状况,包括标的名称、品种、规格、型号、等级、技术要求、款式、物理和化学成分、性能等方面,关于质量标准,有国家标准或行业标准的,按照国家标准或行业标准,没有国家标准或行业标准的,由双方协商确定。

(3) 价款或酬金。价款是根据合同规定,取得财产的一方当事人向另一方当事人支付的以货币表示的代价。酬金是根据合同取得劳务、智力成果的一方当事人向另一方当事人支付的货币。价款和酬金是有偿合同的必备条款,合同需要说明价款或酬金的数额和计算标准、结算方式、结算时间和程序等。

(4) 合同的期限、履行地点和履行方式。合同的期限主要包括有效期限和履行期限,诸如租赁合同、借款合同之类必须具备有效期限。合同的履行期限是当事人履行合同的时间界限。履行期限直接关系到合同义务完成的时间,是确定合同是否按期履行或者逾期履行的客观依据。所以,合同的期限条款需要尽量明确、具体,或者明确规定计算期限的方法。

履行地点是指当事人履行合同义务的地点,即交付或提取标的物的地方。不同种类的商务合同,履行地点也有不同的特点。在买卖合同中,由买方提货的,在提货地履行;由卖方送货的,在买方收货地履行。履行地点既是确定运费由谁负担、风险由谁承担以及所有权是否转移、何时转移的依据,又是发生纠纷后确定由哪一地法院管辖的依据。

履行方式是指当事人采用什么方式履行合同义务,主要包括标的的交付方式和货款的结算方式。履行方式可以是一次性的,也可以是在一定时期内的分期或分批支付。履行方式与当事人的利益密切相关,主要从方便、快捷和防止欺诈等方面考虑最适当的履行方式,并且在合同中明确规定。

(5) 违约责任。违约责任是指因当事人一方或双方的过错,造成商务合同不能履行的责任方所必须承担的法律责任。合同规定违约责任有利于督促当事人自觉履行合同,发生纠纷时也有利于确定违约方所承担的责任,这是合同履行的保障性条款。有关合同的法律对于违约责任都已做出比较详尽的规定,但为了保证合同义务严格按照约定履行,更加及时地解决合同纠纷,可以在合同中约定违约责任,比如违约金、赔偿金额及其计算方法。

(6) 解决争议的方法。解决争议的方法是指合同争议的解决途径,对合同条款发生争议时的解释以及法律适用等。合同发生争议时,主要解决方法包括当事人协商、第三人调解、仲裁、诉讼四种途径。解决争议的方法选择对纠纷发生后当事人利益的保护是非常重要的。如果想通过诉讼解决争议,可以不进行约定;如果选择使用仲裁解决争议,则要经过事先或事后约定,还要明确仲裁机构。

第四节 商务谈判中的非语言沟通

一、非语言沟通概述

首先，我们来了解非语言沟通的具体含义；其次，我们来了解非语言沟通的具体特点；最后，我们来理解非语言沟通的重要作用。

知识链接 8-2

曾国藩选拔人才，只需看一眼

有一次，李鸿章带着三个人去见曾国藩，碰巧他出去散步了，李鸿章便让三人在门口等候。曾国藩回来的时候，看到他们三个，只用眼睛左、中、右各扫一眼，什么话都没说就走了进去。李鸿章见状，急忙禀明来意，说请他仔细考察一下门外三人，曾国藩摇手笑道："不必了！左侧之人可用，但只可小用；右侧之人万万不可用；中间之人可用，且可大用。"

李鸿章对老师曾国藩"一眼识英雄"的能力非常敬佩，就追问其原因，曾国藩接着说：

"左侧这个人，我看他一眼，他也看我一眼，我再看他一眼，他就把眼皮顺了下来，不敢再与我对眼神了。这说明他心地比较善良，但是气魄不够展开，所以可用，但只可小用。"

"右侧这个人，在我看他的时候，他不敢看我，当我不看他的时候，他又偷偷地看我，很明显这个人心术不正，所以万万不可用。"

"然而，中间这个人，我看他一眼，他也看我一眼，我上上下下扫他一眼，他又堂堂正正地打量了我一番。说明此人心胸坦荡，气魄宽广，可用，而且可以大用。"

此时，李鸿章幡然领悟，并遵照老师的指点派用此三人。

事实证明，曾国藩看得很准，中间那个人就是后来闻名于世的淮军将领刘铭传。

从上述案例中，我们可以看到，一个人的面部表情和肢体动作可以反映出其内心真实的想法。一般高手都是通过捕捉一个人的一些细节，来观人识人，通过一些眼神和举止细节的观察，就可以推断出一个人的优缺点，适合什么，不适合什么。由此我们也可以看到非语言沟通技巧在日常生活以及商务谈判中的重要价值。

（资料来源：https://baijiahao.baidu.com/s?id=1675921850916950473&wfr=spider&for=pc.）

（一）非语言沟通

非语言沟通就是除口头语言沟通和书面语言沟通以外的其他的非语言沟通方式。

非语言沟通内涵十分丰富，它通常是通过身体语言沟通和辅助语言沟通来实现的。身体语言沟通是指通过动态无声的目光、表情、神态、手势语言等身体运动或者静态无声的身体姿势、衣着打扮等形式来实现沟通的。人们可以借由面部表情语言、头部手部动作等身体动作语言以及站、坐、蹲、行等身体姿态语言来传达诸如怀疑、害羞、愉快、愤怒等情绪。辅助语言沟通是指通过非语言的声音，如重音、声调的变化，哭、笑、停顿等来实现的。一句话的含义往往不仅取决于其字面的意义，而且取决于它的弦外之音、话外之意，语音表达方式的变化,尤其是语调的变化,可以使字面相同的一句话具有完全不同的含义。

大部分的非语言沟通是通过身体语言来体现出来的。据研究,93%的沟通是以非语言形式进行的,其中55%是通过面部表情、手势和身体姿态等传递的,38%是通过声调等传递的。非语言沟通与语言沟通关系密切,二者相伴而生,非语言沟通在交际活动中有非常重要的作用,它能使有声语言表达得更生动、更形象,也更能真实地体现出人们的心理活动状态。

非语言沟通的详细分类,见表8.2。

表8.2 非语言沟通的详细类别

大类	小类
非语言沟通	面部表情语言
	身体动作语言
	身体姿态语言
	服饰语言
	辅助语言

(二)非语言沟通的特点

非语言沟通与语言沟通相比,具有下面四个鲜明的特点,并且每个特点之间存在对立、统一的辩证关系。

1. 单独性与综合性

单独性是指人们在沟通中能够通过非语言单独地来表达相应的含义,比如,通过表情、手势、动作等非语言的形式向他人传递出情感和态度,包括高兴、悲伤、愤怒、惊讶等。

综合性是指在交流中单独地采取有声语言来表达,往往不能达到效果,也无法表达出全部的信息,但如果采取多种形式的交流方式,辅助以非语言的形式,就能达到非常有效的沟通效果。

2. 独特性与普遍性

独特性是指非语言沟通往往受民族文化、生活习惯的影响而表现出来的特性,因此不同的民族具有不同的非语言沟通。不同文化背景的非语言表达方式不同,手势、眼神接触、穿着打扮、动作、环境所传递的信息都会有细微的不同。如果不注意这些差异的话,很有可能造成误会和冲突。

知识链接8-3

各个国家不同的非语言信息

在美国和欧洲的一些国家,拇指和食指组成一个圆圈代表肯定的意思,但在希腊和土耳其,这个手势则是侮辱别人的意思,同样的手势在法国则是“你没有价值”。在拉丁美洲、阿拉伯国家,直接的眼神接触是被允许的,但是在亚洲以及欧洲的北部,人们会避免眼神的直接接触,否则被视为一种冒犯的行为。

(资料来源:https://baike.baidu.com/item/%E9%9D%9E%E8%AF%AD%E8%A8%80%E6%B2%9F%E9%80%9A/3883562?fr=ge_ala.)

普遍性是指虽然非语言沟通具有独特性，但是随着社会文化的沉淀，人类不断传承下来一些共同的文化。人类通过交流、扩散和遗传等方式，使许多的形体动作、面部表情、姿势姿态等非语言形式在全世界大多数人中具有相似性、普遍性和适应性。例如，笑容在所有的文化中都被视为一种积极和正面的情绪，皱眉等厌恶的表情则是一种消极的情绪。

3. 外在性与内在性

外在性是指人们在进行非语言沟通时，通过一种形象的、直观的形式将意思和态度表达出来。

内在性是指非语言沟通实质上是人们内心活动的外在表现，它往往发自内心的真实感受。

4. 唯一性与多样性

唯一性是指同一的手势、动作在不同的时间、地点、情境下具有相同的含义。

多样性是指由于受信息发送者、信息接收者和信息沟通渠道和沟通的物理环境的影响，同一种动作、姿势具有多种含义。

（三）非语言沟通的作用

非语言沟通作为沟通活动的一部分，在完成信息准确传递的过程中起着十分重要的作用，具体作用分为以下几个方面：

1. 非语言沟通代替语言沟通的作用

在日常的工作生活中，我们现在使用的大多数非语言沟通形式经过社会历史、文化的积淀而不断地传递、演化，已经自成体系，具有一定的替代有声语言的功能。许多用有声语言所不能传递的信息，通过非语言沟通却可以有效传递。此外，非语言沟通作为一种特定的形象语言，能够产生有声语言所不能达到的实际效果。非语言沟通在舞台表演中表现得更为突出，演员往往会用手、脚、体形、姿势、表情等身体语言来表现舞台艺术。需要指出的是，管理工作中所采用的非语言沟通与舞台表演时的身体语言应该有所区别。在商务沟通中使用的非语言，需要更自然、更生活化。如果使用非语言沟通时，过分夸张或者矫揉造作，那么只会造成虚情假意的印象，影响沟通的效果。

2. 非语言沟通能够起到强化效果的作用

非语言沟通能够有力地强化语言信息的表达效果，使得表达更形象、更有力度。例如，当领导在会上提出一个远大的计划时，需要用准确的非语言沟通来体现这个计划的重要性，用沉着、冷静的目光扫视全体人员，用郑重有力的语调宣布，同时脸上表现出坚定的神情；当主持人在节目结束时表达“我们的明天会更好”时，要提高语调，同时右手向前有力地伸展等。这些非语言沟通大大增强了语言的分量，体现出决策的郑重和决心。

3. 非语言沟通能够起到体现真相的作用

非语言沟通大多是人们无意识的、非自觉行为。一般是交际主体内心情感的自然流露，与经过人们的思维进行精心构造的有声语言相比，非语言沟通更具有显现性。非语言沟通在交际过程中的可控性较小，它所传递的信息更具有真实性。在商务沟通活动中，常出现“言行不一”的现象。在商务谈判中，可以通过观察对方的言行举止，判断出对方的合作诚意和所关心的目标等。

二、常见的非语言沟通形式

常见的非语言沟通形式十分多样，包括面部表情语言、身体动作语言、身体姿态语言、服饰语言和辅助语言等。它们所包含的具体项目如表 8.3 所示。

表 8.3 非语言沟通的具体项目

常见的形式	包含的具体项目
面部表情语言	眼神、眉毛、鼻子、嘴、微笑等
身体动作语言	头部动作、手势、腿脚的动作
身体姿势语言	站姿、坐姿、走姿、蹲姿和鞠躬
服饰语言	服装、饰物佩戴
辅助语言	语速与音质、音调与音量、声音停顿与语气轻重、沉默等

（一）面部表情语言

面部表情语言就是通过面部的眼、眉毛、鼻子、嘴各个器官的动作和姿态来表示要传递的信息，表现出人们的喜怒哀乐、吃惊、害怕等情绪。在商务谈判中，谈判各方最易被观察的“区域”就是面部。尤其是要注意看眼睛，眼睛是心灵的窗户，目光的接触也是内心的接触，读懂对方的眼神，也就是读懂了其内心。

（二）身体动作语言

在身体动作语言中，应关注头部、手和手指、腿脚部的动作变化。其中，手势语言是通过手和手指的动作来传情达意的，是人们沟通时使用频率最高、变化形式最多、表现力和感染力最强的一种语言，是身体动作语言的主要形式。手势可以表达出很多含义，需要明确各种手势类型所代表的含义。在商务谈判中，通过对身体动作语言的分析，我们可以判断对方的心理活动或者心理状态。

（三）身体姿势语言

在日常生活中，人们经常使用站姿、坐姿、走姿、蹲姿等各种身体姿势进行沟通。研究表明，身体姿势在沟通中有着广泛的适用范围，有一些姿势是世界性的沟通语言。一个人的身体姿态能够表达其是否有信心、是否精力充沛等情况。通常人们想象中精力充沛的姿态是：收腹、肩膀平而挺直、下巴上提、面带微笑、充满必胜的信心等。在商务谈判中，需要刻意训练自己的体姿，包括站姿、坐姿、走姿、蹲姿和鞠躬等各方面。站姿体现出一个人的道德修养、文化水平以及与他人的交往是否有诚心。良好的站姿应该给人以挺、高、直的感觉，像松树一样舒展、挺拔，具体表现为：身躯要正直，头、颈、腿要和地面保持垂直；眼睛平视前方，挺胸收腹，切忌弯腰驼背、东倒西歪。在坐姿方面，要尽可能坐端正。走路姿势最能体现出一个人的信心程度，正确的走路姿势应该做到三点：轻、灵、巧。具体表现为：身体保持正直，不要左顾右盼，也不要左右摇摆，目视前方两臂要自然摆动，步履轻捷，不要拖拉；男士的走路姿势要稳健、矫捷，女士的走路姿势要轻盈、优雅。在下蹲的时候，也需要注意姿态。

（四）服饰语言

服饰是人们对所穿着的服装以及所佩戴饰物的总称。装饰包括领带、胸针、眼镜和手表等。人们的服饰,从服装的穿着到饰品的佩戴,是一种"无声的语言",会直接影响陌生人对自己的第一印象。服饰是服务于穿着者的,选择服饰的第一要素是适合,在选择服装时,要考虑服装的面料、色彩和款式。着装是着装人基于自身的阅历修养、审美情趣、身材特点,根据不同的时间、场合、目的,力所能及地对所穿的服装进行精心的选择、搭配和组合。穿着打扮反映出一个人的精神面貌、文化素养和审美水平,同时也反映其地位、归属、遵循的规范等。在各种正式场合,注重个人着装的人能体现仪表美,增加交际魅力,给人留下良好的印象,使人愿意与其深入交往。同时,合适的着装与社会交往活动顺利进行、取得谈判成功有着很大关系。

(五) 辅助语言

辅助语言是指在口头表达中所发出的有声但无固定语义的语言。它不区分音节,如各种各样的笑声、呻吟声、叹息声、尖叫声等,这些都是辅助语言。具体包括语速、音质、音调、音量、声音停顿、语气轻重、声音补白、沉默等。我们每天与不同的人谈话,不同的声音、口气、声调和节奏,对我们的思想和评价会产生不同的影响。因此,人们讲话时借助辅助语言能够更好地理解对方,实践证明这是一种有效的方式。

◆内容提要

本章主要介绍了口头语言沟通和书面语言沟通的特点与类型;商务谈判中口头语言沟通的陈述技巧、倾听技巧、提问技巧、回答技巧与说服技巧;商务谈判中书面语言沟通的写作步骤与常用商务文书的撰写;商务谈判中非语言沟通的特点与类型。

◆关键词

口头语言沟通　书面语言沟通　非语言沟通

◆复习思考题

1. 口头语言沟通有哪些类型?
2. 商务谈判中的陈述技巧主要包括哪些?
3. 非语言沟通有哪些特点?

◆思考案例

工程师陈先生的烦恼

东方公司售后服务工程师陈先生被外派进行服务维修。在维修过程中,他需要一个重要的配件,就打电话要求工厂的售后服务部门为其在安徽芜湖的维修现场尽快发送配件一个。按规定要求,陈先生应当以书面传真的形式来说明所要配件的具体规格型号才进行发货,以保证准确性。但是,陈先生讲自己干了三年多,对配件的规格型号都很熟,为了节省传真费用,在客户很急的情况下,就以电话进行口头报告型号。售后服务部工作人员也因此相信陈先生,按他口头说的型号发去了配件。结果发到现场后,型号错误,又要重发,公司为此损失了出差费用、运输费用等,更重要的是耽误了时间、影响了客户的生产。

事后追究责任时,陈先生一口咬定自己当初口头报告的就是第二次发的正确型号,而售后服务人员则坚持说陈先生当初报告的就是第一次错误的型号。但是没有书面函件,领导也不知道该相信谁?最后因为双方都在明知公司规定的情况下,违反了书面沟通程序规定,造成了损失,都有责任,便对双方分别进行了处理。

试分析书面语言沟通相较于口头语言沟通的优点。

（资料来源：无忧演讲. http://www.51yanjiang.org/post/10061.html.）

◆**应用训练**

传声筒小游戏

游戏规则：将同学们分成不同小组，各小组同时参赛。每小组有5～6名同学，每小组同学排成一列，老师在PPT上出的题目只给第一个同学看（其余同学背对着写字板站立），由第一个同学演绎给第二个同学（剩余同学仍然背对着PPT），只能通过音效和动作表达，依次传递给下一个同学，直至最后一个同学，由其猜测题目上的信息。猜对一个字得一分，最终积分高的一个小组获胜。

第九章　商务谈判礼仪

学习目标

理解商务谈判礼仪惯例；掌握迎送客人的礼仪；掌握互相介绍的礼仪；掌握名片使用的礼仪；掌握双方约会的礼仪；掌握签字仪式的礼仪；了解招待宴请的礼仪；了解参观游览的礼仪；了解赠送礼物的礼仪。

导入案例

商务谈判中遇到不同国家文化的差异

王先生是国内一家大型外贸公司的总经理，为一批机械设备的出口事宜，携秘书韩小姐一行赴伊朗参加最后的商务洽谈。王先生一行在抵达伊朗的当天下午就到交易方的公司进行拜访，然后正巧遇上他们祷告时间。主人示意他们稍作等候再进行会谈，以办事效率高而闻名的王先生对这样的安排表示出不满。

东道主为表示对王先生一行的欢迎，特意举行了欢迎晚会。秘书韩小姐希望以自己简洁、脱俗的服饰向众人展示中国妇女的精明、能干、美丽、大方。她上穿白色无袖紧身上衣，下穿蓝色短裙，在众人略显异样的眼光中步入会场。为表达敬意，主人向每一位中国来宾递上饮料，当习惯使用左手的韩小姐很自然地伸出左手接饮料时，主人立即改变了神色，并很不礼貌地将饮料放在了餐桌上。令王先生一行不解的是，在接下来的会谈中，一向很有合作诚意的东道主没有再和他们进行任何实质性的会谈，导致这一结果的一个重要原因是王先生和韩小姐没有尊重对方国家的文化习俗。

（资料来源：http://zhishi.woyoujk.com/w/98945.html.）

第一节　商务谈判礼仪惯例

一、守时守约

在商务谈判中，守时守约是至关重要的原则，它们直接影响谈判的成功与否，并对建立良好的商业关系起到重要作用。守时守约是建立信任的基础，准时到达和按照约定履行承诺可以让对方感到可靠和信赖，可以帮助个人和公司在行业内树立积极的形象，从而吸引更多的商业机会。

商务谈判人员要遵守谈判时间，既不要提前很长时间等候，这样容易给自己造成心理压力，也不要迟到，给人以时间观念差的印象。比较好的选择是适当提前5～10分钟到达谈判地点，进行谈判的相关准备。如果因为某些突发的原因不能按期履约谈判，一般要提前24小时通知对方取消谈判，说明相关原因，在征求对方意见的基础上，约定下一次谈判时间，以表示尊重。正式谈判之前的磋商环节，谈判双方要进行谈判环节和所涉事项的商讨和确认，一旦双方都确认完毕之后，在执行过程中，就不能轻易变化，双方要遵守相互约定的事宜，保证谈判的顺利进行。

二、尊妇敬老

尊重女性和老人是商务礼仪的基本要求之一。尊重女性不仅是对她们个人尊严的维护，也是对她们所代表的组织或团队的尊重。这有助于营造一个平等、和谐、尊重的谈判环境，增强女性的自信心和参与感，从而促进更有效的沟通和合作。尊重老人不仅体现了对长辈的敬重，也展示了企业的文化素养和社会责任感。通过尊重老人，可以赢得他们的信任和好感，进而推动交易的顺利进行。

在上下楼梯，进出电梯、车辆时，都应礼让老人与妇女，让其先行，必要时给予适当帮助；对同行的老人和妇女，男子应帮助提较重物品；进出大门，要主动帮助他们开门、关门；进出屋时也可帮助他们穿、脱大衣外套；同桌用餐时，男子也应主动帮助他们入座、离席。

三、举止得体

举止得体不仅体现了个人的素质和教养，更能展现出公司的专业性和信誉度。适当的着装、礼貌的言谈举止、得体的交际方式都能够给人留下深刻的印象，从而增加合作伙伴和客户对公司的信任和好感，在一定程度上，决定着商业合作是否能够成功的重要因素之一。我们需要表现出礼貌、尊重和真诚的态度，注意细节问题，并遵守一些注意事项。只有这样，才能在商业交往中取得成功，实现商业合作的目标。

在与客户会面时，应该注意礼貌用语，不要使用粗俗的言语，以免给客户留下不好的印象。此外，还需要表现出尊重客户的态度，不要随意打断客户的发言，不要让客户感受到自己的话语权被剥夺。在与客户沟通时，应该注意表情和语气的把握，不要让客户感受到自己的态度不够诚恳。此外，在与客户交往时，应该注意保持一定的距离感，不要过于亲密或者过于疏离，以免让客户感到不适。

四、尊重风俗

在谈判前，尽量了解对方的文化背景和习俗，避免因无知而引起误会或冲突。不同的国家、民族，由于不同的历史、文化、宗教等因素，各有其特殊的风俗习惯和礼节，对时间、空间、称呼等方面的敏感度不同，在外事交往中均应予以重视。新到一个国家或初次参加活动，对于风俗习惯不懂，应多了解，多留意，多观察，不会做的事，可仿效别人。

另外，对于一些特殊的数字、礼仪习惯、颜色喜好等，要做事先掌握。譬如，天主教徒忌讳“13”这个数字，尤其是“13日，星期五”，遇上这个日子，不宜举行宴请；保加利亚、尼泊尔等一些国家，摇头表示同意，点头表示不同意；比利时人最忌讳蓝色，但挪威、瑞士、荷兰对它又特别偏好等。

知识链接10-1

仪表和举止禁忌

在对外活动的场合,应当稳重自持、尊重对方、不卑不亢、落落大方,表现出中国人民应有的气质和风度。狂妄自大、举止轻浮,反而会被人讥笑为浅薄无知、缺乏教养;卑躬屈膝、唯唯诺诺,常常招人鄙视,不足以代表我们应有的人格、国格。不修边幅、懒懒散散,显示精神萎靡颓唐。这些都是不可取的。

讲究清洁卫生,不仅是个人生活中的"琐事",而且是一个人文明习惯和文化素质的表现。在社交场合,乱扔果皮纸屑,随地吐痰,打喷嚏,或者用手指去抠鼻孔、掏耳朵、剔牙,都是极不礼貌的。个人应养成良好的卫生习惯,注意自备手纸或手绢,以应对不时之需。如未带手纸等物,则可去盥洗间。一般人参加对外活动,亦应注意活动前不要吃葱、蒜、韭菜。如吃了葱蒜而临时有活动,可嚼茶叶去味,或使用"口洁素"。

在社交场合,头发应当梳理整齐,不要满头皮屑。指甲应修剪整洁。男人应把脸刮干净。女士如穿短袖衣服,不要露出腋毛。汗毛如透出丝袜,应剃干净。衣服应当干净、熨平,不要内长外短。内衣、外衣的领子和袖口都要干净。皮鞋应当擦光洁。

站有站相,坐有坐相。站立时,身子不要歪靠一旁,不要半坐在桌子上或椅背上。坐时,腿不摇抖,不跷二郎腿;女士要双腿并拢。不要半躺在座椅沙发上。走路时,脚步要轻。遇急事可加快步伐,但不要慌张奔跑。不要在别人正在交谈时,从中间穿越而过。在剧场电影院,如必须从别人的座位前穿越时,则必须说声"对不起",侧身而过。

在相互交谈时,声音的大小,以能使谈话对方听得清楚为合适。不要放开嗓门大声喧哗,也不要高声谈笑、旁若无人。说话时,手势不要太多、太大。不要用手指或刀叉筷子指着对方说话。打哈欠,不论用什么方式都是失礼的。在图书馆、博物馆、医院、教堂等公共场所,应保持安静。在举行隆重的仪式时,或是在听演讲、听音乐时,要保持肃静。

见面打招呼是一项起码的礼节。见到熟人不打招呼,或者当有人向你打招呼而不予回答,都是一种失礼行为。在打招呼时,男子戴着帽子,可将帽子略略提起;如所戴帽子不容易摘下,则可用手握一下帽檐致意。如相互距离稍远,也可挥手示意。

作为一种常见的见面礼节,初次见面相识的可以握手,老朋友久别重逢也要握手。别人伸手同你握手,而你不伸手,是一种十分失礼的行为。男女握手,要由女子先伸手。如果女子不愿握手,也可微微欠身问好。如年龄差别明显,则由年长者先伸手。同妇女握手,以轻轻握及即可,不要使劲紧握。握手时,通常用右手,但如右手有病或有其他原因不能握手时,也可用左手代替并请对方谅解。男子握手,应摘去手套;如不能摘去,应说一声"Excuse my gloves";女子握手,不必脱手套,也不必站起。握手时,不应与第三者谈话。握手后,不要当对方的面擦手。

握手时,面向对方,以右手轻重适度地握对方的手。如不愿握手,微微欠身鞠一个躬也是很有礼貌的;中国人抱拳作揖,东南亚佛教国家的人双手合十,也是一种礼貌,容易被人接受。对一面之交或不相识者,可点头致意。对一天多次见面或经常见面的熟人,也可点头微笑致意。

在西方,亲人、熟人之间久别见面,或远行送别,多是拥抱、亲吻、贴脸颊。但除夫妇之间拥抱亲吻外,一般都是亲脸膛、贴脸颊。男子对尊贵的妇女,有时亲一下手背。拥抱则视情况,有的是热情拥抱,有的则纯属礼节性的。

总之，见面打招呼，形式多种多样，总要恰如其分、恰到好处。既不应冷淡失礼，又不宜过分热情，以至举止失常，贻笑他人。“不卑不亢、落落大方”，正是最好的总结。

步行时，男子应走在靠车辆行驶的一侧；上下电梯，应让女子走在前面；进门时，男子应将门打开，请女子先进；入座时，应请女子先坐下；同女子打招呼，男子应该起立；社交聚会，如男女主人在一起，应尽量先同女主人打招呼；进餐时，请女子先点菜等。只有在下车、下楼时，男子应走在前面，以便照顾女子；进餐厅、剧院时，男子可以走在前面，以便先为女士找妥座位。

颜色的忌讳

我国特别崇尚红色和黄色。普遍认为红色代表喜庆、光荣、正义和力量；黄色代表高贵和庄严，昔日是皇帝专用，象征君权神授，神圣不可侵犯，现在已被人们随心所用，并赋予了新的意义；白色表示肃穆、哀悼，在中国和日本历来被用作丧礼服，但是西方人却用白色作结婚礼服，象征纯洁和光明。目前，我国城市的女青年也开始流行白色服装为结婚的礼服。

欧美不少国家以黑色为丧礼的颜色，遇到丧事，习惯于穿黑色衣服，系黑色领带，戴黑色礼帽或者黑色围巾和面纱。西方人认为黑色使人显得严肃，也是表示对逝者的尊敬和悼念。

日本人忌讳绿色，认为此颜色是不吉祥的。但是绿色却受到爱尔兰、意大利、新加坡、马来西亚、叙利亚、保加利亚、奥地利、挪威、瑞士等国的普遍欢迎。

巴西人认为棕黄色是凶丧之色，认为人死好比黄叶从树上落下来；叙利亚忌讳用黄色，认为其表示死亡之意；埃塞俄比亚穿淡黄色的服装，表示对死者的深切哀悼；巴基斯坦也忌用黄色，因为那是僧侣的专用服色。可是黄色在委内瑞拉被作为医务标志，得到爱戴和尊重。

土耳其人很忌用花色，认为其是凶兆。所以，他们在布置客厅和房间时，喜欢用素色。

蓝色被埃及人看作恶魔；比利时人也忌蓝色，若是遇有不吉利的事，都穿蓝色衣服。他们认为，即使在梦中看到蓝色的东西，第二天也会碰到倒霉的事。但在挪威、荷兰、瑞士、叙利亚、伊拉克等国，蓝色却是人们所喜爱的颜色。

另外，由于历史、政治上的原因，对颜色也有禁忌。比如法国、比利时忌用墨绿色；委内瑞拉忌用红、绿、黑、白、茶色(表示五大党)；爱尔兰忌用白、红、蓝色组(英国国旗色)。

数字的忌讳

西方人普遍认为“13”这个数字是凶险的，应尽量避开它。有人甚至对每个月“13”日这一天也会感到有些惴惴不安。他们认为“星期五”也是不吉利的。因而，西方人在 13 日(特别是星期五)一般是不举行活动的。甚至门牌号、层号、旅馆房号、宴会桌号、车队汽车的编号等都不愿用“13”这个数字。宴会也避免安排在 13 日举行，更忌讳 13 人同席共餐。

另外，西方人还比较忌讳“3”，尤其是点烟的时候，当点到第三个人时，他们往往会面露难色，有的人甚至会礼貌地拒绝。

数字的忌讳，在众多国家都存在。在非洲，大多数国家认为奇数带有消极的色彩。可是在日本，奇数却被看作吉祥福星的数字，对偶数却不感兴趣。在日本，要尽可能地避免“4”和“9”字。因在日语中，“4”与“死”同音，故日本的医院，均没有 4 号病房和病床，谁也不愿意躺在“死”号病床上等死。而“9”的发音与“苦”相近，所以也在忌讳之列。海外华侨和港澳同胞中的广东籍人，也忌用“4”做标志，在遇到非说“4”不可时，就用“两双”或“两个二”来代替。

花卉的忌讳

人们爱花，常常将“鸟语花香”作为春天的同义语。鲜花美丽而又有魅力，它使人感受到蓬勃的生机和向上的朝气。可是由于各国民族习惯不同，某些花的含义也有区别。比如：

百合花对罗马人来说，是美与希望的象征；在波斯，人们却将它看作纯真和贞洁的表示。

郁金香在土耳其被看作爱情的象征；可是德国人却认为其是没有感情的花。

兰花是东南亚的象征；但在波兰却被认为是激情之花。

荷花在中国、印度、泰国、埃及、孟加拉国等国评价很高，“出淤泥而不染，濯清涟而不妖”，有“花中君子”之称。人们常借荷花赞美人的气节与风骨，不少国家将其定为国花。但是，荷花在日本却被认为不吉祥之物，意味着祭奠。

菊花在日本是皇室的专用花卉，人们对它极为尊重。但是菊花在意大利及拉丁美洲各国被看成是“妖花”，只能用在灵前和墓地。

法国人将黄色的花朵视为不忠诚的表示；在巴西，绛紫色的花卉一般用于葬礼。

在国际社交场合，忌讳用杜鹃花、菊花、石竹花、黄色的花献给客人，已经成为惯例。若是不注意，将会造成不良的后果。

一般来讲，花的颜色也会有不同的含意。比如：红花意味着爱情；白花表示纯真；粉红色花表示友谊和好感；黄花表示嫉妒；橙黄色花象征希望；浅色花象征温柔；深色花表示坚毅。

赠送花卉的颜色，应当因人和场合而异。送给近亲好友的花，色彩应鲜艳；送给恋人的花最好是红色；人们一般不送白花，可是在生日或者庄重的命名日例外；成束的白花通常用于婚礼，亲朋好友可以向新娘赠送白花；探望病人时，则不送香味浓烈及带有特殊象征意义的花。

送花的时候，还应当注意接受者的年龄。送给中年人，以大花为好；送给青年人和孩子，可以用各种颜色的小花。一束花如果用几种花组成，就得按花朵大小及颜色加以协调搭配。生男孩，送粉蓝花；生女孩，送粉红花；勉励褒奖，送红丁香、鸟不宿、菟丝子组成的花束；探病人，送红罂粟和野百合花组成的花束；给老人拜寿，送常春花、虎刺祝愿老人健康长寿；送别亲人时，送一枝芍药，表示依依惜别之情；民间喜庆吉日，送万年青、吉祥草、百合花象征友谊长存，万事如意之意。

世界上许多国家还流行着一种奇特的语言——花语，就是指人们用赠花来表达自己的感情。比如：柠檬表示挚爱；刺玫瑰表示优美；百合花表示纯洁；紫藤表示欢迎；野丁香表示谦逊；榛表示和解；枳表示希望；白桑表示智慧；黑桑表示生死与共；橄榄表示和平；垂柳表示悲哀；水仙表示尊敬；玫瑰表示爱情、和平、友谊、勇气和献身精神。

动物图案的忌讳

孔雀在我国是喜庆的标志；但在英国却把它看作淫鸟、祸鸟，孔雀开屏被认为是自我炫耀吹嘘的表现。蝙蝠在我国被看作“福”的象征；但是在美国人眼里，它却是凶神恶煞。

大象在泰国及印度，被看作吉祥的动物，它代表智慧、力量和忠诚；在英国，则很忌用大象图案，认为它是蠢笨的象征。

仙鹤在我国和日本是长寿的象征；而在法国却作为是蠢汉和淫妇的代称。

日本人对饰有獾和狐狸图案的物品极反感，认为它们是贪婪、狡诈的象征。

北非一些国家，普遍忌用狗作为商标，但在欧美等西方国家却把狗视为神圣的动物、忠诚的伴侣，还经常将它作为家庭的成员向客人介绍。

（资料来源：集宁师范学院外事办公室. http://www.jntc.nm.cn/wsb/info/1009/1026.htm.）

第二节　日常交往礼仪

一、迎送客人的礼仪

在商务谈判的整个流程中，迎送环节虽看似只是开场与收尾的部分，但却有着不可忽视的重要性。恰当的迎送礼仪能够为谈判营造良好的氛围，展示己方的诚意与素养，同时也能让对方感受到尊重，进而对谈判的顺利开展及最终结果产生积极影响。

（一）人员安排

1. 主要迎送人员

在商务谈判中，主要迎送人员的选择至关重要。一般而言，其层级应与对方谈判团队中核心人物的层级相当或略高。例如，如果对方是由公司的销售部经理带队前来进行商务谈判，那么主方可以考虑安排市场部经理或者分管销售业务的副总经理作为主要迎送人员。这样的安排既能体现对对方的尊重，又能确保在迎送过程中有对等的沟通层级，便于就一些关键问题进行初步的交流。

当涉及重大项目的谈判，且对方派出了公司高层领导，如董事长、总经理等亲自参与时，主方则需更加慎重地确定主要迎送人员。在这种情况下，主方公司的董事长或总经理需要亲自出面迎送，至少在重要节点，如对方抵达和离开的关键时刻，要由高层领导亲自参与迎送环节，以彰显对此次谈判以及合作机会的高度重视。

2. 陪同迎送人员

除了主要迎送人员外，还会有陪同迎送人员参与其中。这些陪同人员通常是来自与谈判业务紧密相关的各个部门的代表。比如，一场关于技术合作项目的商务谈判，陪同迎送人员可能包括技术研发部门的主管或骨干技术人员，他们能够在迎送过程中与对方的技术专家就一些技术细节、项目可行性等方面进行初步探讨，提前了解对方在技术层面的想法和关注点，为后续正式谈判中的技术条款商讨做好铺垫。

业务部门的销售人员或业务经理也是常见的陪同迎送人员。他们熟悉市场情况和业务流程，可以在迎送时与对方就市场动态、业务拓展等方面进行交流，收集对方在业务方面的相关信息，同时也向对方介绍主方在市场中的优势和业务开展情况，增进双方的了解。

此外，行政部门的工作人员也会参与其中，负责迎送过程中的一些后勤保障工作，如安排车辆、预订酒店、准备餐饮等事宜，确保迎送环节的各项事务能够有条不紊地进行。

（二）迎送规模

1. 车辆安排

车辆是迎送过程中不可或缺的交通工具，其安排需要综合多方面因素。要考虑的是对方谈判团队的人数。如果对方团队人数较少，比如只有 3～5 人，那么安排一辆舒适的商务车可能就足以满足需求，既能保证对方乘坐的舒适度，又能方便接送。但如果对方团队人数较多，达到 10 人甚至更多，那就可能需要安排多辆车辆组成的车队，如一辆大型的商务客车作为主宾车，再搭配若干辆小型商务车或轿车作为随行车辆，以确保能够将对方全体人员安全、舒适地接送到位。

车辆的档次也是需要斟酌的因素。一般来说，要根据谈判项目的重要性、对方的身份地位以及双方公司的规模和实力来确定。对于一般性的商务谈判，选择中高端档次的商务车或轿车即可，既能体现一定的重视程度，又不会显得过于奢华。但如果涉及大型跨国公司之间的重大合作项目谈判，对方又是派出了高层领导团队，那么可能就需要安排更加豪华的车辆作为主宾车，以彰显对对方的极高尊重和对此次谈判的高度重视。

2. 人员安排

在机场、车站等迎送地点，现场迎送人员的数量需要合理安排。如果现场人员数量过少，会给对方一种冷清、不被重视的感觉。例如，对方是一个规模较大的谈判团队，而主方在机场迎接时只有一两个人，这显然无法营造出热烈的欢迎氛围，也不利于及时为对方提供各项协助，如搬运行李、引导路线等。

相反，如果现场人员数量过多，又可能会造成场面混乱，让对方感到不适。比如，一下子涌出几十个人在机场迎接一个十几人的谈判团队，可能会让对方在人群中不知所措，也不利于进行有序的沟通和交流。一般来说，对于一个小型谈判团队（3～5 人），在机场、车站等迎送地点安排 3～5 名现场迎送人员较为合适；对于中型谈判团队（6～10 人），安排 5～10 名现场迎送人员为宜；对于大型谈判团队（10 人以上），可以根据具体情况安排 10～15 名现场迎送人员，但要注意保持现场的秩序。

（三）迎送仪式

1. 欢迎仪式

欢迎仪式是给对方留下第一印象的重要环节，其形式可以多种多样，但都要注重细节。一种常见的形式是在公司门口或谈判地点门口设置一个小型的欢迎队伍，由公司员工组成，他们手持欢迎标语牌、鲜花等，当对方抵达时，齐声高呼欢迎口号，营造出热烈的欢迎氛围。另一种形式是在会议室或接待室提前布置好欢迎场景，如摆放鲜花、茶点、公司宣传资料等。鲜花的选择要考虑到美观和寓意，茶点要精致可口，宣传资料要内容翔实且有针对性，以便对方在等待正式谈判开始的过程中，可以一边品尝茶点，一边了解主方公司的基本情况、业务范围、发展历程等信息，进一步加深对主方的了解。

知识链接 10-2

错误的献花

王亮是一家机械公司的销售经理，有一次接待法国客户，他去花店准备买一束鲜花送给客户，在花店里面看到黄菊花非常新鲜漂亮，当即买下赶往机场。当法国客户下飞机后，他飞快地迎上去将花送给了客户，但是客户没有如想象中那么愉快地接受了鲜花，而是非常不情愿地接过花，转手就交给了随行的助理。

事后，王亮才得知，在法国文化中，菊花带有诅咒的意思。难怪当时法国客户看到菊花有当时那种反应了。

2. 送别仪式

送别仪式同样重要，它是整个迎送环节的收尾部分，要给对方留下一个圆满的印象。在送别时，可以为对方准备一些有纪念意义的小礼品，如带有公司标志的精美纪念品、当地特色的工艺品等。这些礼品既能表达主方的情谊，又能让对方在离开后还能时常想起此次谈判经历。同时，要确保对方返程的行程安排顺畅，工作人员要提前了解对方的返程航班、车次等信息，协助办理登机、上车等手续，直到对方安全离开。在送别现场，主方人员要与对方热情道别，挥手示意，保持微笑，让对方带着好心情踏上返程之路。

（四）时间安排

1. 迎接时间的精准确定

迎接时间的确定是迎送中的一个关键细节。主方必须提前了解对方的行程安排，包括航班、车次等的具体到达时间，并且要预留出足够的时间提前到达迎送地点等候。一般来说，对于国内航班，主方人员最好提前 1～1.5 小时到达机场；对于国际航班，由于涉及通关、行李提取等更多环节，主方人员最好提前 2～3 小时到达机场。这样可以确保在对方到达时，主方人员已经在现场等候，避免让对方等待而产生不满情绪。

2. 送别时间的合理安排

送别时间也要合理安排，同样要提前了解对方的返程行程安排。工作人员要根据对方的返程航班、车次等的具体时间，提前做好各项准备工作，如协助办理退房手续、安排车辆送往机场或车站等。要准确估算对方下榻的酒店到达机场或者车站的行程时长，预留出办理登机、上车等手续的时间，不出现因主方安排不当导致的延误等情况。

（五）迎送地点

1. 常见迎送地点

在商务谈判中，常见的迎送地点主要有机场、车站、码头等交通枢纽以及对方下榻的酒店或主方公司所在地。选择在交通枢纽迎送，是因为这是对方抵达和离开的必经之地，方便直接接送对方。例如，当对方乘坐飞机来进行谈判时，主方通常会在机场迎接，这样可以第一时间见到对方，表达欢迎之意，并协助对方处理好抵达后的各项事宜，如行李提取、前往下榻酒店等。

选择在对方下榻的酒店迎送，也是一种常见的做法。特别是当对方已经在当地住宿一段时间，在送别时，主方人员可以直接到酒店为对方送行，协助对方办理退房手续，收拾行李等，然后将对方送往机场或车站。选择在主方公司所在地迎送，一般是在对方初次抵达公司进行谈判时，主方可以在公司门口设置欢迎仪式，欢迎对方的到来，在谈判结束后，也可以在公司门口送别对方，展示主方公司的形象和风采。

2. 特殊迎送地点

除了常见的迎送地点外，有时也会根据谈判的特殊情况考虑一些特殊迎送地点。比如，当谈判涉及特定的项目现场时，主方可以考虑在项目现场进行迎送。如果是关于一个建筑工程的商务谈判，主方可以在建筑工程的施工现场迎接对方，让对方实地了解项目的进展情况，在送别时，也可以再次回到项目现场，让对方看到项目在谈判期间的变化情况，这种迎送地点的选择可以更直观地展示主方的业务成果和项目实力。

另外，当谈判涉及文化、旅游等相关领域时，主方可以考虑在一些具有代表性的文化景点或旅游胜地进行迎送。例如，在进行关于文化创意产业的商务谈判时，主方可以在当地著名的博物馆、艺术馆等文化景点迎接对方，让对方在抵达时就感受到浓厚的文化氛围，在送别时，也可以在这些景点为对方送行，给对方留下一个独特的文化记忆。在商务谈判中，确定迎送规格需要综合考虑人员、规模、仪式、时间、地点、语言、餐饮等多方面的内容，只有做到全方位的精心安排，才能营造出良好的谈判氛围，展示主方的诚意与素养，从而为谈判的顺利开展和最终的合作达成奠定坚实的基础。

二、互相介绍的礼仪

在商务谈判中，互相介绍是建立信任和友好关系的重要步骤。通过互相介绍，双方可以更好地了解对方的身份和背景，从而减少误解，增进彼此的信任。友好、热情的介绍可以营造一个轻松、和谐的谈判氛围，有助于双方在后续的谈判中更加顺畅地沟通，可以为后续的谈判打下良好的基础，提高谈判的成功率和效率。

（一）介绍的顺序

（1）关于年轻人与年长者先后，一般是先把年轻的人员介绍给长者。

（2）关于职位、身份高低先后，惯例是先把职位、身份低的人员介绍给职位、身份高的人员。

（3）关于性别先后，通常是先把男性介绍给女性。即使女性只有十八九岁或刚涉足谈判工作不久的也应如此。

（4）关于结婚与否先后，往往是先把未婚的介绍给已婚的。

（5）关于主人和客人先后，默认是先把客人介绍给主人。

知识链接10-3

介绍案例

深圳M商贸有限公司在同广州W有限公司进行商务谈判时，深圳M商贸有限公司谈判组负责人向对方介绍："尊敬的吴总，请允许我向您介绍我们公司的销售经理梁力得。"然后再转向梁经理说："小梁，这位是广州W有限公司总经理赵总。"

在商务谈判中，先向对方介绍我方的主要人员是一种尊重。

（二）介绍的称谓

介绍时要注重称谓的合理性和正确性，选择恰当的称谓，是对他人尊重和友好的表示。我们要根据对方的身份、地位、职业、年龄、性别等选择称谓。在国际商务交往中，一般对男士称为"先生"，已婚女士称"夫人"或"太太"，未婚女士称为"小姐"，在不知其婚姻状况时亦可称"小姐"。在国内商务交往中，当我们得知对方准确的姓名和职务时，可以以"姓氏＋职务名称"或者"姓名＋职务名称"进行称谓。为了避免出现错误，我们可以在谈判前期沟通过程中，向对方工作人员询问和确定人员的相关称谓。

知识链接10-4

称　呼

在国际交往中，一般对称先生、夫人、女士、小姐的人士，可冠以姓名、职称、衔称等。如

“布莱克先生”“议员先生”“市长先生”“上校先生”“玛丽小姐”“秘书小姐”“护士小姐”“怀特夫人”等。

对地位高的官方人士，一般为部长以上的高级官员，按国家情况称“阁下”、职衔或先生。如“部长阁下”“总统阁下”“主席先生阁下”“总理阁下”“总理先生阁下”“大使先生阁下”等。但美国、墨西哥、德国等国没有称“阁下”的习惯，因此在这些国家可称先生。对有地位的女士可称夫人，对有高级官衔的妇女，也可称“阁下”。

君主制国家，按习惯称国王、皇后为“陛下”，称王子、公主、亲王等为“殿下”。对有公、侯、伯、子、男等爵位的人士既可称爵位，也可称阁下，一般也称先生。

对医生、教授、法官、律师以及有博士等学位的人士，均可单独称“医生”“教授”“法官”“律师”“博士”等。同时可以加上姓氏，也可加先生，如“卡特教授”“法官先生”“律师先生”“博士先生”“马丁博士先生”等。

对军人一般称军衔，或军衔加先生，知道姓名的可冠以姓与名。如“上校先生”“莫利少校”“维尔斯中尉先生”等。有的国家对将军、元帅等高级军官称阁下。

对服务人员一般可称服务员，如知道姓名的可单独称名字。但现在很多国家越来越多地称服务员为“先生”“夫人”“小姐”。

对教会中的神职人员，一般可称教会的职称，或姓名加职称，或职称加先生。如“福特神父”“传教士先生”“牧师先生”等。有时主教以上的神职人员也可称“阁下”。

姓　名

英、美人姓名的排列是名在前姓在后。如 John Wilson 译为约翰・维尔逊，John 是名，Wilson 是姓。又如 Edward Adam Davis 译为爱德华・亚当・戴维斯，Edward 是教名，Adam 是本人名，Davis 为姓。也有的人把母姓或与家庭关系密切者的姓作为第二个名字。在西方，还有人沿袭用父名或父辈名，在名后缀以小(Junior)或罗马数字以示区别。如 John Wilson，Junior，译为小约翰・维廉，George Smith，Ⅲ，译为乔治・史密斯第三。妇女的姓名，在结婚前都有自己的姓名，结婚后一般是自己的名加丈夫的姓。如玛丽・怀特(Marie White)女士与约翰・戴维斯(John Davis)先生结婚，婚后女方姓名为玛丽・戴维斯(Marie Davis)。书写时常把名字缩写为一个字头，但姓不能缩写，如 G. W. Thomson，D. C. Sullivan 等。口头称呼一般称姓，如“怀特先生”“史密斯先生”。正式场合一般要全称，但关系密切的常称本人名。家里人，亲友之间除称本人名外，还常用昵称(爱称)。以英文为本国文字的国家，姓名组成称呼基本与英、美人一样。

法国人姓名也是名在前姓在后，一般由二节或三节组成。前一、二节为个人名，最后一节为姓。有时姓名可达四五节，多是教名和由长辈起的名字。但现在长名字越来越少。如：Henri Rene Albert Guy de Maupassant 译为亨利・勒内・阿贝尔・居伊・德・莫泊桑，一般简称 Guy de Maupassant 居伊・德・莫泊桑。法文名字中常常有 Le、La 等冠词，de 等介词，译成中文时，应与姓连译，如 La Fantaine 拉方丹，Le Goff 勒戈夫，de Gaulle 戴高乐等。妇女姓名，口头称呼基本同英文姓名。如姓名叫雅克琳・布尔热瓦(Jacqueline Bourgeois)的小姐与名弗朗索瓦・马丹结为夫妇，婚后该女士称马丹夫人，姓名为雅克琳・马丹(Jacqueiline Martin)。

西班牙人姓名常有三四节，前一、二节为本人名字，倒数第二节为父姓，最后一节为母姓。一般以父姓为自己的姓，但少数人也有用母姓为本人的姓。如：Diego Rodrigueez de Silva y Velasquez 译为迭戈・罗德里格斯・德席尔瓦-贝拉斯克斯，de 是介词，Silva 是父姓，

y是连接词“和”,Velasquez是母姓。已结婚妇女常把母姓去掉而加上丈夫的姓。通常口头称呼常称父姓,或第一节名字加父姓。如西班牙前元首弗朗西斯科·佛朗哥(Francisco Franco),其全名是:弗朗西斯科·保利诺·埃梅内希尔多·特奥杜洛·佛朗哥·巴蒙德(Francisco Pauolino Hermenegildo Teodulo Franco Bahamonde)。前四节为个人名字,倒数第二节为父姓,最后一节为母姓。简称时,用第一节名字加父姓。

俄罗斯人姓名一般由三节组成。如伊万·伊万诺维奇·伊万诺夫(Иван ИвановичИванов),伊万为本人名字,伊万诺维奇为父名,意为伊万之子,伊万诺夫为姓。妇女姓名多以娃、娅结尾。妇女婚前用父亲的姓,婚后多用丈夫的姓,但本人名字和父名不变。如尼娜·伊万诺夫娜·伊万诺娃(Иина Ивановна Иванова),尼娜为本人名,伊万诺夫娜为父名,伊万诺娃为父姓。假如她与罗果夫(Роров)结婚,婚后姓改为罗果娃(Ророва),其全名为尼娜·伊万诺夫娜·罗果娃。俄罗斯人姓名排列通常是名字、父名、姓,但也可以把姓放在最前面,特别是在正式文件中,即上述伊万和尼娜的姓名可写成伊万诺夫·伊万·伊万诺维奇,伊万诺娃·尼娜·伊万诺夫娜。名字和父名都可缩写,只写第一个字母。俄罗斯人一般口头称姓,或只称名。为表示客气和尊敬时称名字与父名,如对伊万·伊万诺维奇·伊万诺夫尊称伊万·伊万诺维奇,对尼娜·伊万诺夫娜·伊万诺娃尊称尼娜·伊万诺夫娜。特别表示对长者尊敬,也有只称父名的,如人们常称列宁为伊里奇(Ильич),列宁的全名为符拉基米尔·伊里奇·列宁。家人和关系较密切者之间常用爱称,如伊万爱称万尼亚(Ваня)、瓦纽沙(Ванюша)。谢尔盖(Сергей)爱称谢廖沙(Селеша)等等。

匈牙利人的姓名,排列与我国人名相似,姓在前名在后。都由两节组成。如纳吉·山多尔(Nagy S? ndor),简称纳吉。有的妇女结婚后改用丈夫的姓名,只是在丈夫姓名后再加词尾“ne”,译为“妮”,是夫人的意思。姓名连用时加在名字之后,只用姓时加在姓之后。如瓦什·伊斯特万妮(Vass),或瓦什妮是瓦什·伊斯特万的夫人。妇女也可保留自己的姓和名。

阿拉伯人姓名一般由三或四节组成。第一节为本人名字,第二节为父名,第三节为祖父名,第四节为姓,如沙特阿拉伯前国王费萨尔的姓名是:Faisal ibn Abdul Aziz ibn Abdul Rahman al Saud译为:费萨尔·伊本·阿卜杜勒·阿齐兹·伊本·阿卜杜勒·拉赫曼·沙特。其中费萨尔为本人名,阿卜杜勒·阿齐兹为父名,阿卜杜勒·拉赫曼为祖父名,沙特为姓。正式场合应用全名,但有时可省略祖父名,有时还可以省略父名,简称时只称本人名字。但事实上很多阿拉伯人,特别是有社会地位的上层人士都简称其姓。如:穆罕默德·阿贝德·阿鲁夫·阿拉法特(Mohammed Abed Ar'ouf Arafat),简称阿拉法特。加麦尔·阿卜杜勒·纳赛尔(Gamal Abdul Nasser),简称纳赛尔。阿拉伯人名字前头常带有一些称号,如:埃米尔(Amir或Emir)为王子、亲王、酋长之意;伊玛姆(Imam)是清真寺领拜人之意;赛义德(Sayed)是先生、老爷之意;谢赫(Sheikh)是长老、酋长、村长、族长之意。这些称号有的已转为人名。在阿文中al或el是冠词,ibn(伊本)、ben(本)或ould(乌尔德)表示是“某人之子”,Abu(阿布)或Um(乌姆)表示是“某人之父”、“某人之母”。称呼中这些词均不能省略。如AhmedBen Bella译为艾哈迈德·本·贝拉,简称为本·贝拉。阿文姓名用词,常具有一定含义。如:穆罕默德(Mohammed)是借用伊斯兰教创始人的名字;马哈茂德(Mahamoud)是受赞扬的意思;哈桑(Hassan)是好的意思;阿明(Amin)意为忠诚的;萨利赫(Saleh)意为正直的……

日本人姓名顺序与我国相同,即姓前名后,但姓名字数常常比我汉族姓名字数多。最常见的由四字组成，如：小坂正雄、吉田正一、福田英夫等。前二字为姓，后二字为名。但又由于姓与名的字数并不固定，二者往往不易区分，因而事先一定要向来访者了解清楚，在正式场合中应把姓与名分开书写，如“二阶堂进”“藤田 茂”等。一般口头都称呼姓，正式场合称全名。日本人姓名常用汉字书写，但读音则完全不同。如：“山本”应读作 Yamamoto，“三岛”应读作 Mishima，“日下”应读作 Kusaka。

缅甸人仅有名而无姓。我们常见缅甸人名前的“吴”不是姓而是一种尊称，意为“先生”。常用的尊称还有：“杜”是对女子的尊称，意为“女士”，“貌”意为“弟弟”，“玛”意为“姐妹”，“哥”意为“兄长”，“波”意为“军官”，“塞耶”意为“老师”，“道达”是英语 Dr. 的译音即“博士”，“德钦”意为“主人”，“耶博”意为“同志”等。例如一男子名“刚”，长辈称他为“貌刚”，同辈称他为“哥刚”。如该男子有一定社会地位则被称为“吴刚”，如系军官则被称为“波刚”。如一女子名“刚”，系有社会地位的女士则称为“杜刚”，是女青年则称为“玛刚”。

泰国人的姓名是名在前姓在后，如巴颂·乍仑蓬，巴颂是名，乍仑蓬是姓。未婚妇女用父姓，已婚妇女用丈夫姓。口头尊称无论男子或妇女，一般只叫名字不叫姓，并在名字前加一冠称“坤”(意为您)。如称巴颂·乍仑蓬，口头称巴颂即可。泰国人姓名按照习惯都有冠称。平民的冠称有：成年男子为“乃”(NAI，先生)，如乃威猜·沙旺素西。已婚妇女为“娘”(NANG，女士)，如娘颂西·沙旺素西。未婚妇女为“娘少”(NANGSAO，小姐)。男孩为“德猜”(DEKCHAI，男童)，女孩为“德英”(DEKYING，女童)等。

(资料来源：沈阳市人民政府外事办公室. http://wb. shenyang. gov. cn/swcs/ 202207/t20220711_3407728. html.)

三、使用名片的礼仪

在商务活动中，名片是一种重要的交流工具。它可以帮助人们快速了解对方的基本信息，为后续的沟通与合作奠定基础。在初次见面时，互赠名片既简单又礼貌。同时，精美的名片还可以提升个人或公司的形象，增加对方的好感度，从而更好地推进商务合作。

(一) 名片的准备

1. 准备适量

在参加商务活动、社交聚会等可能需要与人交换名片的场合之前，要确保携带足够数量的名片。一般建议根据活动规模、预计结识人数等因素，准备至少十几张乃至更多名片，以防出现名片不够用的尴尬情况。

2. 设计印制

设计上，要简洁明了，包含个人或公司的关键信息，如姓名、职务、公司名称、联系方式(电话、邮箱、网址等)，避免过于花哨复杂的图案和过多的文字堆砌，确保重要信息清晰易读。名片应选用质地良好的纸张印制，触感舒适，不宜过于单薄或粗糙，这样能给人留下较好的第一印象。

(二) 名片的递接

1. 时机恰当

通常在初次见面、自我介绍之后或双方交谈较为融洽且有进一步交往意愿时递交名片。

比如在商务洽谈开场、社交活动中互相问候后等。避免在对方忙于其他事务、与人交谈正酣或情绪不佳时贸然递交名片。向对方递送名片时，应起身站立，身体微微前倾，面带微笑，以双手或右手持名片，将名片正面朝上，文字朝向对方，恭敬地递送给对方。如果是坐着递交名片，要尽量挺直上身，展现出尊重的态度。递名片时，目光要与对方有交流，同时可以简要说明一下自己的身份，如“您好，我是××公司的××，这是我的名片，请惠存”。

2. 态度恭敬

当对方递出名片时，应立即停下手中的活动，起身站立(若情况不允许，也应尽量挺直上身)，面带微笑，以双手或右手接过名片。接过名片后，不要马上收起来，而要认真地看一遍名片上的内容，时间可稍作停留，以表示对对方的尊重和重视。期间，可以轻声读出对方的姓名、职务等关键信息，如“哦，原来是××公司的××经理呀，幸会幸会”。看完名片后，要将名片妥善放置。可以放在名片夹内，如果没有名片夹，也可暂时放在上衣口袋或随身携带的包里，注意不要随意放在桌子上或其他容易被忽视、弄脏的地方。

3. 先后有序

在商务场合，一般遵循“先客后主，先低后高”的原则。即当是主客关系时，客人一般先向主人递交名片。当双方身份地位有差异时，地位低者应先向地位高者递交名片，如分不清职务高低或年龄大小时，则可先和自己的左侧方的人交换名片。如果不确定具体顺序，也可以先主动递出名片，展现出自己积极友好的态度。

正确使用名片的礼仪涉及名片的准备、递交、接受、顺序以及后续处理等多个方面，遵循这些礼仪规范能帮助我们在商务和社交活动中给他人留下良好印象，促进彼此的交流与合作。

四、双方约会的礼仪

双方约会的礼仪在商务活动过程中至关重要，它不仅关乎个人形象，更影响着商务合作的成败。通过约会，双方能够确定会见时间、地点、流程等事项，可以让双方做到事前了解，避免在会见过程中出现意外情况。

(一) 约会前礼仪

1. 事先预约

要提前与对方商定约会时间，尽量避开对方忙碌时段，如周一上午(可能忙于处理周末积压事务)、周五下午(不少人准备迎接周末心情较激动)以及对方所在行业的特殊繁忙期。选择双方都相对方便的时间段，且要明确具体时刻，避免模糊表述。预约方式可根据与对方的熟悉程度及紧急程度而定。较为正式的初次合作，建议通过邮件预约，语言规范、内容详细；若是已有一定联系，电话预约则更高效直接，但也要注意通话礼貌。

知识链接 10-5

提前拜访不妥之处

合肥Z公司的办公大楼准备购置一批办公家具，采购金额达到数百万元。经过前期的询价和商谈，准备向广州的W公司采购这批家具。为了尽快促成这次采购合作，广州的W公司派出销售经理吴晓光前去拜访合肥Z公司采购经理。

吴晓光比预定的时间提前了3个小时到达合肥Z公司，采购经理没料到对方会提前到访，刚好手边又有事，便请秘书小丽让对方等一会儿。吴晓光等了半个小时以后，显得非常的急躁，总是问小丽采购经理什么时间忙完，还让小丽去催采购经理尽快接待自己。

采购经理忙完事情后，急忙赶来接待吴晓光，双方商谈完后，发现吴晓光在收拾资料准备离开时，将自己刚才递上的名片不小心掉在了地上，对方却并没发觉，走时还无意从名片上踩了过去。但这个不小心的失误，令采购经理改变了决定了，不从广州的W公司采购这批家具了。

2. 充分准备

提前对约会对象进行了解，包括其职位、业务范围、公司背景等，以便在约会中有针对性地交流，也能体现出对对方的尊重。清晰梳理自己此次约会的目的，准备好相关资料，如业务提案、产品介绍等，确保能够准确、清晰地传达关键信息。

3. 准时赴约

准时是商务约会的基本准则，最好能提前5—10分钟到达约定地点。一方面可以利用这段时间稍作调整，平复心情、整理着装；另一方面也避免因意外情况导致迟到给对方留下不佳印象。若因不可抗力因素可能会迟到，务必提前电话告知对方并诚恳道歉，说明预计到达时间。

（二）约会中礼仪

1. 见面礼仪

保持整洁得体的着装，符合商务场合氛围。男士可着正装，女士宜选择职业套装或端庄连衣裙。见面时要面带微笑、眼神专注、姿态端正，主动与对方握手，力度适中，时间3～5秒，并进行简短恰当的问候。如果是初次见面，一般要主动递上自己的名片，同时双手接过对方名片并认真阅读。

2. 交谈礼仪

使用礼貌、专业的语言进行交谈，避免粗俗、随意的词汇。语速适中，表达清晰有条理，认真倾听对方发言，适时给予回应，如点头、表示赞同的简短语句等。围绕商务合作主题展开话题，不要过早涉及敏感或过于私人的内容。若对方提及非商务话题，可适当附和几句，但也要适时将话题引回正轨。

（三）约会后礼仪

1. 结束礼仪

当约会目的达成或接近尾声时，要适时提出结束。注意观察对方的言行举止，若对方有结束的暗示（如开始整理资料、看表等），应及时响应，尽快结束会谈。

2. 告别礼仪

分别时，要真诚地感谢对方抽出时间会面，再次强调希望能有进一步合作的机会等。之后可在合适时间通过邮件或电话对此次约会进行简单回顾和跟进。遵循这些商务约会礼仪，能在商务活动中展现出良好的职业素养和专业形象，助力商务合作顺利开展。

五、招待宴请的礼仪

招待宴请是商务谈判中一种表达热情好客的礼仪形式，提供了一个良好的沟通平台。在招待宴请过程中，双方可以通过交流和互动，增进相互之间了解和信任，联络感情，探讨合作的机会和方式，推动商务合作的达成。

(一)宴请的种类

1. 宴会

宴会社交与饮食结合的一种形式、宾主之间为了表示欢迎、祝贺、答谢、喜庆等目的而举行的一种隆重、正式的餐饮活动。可分别在早上、中午、晚上举行，而以晚宴最为隆重。宴会一般分为以下几种类型：

(1) 正式宴会。正式宴会是一种隆重而正规的宴请。它往往是为宴请专人而精心安排的，在比较高档的饭店或是其他特定的地点举行的，讲究排场、气氛的大型聚餐活动。对于到场人数、穿着打扮、席位排列、菜品数目、音乐演奏、宾主致辞等，往往都有十分严谨的要求和讲究。

(2) 便宴。便宴是招待宾客的一种非正式宴请形式，多适合于宾主的日常性友好交往，以午宴和晚宴居多。它的形式从简，偏重人际交往，而不注重规模、档次。一般来说，它只安排相关人员参加，不邀请配偶，对穿着打扮、席位排列、菜品数目往往不作过高要求，而且也不安排音乐演奏和宾主致辞。

(3)家宴。家宴即在家中招待宾客的宴会形式。以这样的方式完成商务宴请，更能体现出主人的诚心和热情。家宴的环境氛围一般比较轻松愉悦，可以带上家人一同赴宴，增进双方的了解和信任，聊的话题更多元一些。

2. 招待会

招待会是指各种非正式的、较为灵活的宴请形式。这种宴请形式通常不排座次，可以自由走动，备有食品、酒水、饮料及冷食等。常见招待会有冷餐会和酒会等。

(1) 冷餐会。冷餐会又称自助餐，这种宴请形式灵活方便，易于操作。冷餐会一般不安排席位，菜肴以冷食为主，也可用热菜，连同餐具陈设在餐桌上，供客人自取。客人可以自由活动，可以多次取食。酒水放在桌上，由客人自取，也可由服务员端送。

(2) 酒会。酒会，又称鸡尾酒会，这种招待宴请形式比较活泼，便于宾主之间进行广泛的接触和交流。酒会以酒水为主，略备小吃。不设座椅，仅设小桌或茶几，以方便客人随意走动。

(3) 茶会。茶会是一种更为简便的招待形式，举行的时间一般在16:00左右，茶会通常设在客厅，厅内设茶几和座椅，不排座位。如果是为某贵宾举行的茶会，在入座时，可有意地将主宾同主人安排在一起，其他人随意就座。茶会备有点心和地方风味小吃。

(4) 工作餐。工作餐是近年来较为流行的一种非正式简便宴请形式，特点是利用进餐时间，边吃边谈问题。在活动繁多、安排其他类型宴请有困难时，往往采取这种宴请形式。

知识链接10-6

宴会礼仪

接到宴会请柬，能否出席要尽早答复对方，以便组织者安排。万一遇到特殊情况不能出席，应尽早通报、解释。应邀出席前，要核实活动举办的时间地点、参加范围及对着装的要求。进入宴会厅之前，先了解自己的桌次和座位，入座时注意核对席签是否写着自己的名字。

在主人和主宾致祝酒词时，应暂停进餐和交谈，注意倾听。宴会上相互敬酒表示友好，但切记不要劝酒、不要喝过量，应控制在本人酒量的三分之一以内。

吃东西要文雅。闭嘴咀嚼，喝汤不要啜，吃东西不要发出声音。如汤、菜太热，可稍待凉后再吃，切勿用嘴吹。嘴内的鱼刺、骨头不要直接外吐，用餐巾掩嘴，用手（吃中餐可用筷子）取出，或轻轻吐在叉上，放在菜盘内。吃剩的菜、用过的餐具牙签，都应放在盘内，勿置桌上。嘴内有食物时，切勿说话。剔牙时，用手或餐巾遮口。作为主陪、副陪，应尽量扩大交谈范围，不要只同几个熟人或只同一两个人说话。

面包可用手掰成小块后再吃。上鸡、龙虾、水果时，通常会随后送上一小水盂（铜盆、瓷碗或水晶玻璃缸），水上漂有玫瑰花瓣或柠檬片，供洗手用。洗时两手轮流沾湿指头，轻轻涮洗，然后用餐巾或小毛巾擦干。自助用餐时，要自觉排队，每次取食不宜太多。

中餐的餐具主要是碗、筷，西餐则是刀、叉、盘子。请外国人吃中餐时，通常以中餐西吃为多，既摆碗筷，又设刀叉。刀叉的使用是右手持刀，左手持叉，将食物切成小块，然后用叉送入嘴内。就餐时按刀叉顺序由外往里取用。每道菜吃完后，将刀叉并拢排放盘内，以示吃完。如未吃完，则摆成八字或交叉摆，刀口应向内。吃鸡、龙虾时，可以用手撕开吃，否则可用刀叉把肉割下，切成小块吃。切带骨头或硬壳的肉食，叉子一定要把肉叉牢，刀紧贴叉边下切，以免滑开。切菜时，注意不要用力过猛撞击盘子而发出声音。不容易叉的食品，或不易上叉的食品，可用刀把它轻轻推上叉。

（资料来源：武汉市人民政府外事办公室. http://www.whswwb.org.cn/fwzn/lb-lyzn/?eqid=8b5aa30b00001d9600000002644e87e1.）

（二）宴请组织安排

1. 确定宴请目的与对象

在着手组织商务宴请之前，首要任务是明确宴请的目的。这可能是为了庆祝合作项目的成功启动、达成重要交易、答谢长期合作的客户，或者是为了拓展业务关系、结识新的潜在合作伙伴等。不同的目的将直接影响到后续宴请的诸多安排，如规模、档次、邀请对象等。

确定宴请对象同样关键。要根据宴请目的精准筛选受邀嘉宾，比如，若是庆祝合作项目成功，那就要邀请参与该项目的双方核心团队成员以及相关高层领导；若是拓展业务关系，就应聚焦于那些有潜在合作可能的企业代表、行业专家等。同时，要充分考虑嘉宾之间的关系，尽量避免邀请存在利益冲突或关系不睦的人员同场。

2. 选择宴请时间与地点

宴请时间要充分考虑嘉宾的日程安排，尽量避开对方工作繁忙时段，如各类行业展会、会议期间。对于重要嘉宾，可提前与其沟通确认方便的时间。另外，也要注意时间的合理性，比如晚宴一般不宜开始太晚，以免影响嘉宾休息；午餐时间则要确保能在正常工作时间内完成宴请且不影响下午工作。

地点的选择需综合多方面因素。首先，要根据宴请档次挑选合适的餐厅或场所，若是高档宴请，可选择知名五星级酒店的中餐厅或西餐厅、高档私人会所等；若是较为常规的商务宴请，环境幽雅、菜品质量有保障的中档餐厅也是不错的选择。其次，要考虑交通便利性，尽量选择靠近公共交通站点或便于停车的地方，方便嘉宾前往。再者，场所的环境氛围要适宜商务交流，安静、整洁且有一定的私密性，避免过于嘈杂或拥挤的环境影响宴请氛围和嘉宾交流。

3. 发出宴请邀请

常见的邀请方式有书面请柬、电子邮件、电话邀请等。对于正式且规格较高的宴请，如庆祝重大合作项目签约的晚宴，建议采用书面请柬的方式，显得庄重、正式；对于一般性的商务宴请，电子邮件或电话邀请则更为便捷灵活。无论采用哪种方式，都要确保邀请信息准确、清晰、完整。

邀请内容应包含宴请的具体时间、地点、事由、出席人员以及回复方式(告知受邀者如何确认是否出席，如回复邮件、电话告知等)。发出邀请的时间一般在正式宴请前 1～2 周，较为小型的便宴也应提前 3～5 天发出邀请，给嘉宾足够的时间安排行程。

4. 确定宴请规模与预算

根据宴请目的和邀请对象的数量来确定宴请规模，即安排多少桌席或确定餐厅包间的大小。要确保场地能够容纳所有受邀嘉宾且不会显得过于空旷或拥挤。同时，还要考虑是否需要预留一些备用座位，以防有临时增加的嘉宾。

在组织宴请前，要制定详细的预算方案。预算内容主要包括场地租赁费用、菜品酒水费用、服务费用(如餐厅服务费、额外聘请的礼仪人员费用等)、装饰布置费用(如宴会厅的鲜花布置、桌布椅套更换等)等。要根据宴请档次和规模合理预估各项费用，并在实际操作中严格控制预算，避免出现超支情况。

5. 桌次与座次安排

如果是多桌宴请，要以面对宴会厅正门的位置为尊，尊位桌应安排在最前面，其他桌次按照离尊位桌的远近及左右顺序来确定主次。例如，离尊位桌越近的桌次地位越高，同一距离下右边的桌次略高于左边的桌次。

单桌宴请时，以面对宴会厅正门的位置为主宾位，主宾位的右侧为主人位。其余宾客的座次安排要根据身份、地位、与主人或主宾的关系等因素来确定，总体原则是右高左低、近高远低。在安排座次时，要提前了解各位宾客的身份信息，确保座次安排合理、恰当，避免因座次不当引发不必要的尴尬或不愉快。

6. 菜单设计与酒水准备

菜单设计要充分考虑嘉宾的口味喜好、饮食禁忌以及宴请的档次和目的。首先，要了解受邀嘉宾来自哪些地区，是否有特殊的饮食偏好或禁忌，如有些地区的人不吃海鲜、有些宗教人士有特定的饮食戒律等，尽量满足大家的饮食需求。其次，要注重菜品的搭配，要有荤有素、有冷有热、有汤有主食，且应包括适量的招牌菜、特色菜，以展现餐厅的特色和宴请的诚意。

酒水是商务宴请中不可或缺的一部分。要根据宴请的性质和嘉宾的喜好准备相应的酒水，如白酒、葡萄酒、啤酒、饮料等。对于白酒，可根据宴请档次选择知名品牌的中高档产品；对于葡萄酒，要准备红葡萄酒和白葡萄酒，以满足不同嘉宾的口味需求；啤酒则可选择一些大众熟知的品牌。同时，要确保酒水的充足供应，避免出现酒水不够用的情况。

7. 现场布置与服务安排

根据宴请的主题和氛围要求对宴会厅或餐厅包间进行布置。可以通过摆放鲜花、更换桌布椅套、悬挂横幅或装饰画等方式营造出温馨、优雅、庄重的氛围。优质的服务是商务宴请成功的重要保障。要提前与餐厅或服务提供方沟通好服务要求,如服务员的着装要整洁、服务态度要热情、上菜速度要适中、酒水的及时补充等。此外,还可以根据需要聘请专业的礼仪人员,负责引导宾客入座、协助上菜、敬酒等环节,以提升宴请的专业度和规范性。

商务活动中的宴请组织安排是一项系统而细致的工作,需要从多个方面精心策划和落实,只有这样才能确保宴请顺利进行,达到预期的商务目的。

(三)宴请程序

1. 迎接、小叙

主人要提前到达宴请地点,在门口或宴会厅入口处迎接宾客。宾主握手后,由工作人员引导客人进入休息厅。客人进入休息厅后,要有相应身份的主方人员陪坐小叙,并由招待员送饮料。对于重要嘉宾,主人要亲自引导其进入休息厅,并进行简单的寒暄介绍,让宾客感受到热情和尊重。如果没有休息厅,则可直接进入宴会厅,引导宾客进入座位。

2. 开宴、致辞

宾客到齐后,按照约定时间,宴会即可开始。宴会开始后,宾主要适当祝酒。如果有讲演,一般安排在宾主就座以后,或在热菜上桌之后、甜食上桌之前。宴会席间主人可以适时敬酒,表达欢迎、感谢等。敬酒时要起身,手持酒杯,目视对方,话语真诚,碰杯时杯沿略低于对方。宾客接受敬酒时要礼貌回应,饮酒适量,如不能饮酒可提前说明并以饮料代替。

3. 宴毕、告辞

用餐结束后,主人要将宾客送至餐厅门口、停车场或安排车辆送行,再次感谢他们的光临,表达希望继续合作的愿望。之后,还可以适时与宾客联系,对宴请情况做简单回顾,巩固商务关系。

(四)赴宴礼仪

1. 赴宴前的礼仪

接到宴会邀请函后,要仔细阅读内容,明确宴会的时间、地点、主题以及着装要求等关键信息。比如,若注明是正式晚宴,那就不能穿着随意前往。如果对某些信息不确定,要及时与邀请方沟通确认。

按照邀请函上的要求,在规定时间内给予邀请方明确答复,告知是否能够出席。回复内容要简洁明了、礼貌得体,若无法参加,可简要说明原因并表达遗憾和感谢之情。这既是基本的礼貌,也方便对方安排后续事宜。若有可能,提前了解一下一同出席宴会的其他宾客信息,比如他们的身份、行业背景等,以便在宴会上能更好地进行交流互动,展现出对他人的尊重和自身的专业素养。

根据宴会的性质和着装要求精心打扮。男士一般在正式商务宴会中着西装、打领带、穿皮鞋,保持头发整洁、面容干净;女士可着套装、礼服等,搭配适宜的首饰,化淡妆,确保整体形象端庄得体。

2. **赴宴时的礼仪**

考虑到交通等不确定因素，提前规划好前往宴会地点的路线和出行方式。如果是开车，要提前了解停车场位置；若是乘坐公共交通，要预留足够的换乘时间。尽量准时到达宴会现场，这是对主人和其他宾客的尊重。如果因特殊情况可能迟到，一定要提前电话告知主人并说明大致的迟到时间。

到达宴会场地后，要以大方、得体的姿态进入。如果有接待人员，要主动向其微笑、打招呼并表明自己的身份。在进入宴会厅时，要注意观察周围环境，避免碰撞到他人或物品。通常宴会会有预先安排好的座位表，要按照工作人员的指引或座位标识找到自己的座位。如果没有明确安排，在入座时要注意礼让，避免争抢座位。一般来说，离主人较近的座位是较为重要的位置，不要随意就座。

3. **宴会中的礼仪**

用餐过程中，可用餐巾轻轻擦拭嘴角，避免食物残留。用餐完毕后，应将餐巾整齐地放在餐具左侧。熟悉各种餐具的使用方法，按照从外到内的顺序依次取用。比如西餐中，先用外侧的餐具吃开胃菜，再依次向内取用。使用餐具时动作要轻，不要发出过大的声响。吃东西时要小口咀嚼，闭嘴吞咽，避免发出声音。如果是吃带骨的食物，要用手或餐具辅助，不要直接用嘴啃咬。喝汤时，不要发出呼噜声，应从汤勺的边缘轻轻舀取饮用。

可以与邻座的宾客进行适当交流，但要注意嘴里有食物时不要说话。话题可以围绕商务合作、行业动态等，但要避免过于敏感或争议性的话题。同时，要注意与同桌的每位宾客都有一定的交流互动，不要只和个别几个人交谈。

如果宴会上有提供酒类饮品，要根据自己的酒量适度饮用，避免喝醉失态。可以先了解一下酒的种类和特点，再做选择。敬酒时一般要起身，手持酒杯，用右手举杯，左手托住杯底，目视对方，面带微笑，说一些祝福或感谢的话语。在接受别人敬酒时，也要同样起身回应。

知识链接 10-7

洗手水不能喝

广州M外贸有限公司和美国一家公司达成了一项技术进口合作，美国公司邀请中方公司前去美国签约。广州M外贸有限公司派遣外贸经理赵德有赴美国处理签约事宜，在签约之前的一天，美国公司为了尽地主之谊，邀请赵德有经理参加西餐晚宴。

广州M外贸有限公司在美国有很多客户，公司委派赵德有经理拜访了一些大客户，行程安排得非常密集，正点时间赶到宴会场所，一路奔波，感觉非常的口渴，这时正好看到桌子边上有一碗水，直接端起碗来一饮而尽。参加宴会的宾客，不约而同地一起看向赵德有经理，他感到莫名的诧异。

餐后，赵德有经理和随行秘书回顾宴会，讲到这个场景时，秘书解释那碗水是饭前用来洗手的。赵德有经理这时才缓过神来，知道了事情的原委。

4. **宴会后的礼仪**

当主人示意宴会结束后，要等其他宾客陆续离席后再起身，有序地离开座位。离开时要将座椅轻轻推回原位，整理好自己的物品。离席后，要找到主人，当面感谢主人的邀请和款待，表达自己参加宴会的愉快心情。宴会期间一般不应提前离场，若确实有特殊紧急情况要提前退席，应向主人打招呼后轻轻离去，不要影响其他人，以免破坏整个宴会气氛。

如果在宴会上有结识新的商务伙伴或有重要的交流内容，事后可以适时进行跟进，比如发送一封感谢信或进一步探讨合作事宜等。

在商务活动中的赴宴礼仪涵盖了赴宴前、赴宴时、用餐过程以及宴会结束后的多个方面，注重这些礼仪细节，能帮助您在商务场合中展现出良好的素养和形象，促进商务合作的顺利开展。

六、参观游览的礼仪

参观游览对于了解当地的实际情况，增进相互了解，促进相互合作都有好处。在繁忙紧张的会见、会谈、业务活动之余，安排一些宾客参观访问和游览是必要的。

（一）前期筹备礼仪

1. 明确目的

根据商务活动的整体目标，确定参观游览的具体目的，比如是为了增进合作伙伴对本企业的了解，还是为了考察合作项目相关场地等。同时，精心挑选合适的参观对象，确保其与商务活动主题紧密相关且能给宾客留下良好印象。

2. 规划行程

设计详细且合理的参观游览行程安排，包括参观的先后顺序、每个地点的停留时间、交通衔接等。要充分考虑宾客的体力和注意力集中时间，避免行程过于紧凑或冗长，一般以半天到一天为宜，让宾客既能充分了解参观内容，又不会过于疲惫。

3. 场地准备

对要参观的场所进行提前准备，确保环境整洁、设施完好。如果是企业内部参观，办公区域、生产车间等要呈现出良好的工作秩序和专业氛围；若是参观景点，要与相关管理方沟通好，保障参观通道顺畅等。

4. 人员安排

确定专业且热情的接待人员，包括讲解员、引导员等。讲解员要熟悉参观内容，具备良好的表达能力和沟通技巧，能准确清晰地向宾客介绍相关情况；引导员则负责带领宾客按既定路线行走，确保参观秩序。

5. 发出邀请

以书面或电子形式向参观者发出正式邀请，邀请内容应包含参观游览的详细信息，如时间、地点、行程安排、注意事项等，让宾客提前了解所有关键信息，以便做好相应准备。在发出邀请后，及时跟进宾客的回复情况，对于接受邀请的宾客要再次确认相关信息，对于未回复或拒绝邀请的，也要礼貌询问原因，以便对后续安排做出调整。

（二）游览过程礼仪

1. 提前迎接

在游览当日接待人员要提前到达集合地点或参观场所入口处迎接宾客，以热情友好的姿态欢迎他们的到来，让宾客感受到重视和尊重。

2. 发放资料

设置签到环节，便于统计参观者人数，同时发放参观所需的资料，如介绍手册、行程安排表等，资料内容应简洁明了、图文并茂，有助于宾客更好地了解参观内容。在参观正式开始前，由相关负责人进行简短的介绍和开场白，介绍出席的主要人员、参观的大致内容和流程等，让宾客对接下来的活动有所了解。

3. 讲解引导

引导员要按照既定路线有序引导宾客前行，确保参观队伍整齐有序。讲解员在讲解过程中要注意语速适中、声音洪亮，使用通俗易懂的语言介绍专业知识，同时要与参观者保持适当的眼睛接触，观察他们的反应，以便及时调整讲解内容。要耐心解答他们的疑问，对于暂时无法回答的问题，要诚实地告知宾客，并承诺后续会给予答复。

4. 控制节奏

在参观过程中，要注意观察宾客的反应和步伐节奏，不要一味地追求速度而让宾客跟不上或过于疲惫，可适时调整行进速度和停留时间。如果参观过程中涉及宾客的个人信息或隐私内容，如拍照、录像等，要事先征得他们的同意，避免侵犯其隐私权。

（三）游览结束礼仪

1. 总结反馈

在参观游览结束后，由相关负责人进行简短的总结，回顾参观的主要内容和收获，同时诚恳地邀请参观者提供反馈意见，以便日后改进参观安排。

2. 送别感谢

热情地送别宾客，感谢他们的参与和配合，可根据情况赠送一些小纪念品，以加深印象，同时表达对未来合作的期待。

在商务活动中安排参观游览时，注重礼仪细节，能让宾客获得良好的体验，增进相互之间的情谊，从而有助于推动商务合作的进一步发展。

知识链接 10-8

安排国外客商游览活动的礼仪

在安排客户进行旅游时，最好在谈判场所就近选择旅游景点，可以选择一些具有中国人文精神的旅游景点，这样在旅游过程中，可以介绍一些中国人为人处世之道，比如童叟无欺、诚实守信等，促进国外客商对中国文化的了解，增强合作的信心。

游览过程中，最好安排一名己方工作人员进行陪同，这样以便于对一些突发情况进行处理。整个行程，以放松为主，安排的景点不要过于繁多，行程不要过于密集，以免影响正常的商务谈判活动。

（四）安排参观游览应注意的问题

1. 时间安排

在景点游玩时间的安排上，不要太紧凑，要预留一点自由活动的时间，方便宾客可以根据自己的喜好停留欣赏。

2. 参观安排

如果是游览和合作项目有关的场地，最好派出相关项目工作人员陪同，这样在游览过程中可以进行业务相关的介绍，便于宾客对于业务有直观的了解。如果是去旅游景点游览，选择一些特色的景点重点介绍，加深宾客的印象。

3. 参观过程

在陪同参观的过程中，要边引导边介绍。不能因为宾客对于某些场地或者景点不感兴趣，而失去接待热情，可以进行适当试探，对于宾客感兴趣的地方多加讲解和延长陪同欣赏时间，对于不感兴趣的地方快速走过。

4. 摄影提醒

有些场所因为管理的需要，不允许拍照，如生产车间、办公区域等，要事先向宾客说明情况，以免出现误解。如果客户提出一些合影的请求，在管理允许的情况下，可以满足客户需求。

七、赠送的礼仪

在商务交往中，赠送礼品情感与信任的传递。恰当的商务礼品，能够搭建起合作的桥梁，深化商业情谊，为双方的合作奠定坚实的基础。

（一）了解个人喜好

在准备商务礼品前，尽可能深入了解收礼人的兴趣爱好。这包括他们的兴趣爱好、职业特点、生活习惯等。比如，如果对方热衷于高尔夫运动，那么一套高品质的高尔夫球具或相关配件就是不错的选择；要是对方经常出差，一套高品质的旅行用品会显得贴心实用。这能让对方真切感受到对他的关注，使礼品更具针对性和吸引力。

（二）考虑文化差异

商务谈判人员所在的国家和地区间可能有较大差异，这就会导致文化背景各不相同，爱好必然存在差别，某些物品在特定文化中可能具有特殊含义甚至是忌讳的。因此，必须注意根据对方的习俗、兴趣与爱好选择合适的馈赠礼品。比如，在日本，送花时要避免送荷花，因为荷花常用于葬礼；在法国，送刀具有可能被误解为要切断关系；在阿拉伯国家，不能以酒作为礼品；在英国，人们普遍讨厌有送礼单位或公司印记的礼品；在法国，一般不能送菊花；在意大利，不要赠送手帕，因为人们认为手帕是最亲爱的人离别时擦眼泪的用物，送手帕象征着情人的离别。所以，务必事先了解收礼人所在国家的文化禁忌，确保礼品选择得当。即使在同一国家范围内，不同民族也可能有不同的文化习俗，要充分考虑收礼人的民族背景，避免因文化差异而产生误解。

（三）注重礼品品质

商务礼品应具备一定的品质，不能显得过于廉价。劣质的礼品可能会给对方留下不佳印象，认为对自己不够重视和尊重。实用性强的礼品更容易被接受和喜爱。像优质的办公文具、舒适的毛毯、精致的茶具等，在日常生活或工作中能经常派上用场，每次使用时都能让对方想起送礼者。礼品的包装是礼品呈现给对方的第一印象，所以要精心挑选包装材料。

一般来说，质地优良、色彩协调的包装纸、礼盒、丝带等是常见的选择。包装纸的颜色和图案要符合商务场合的庄重感，避免过于花哨或刺眼的设计。精美的包装让礼品从外观上就给人一种高档、用心的感觉。即使礼品本身价值不高，精美的包装也能提升其整体档次。在包装好的礼品上，别忘了附上一张手写的礼品卡片，传递出送礼者的真诚情感。卡片上应简洁明了地写上送礼者的姓名、单位以及简短而真挚的祝福语。

（四）选择赠送时机

在初次与商务伙伴见面时，若适时送上一份恰当的礼品，可以有效拉近彼此的距离，营造出友好融洽的氛围。不过，此时的礼品不宜过于贵重，以免给对方造成不必要的压力，一般选择价位适中、具有特色的小礼品即可，比如带有当地特色的精美纪念品等。初次见面送礼能让对方在初次接触时就对送礼者留下细心、友好的良好印象，为后续的商务合作打下基础。在一些重大的节日，如春节、圣诞节、对方公司的成立纪念日等特殊时刻赠送礼品，能够充分表达对对方的祝福与重视。这种情况下，礼品可以相对更具节日氛围或纪念意义，比如在春节送一盒精美的年货礼盒，在对方公司成立纪念日送一个定制的带有公司标志和纪念年份的工艺品。当双方成功达成合作项目，或者在合作过程中取得重要的阶段性成果时，送上一份礼品表示庆祝与感谢是非常合适的。此时的礼品可以选择与合作项目相关的物品，或者能够体现双方合作成果的纪念品等，以此来巩固合作关系，为后续的合作发展打下良好基础。

（五）注意赠送方式

当面赠送礼品是最常见且较为正式的方式。在赠送时，要保持微笑，用双手递上礼品，同时身体微微前倾，以表示尊重。递上礼品后，要与对方有眼神交流，并简单明了地说明送礼的缘由，比如“这是我们特意为您挑选的，希望您能喜欢”。这样能让对方更清楚地了解心意。如果是在多人参加的商务活动场合赠送礼品，要格外注意赠送的顺序。一般来说，先送给重要的嘉宾或合作伙伴，然后再按照重要性或与自己关系的亲疏程度依次赠送。为了避免让其他未收到礼品的人感到被忽视，最好提前准备一些小的伴手礼，在适当的时候分发给大家，以维持良好的氛围。

商务活动中赠送礼品的礼仪涉及诸多方面，从礼品选择、包装到赠送时机、方式等，每一个环节都需要精心考虑和规范操作，这样才能更好地促进商务关系的发展，营造和谐、友好的商务氛围。

八、签字仪式的礼仪

签字仪式是商务谈判中的一个重要环节，具有非常强烈的法律效力。通过签字仪式，确保双方议定的合同内容的真实性，能够展示双方对合作关系的重视和承诺，可以向外界传递双方的友好信任关系。

（一）仪式前的准备

1. 核对文本

在签字仪式前，务必对即将签署的文本进行反复校对，确保内容准确无误，无任何排版、文字或数据方面的错误。这是签字仪式的基础，任何文本上的瑕疵都可能影响后续合作及双方关系。一般要准备足够数量的文本副本，通常双方各执一份正本，同时可能还需要准备若干副本以备存档、报送相关部门等用途。副本内容应与正本完全一致。

2. 布置场地

签字场地应选择庄重、整洁、安静且有足够空间的地方，比如公司的会议室、酒店的宴会厅等。场所的氛围要能体现出此次商务合作的重要性。通常会摆放一张长桌，签字双方人员分别坐在长桌两侧。长桌要摆放得端正平稳，桌面应擦拭干净，无杂物。桌上可铺放深色、质地优良的桌布，增添仪式感。椅子的数量要根据双方出席人员数量合理安排，且摆放整齐，间距适中，方便人员就座与起身。可适当进行一些装饰，如摆放鲜花，但鲜花的风格要简约、淡雅，避免过于艳丽或繁杂而分散注意力，也可在场地周围悬挂合作双方国家或公司的旗帜或标志。

3. 准备文具

为签字人准备好优质的签字笔，笔的颜色一般选用黑色，确保书写流畅、字迹清晰。同时，要准备好足够数量的垫板，方便签字人书写时使用。如果协议签署需要加盖印章，要提前准备好双方的印章及优质的印泥。印章应清晰完整，印泥颜色要鲜艳、持久。

4. 确定人员

双方要确定各自的主要签字人，一般是双方合作项目的负责人或具有相应授权的高层管理人员。主要签字人应具备相应的决策能力和代表权，能够对签署的协议负责。除主要签字人外，还会有陪同人员出席。陪同人员包括项目相关工作人员、法律顾问等，他们的职责是协助主要签字人完成签字仪式，并在需要时提供专业建议或解答疑问。陪同人员的数量应根据实际情况合理确定，且要明确各自的职责。

（二）仪式中的安排

1. 人员入场

一般先由双方的陪同人员入场，按照预先安排的座位就座。陪同人员入场时要保持安静、有序，步伐沉稳，面带微笑，相互之间可适当点头致意。随后，双方的主要签字人在引导人员的带领下入场。主要签字人入场时要更加庄重，步伐稍慢，要与对方主要签字人有眼神交流，点头示意，展现出友好与尊重。

2. 签字确认

双方参与签字仪式人员就座后，由工作人员将签字文本放置在签字人面前的桌上，文本应摆放整齐，页码顺序正确。然后，签字人在工作人员的提示下，先对文本进行简单浏览，确认无误后，拿起签字笔准备签字。签字时，要坐姿端正，身体微微前倾，书写动作要稳重、规范，字迹要清晰可辨。一般情况下，先由一方主要签字人在文本的指定位置签字，签字完成后，将笔轻轻放下，然后由另一方主要签字人签字。双方签字完成后，如果需要加盖印章，再由工作人员递上印章及印泥，双方按照规定程序加盖印章。

3. 合影留念

在双方签字完成且加盖印章后，通常会进行拍照留念环节。此时，双方主要签字人及陪同人员应起身，整理好衣着，面带微笑，站在签字桌前或按照预先安排的姿势进行拍照。拍照时，要注意保持良好的姿势，挺胸抬头，眼睛平视前方，展现出专业、自信的形象。同时，要配合摄影师的要求，及时调整姿势和表情，确保拍出满意的照片。

（三）仪式后的收尾

1. 清理场地

签字仪式结束后，工作人员要及时清理场地，将签字用具、桌椅等整理归位，清除场地内的杂物，恢复场地的整洁。

2. 归档保存

对签署的文本进行妥善存档，按照公司规定或相关要求，将正本和副本分别存放于合适的地方。另外，根据合作的重要性和公司宣传策略，可对签字仪式进行适当宣传，如发布新闻稿、在公司网站或社交媒体上展示照片等，以扩大合作影响力。

商务谈判中的签字仪式礼仪，从准备到进行再到收尾，各个环节都有明确的规范和要求，遵循这些礼仪有助于展现双方的专业形象，促进商务合作关系的顺利发展。

知识链接 10-9

国旗摆放

吴春芳毕业于某高校国际经济与贸易专业，就职合肥 M 进出口有限公司业务部，凭借扎实的专业知识和勤奋努力，业绩成果非常显著，很快就升任为业务部经理。

最近，欧洲 Z 国服务需求非常旺盛，王丽芳凭借敏锐的市场嗅觉，全力开辟市场，寻找客户，经过不懈的努力，吴春芳终于和 Z 国一家大型的进出口有限公司达成了意向合作。在确定正式合作关系之前，为了确保服装的品质和验证合肥 M 进出口有限公司的实力，Z 国这家大型的进出口有限公司采购部负责人玛丽女士准备来中国进行实地查验，如果顺利通过查验，玛丽就会和吴春芳当场签署采购合同。

吴春芳得知玛丽要验厂，非常开心，这是自己第一次接待外宾。客商愿意来中国实地查验意味着客商对这次意向合作有极大的诚意。为了达成这次合作，吴春芳做了大量的前期准备工作，从接机到陪同查验等相关工作安排得有序合理，玛丽对吴春芳的接待称赞有加，非常满意这次中国考察一行，表达了愿意与合肥 M 进出口有限公司签署采购合同。

听到这个消息，吴春芳非常开心，自己付出的努力，终于得到了客商的认可了。吴春芳把这个好消息向业务部经理做了报告，业务部经理把相关情况在部门人员中做了通报，大家纷纷向吴春芳表示祝贺。听到大家的赞扬声，吴春芳更有干劲了。根据玛丽的要求，吴春芳迅速起草了采购合同，双方公司负责人对于合同内容没有异议，吴春芳在酒店预订了一间会议室，布置一下作为采购合同签约会场，邀请业务部经理出席签约仪式。

经过几天的筹备，终于到了双方约定签订采购合同的日子。吴春芳早早来到酒店大堂，迎接玛丽和其他嘉宾，当玛丽步入会场后，看了一下签字桌后，目光盯着看了一下国旗，脸色一下子阴沉下来了，转过头对玛丽说，自己身体突然不适，想回去休息一下，签约事宜稍后再说。吴春芳一下子慌神了，为了这次签约仪式，自己花费了大量的心血。看到玛丽态度坚决，吴春芳只好派人送玛丽回酒店。

吴春芳非常懊恼地和业务部经理说明了玛丽的决定，业务部经理指出，吴春芳在布置签字桌时，把玛丽的祖国国旗摆放位置放错了，按照国际惯例，客商的国旗是要放在桌子的右边，这样以示对于对方的尊重，吴春芳却把客商的国旗放在了桌子的左边，这样带有一点不尊重的意思。

◆**内容提要**

本章主要介绍了商务谈判礼仪惯例，迎送客人的礼仪，互相介绍的礼仪，名片使用的礼仪，双方约会的礼仪，招待宴请的礼仪，参观游览的礼仪，赠送礼物的礼仪，签字仪式的礼仪。

◆**关键词**

商务谈判　礼仪　宴会　约会　招待

◆**复习思考题**

1. 交往中的一般礼仪有哪些？
2. 介绍的顺序有哪些原则？
3. 递送名片应注意什么？
4. 招待会有哪些种类？

◆**思考案例**

一次失败的推销

经过公司研发部门的辛苦研究，新款照明灯的样品终于做出来了。得知这一信息的第一时间，销售部小王立马去研发部申请了一件样品，立马就赶往W公司。一路上马不停蹄，小王很快赶到W公司办公楼所在地，飞快地来到W公司采购部，脸上的汗水都没有擦拭，径直走进W公司采购部张经理办公室。

张经理正在埋头处理文件资料，小王一进来，就扯着嗓子说："照明灯出来啦，张经理，这是我们公司新研发的新款照明灯，非常棒，请您一定试一试。"张经理吓了一跳，看到小王递过来的灯，只好放下手上的文件接过来灯，看了一下。小王这时直接掏出了烟在办公室点了起来。

张经理咳嗽了几声，问小王灯的亮度、耗电量等一些参数，小王一下子傻眼了，说要等回去问一下研发人员。张经理一下子就皱起了眉头，接着问："这种灯的性能先进在什么地方？"小王摸了摸头，重复地说："设计新，科技含量高，非常省电。"

试分析小王在推销过程中有哪些不当的商务礼仪？

第十章　商务谈判的风格

学习目标

理解什么是谈判风格；了解谈判风格的定位；掌握个人风格的几种类型和团队风格的几种类型。

导入案例

不同谈判风格的碰撞

在一场国际服装品牌的面料采购谈判中，采购方的代表王女士是一位以强硬风格著称的谈判者。而面料供应商的销售负责人林先生则是比较温和的风格。

谈判一开始，王女士就直接指出面料的初始报价过高，她要求供应商必须降低 30% 的价格，并且拿出了同类型面料在其他供应商处的报价单作为依据。在讨论质量标准时，她也非常严格，要求面料的色牢度、缩水率等各项指标都要高于行业标准，并且对于不符合标准的部分坚决要求改进，态度十分强硬，不给对方太多解释的机会。

面对王女士的强硬态度，林先生始终保持微笑和礼貌。他耐心地解释自己公司面料价格高的原因，比如原材料的优质来源、先进的生产工艺以及严格的质量检测环节。在面对王女士提出的降价要求时，他没有直接拒绝，而是提出可以通过增加采购量来换取一定的价格优惠。在质量标准方面，他表示会尽力按照王女士的要求去调整，但也说明了一些客观存在的困难，希望能够得到理解。

双方风格的差异使得谈判过程既有紧张的气氛，又有缓和的时刻。最终，在林先生的耐心沟通下，王女士同意适当降低质量标准的部分要求，而林先生的公司也同意了一定幅度的降价，双方达成了初步的合作意向。

第一节　个 人 风 格

一、谈判风格的概念

《现代汉语词典》对“风格”的定义是：一个时代、一个民族、一个流派或一个人的文艺作品所表现的主要的思想特点和艺术特点。风格是抽象的，需要借助其他的外在形式才能体现。“风格”一词不仅仅被用于文艺作品，还广泛地被用于其他方面，比如，某人下棋的风格、某学校的风格、某人穿衣打扮的风格、某人言谈举止的风格、某商人谈判的风格等。事实证明，风格是可以感触到、认知把握的，对其他事物能够产生作用。

谈判风格是指谈判人员在谈判过程中，通过言行举止表现出来的、建立在其文化积淀基础上的、并与对方谈判人员明显不同的关于谈判的思想、策略和行为方式等的特点。

二、学习谈判风格的作用

风格既是一种主观意识又是一种行为方式。商务谈判风格会对商务谈判的进程和结果产生影响，对商务谈判有着不可忽视的作用。因此，学习和研究商务谈判风格具有重要的意义和作用，是非常有必要的。

（一）提升沟通效果

了解不同谈判风格有助于在谈判中更好地理解对方的意图和表达方式。例如，面对一个直接型的谈判对手，我们可以用简洁明了的语言回应，避免冗长复杂的表述，使双方沟通更加顺畅。如果遇到一个委婉含蓄的对手，我们就能够理解他们话语背后潜在的意思，不会因为表面的模糊表达而产生误解。不同国家和文化背景下的谈判风格各异。比如，在与日本商人谈判时，知道他们倾向于含蓄表达，我们就可以更加耐心地倾听和询问，挖掘他们真实的想法，从而避免因文化差异导致的沟通障碍。

（二）优化谈判策略

学习谈判风格可以让我们根据对手的风格来调整自己的谈判策略。如果对方是竞争型谈判风格，我们可以采取适当的妥协策略或者引入第三方调解因素来缓和紧张气氛。若是面对合作型的对手，我们就可以更积极地探索共同利益，提出双赢的解决方案。对于不同风格的对手，我们可以在谈判节奏上进行调整。像和拉丁美洲一些国家的商人谈判，他们风格比较热情、节奏相对较慢，我们就可以适当放慢节奏，先建立良好的人际关系，再深入谈判议题。

（三）增强应变能力

在谈判过程中，情况可能会发生变化，对方的谈判风格也可能会因各种因素而改变。通过学习谈判风格，我们能够敏锐地察觉到这些变化，并及时调整自己的行为和策略。例如，原本友好合作的对手可能因为公司内部压力而变得强硬，我们可以凭借对谈判风格的了解，冷静应对这种转变，避免被对方的情绪或策略带偏。

（四）建立良好关系

尊重并适应对方的谈判风格有助于建立良好的合作关系。当我们理解并配合对方的风格时，对方会感受到被尊重，这为谈判营造了积极的氛围。比如，在和德国商人谈判时，展现出严谨、注重细节的态度，与他们的谈判风格相契合，能够增加对方对我们的好感和信任，有利于长期合作关系的建立。

（五）提高谈判成功率

综合运用对谈判风格的了解，可以在谈判各环节做出更合理的决策。从谈判开场的寒暄方式，到中间的议题讨论，再到最后的合同签订，都可以根据双方的谈判风格进行优化。这样能够减少冲突，增加共识，从而提高谈判成功的概率，实现自己的谈判目标。

三、个人谈判风格的类型

每个谈判人员都有自己的谈判风格。这取决于其文化背景或职业责任,或者由讨论的背景决定,或者由谈判人员对一次性合作或长期的多次可重复性合作的偏好决定。需要注意的是,不会有人在谈判中只采用其中的一种风格,谈判人员往往将根据具体情况把各种风格结合起来。当然,很少有人会选择与他们个性相对立的风格。

应该承认,很难将谈判场上谈判人员的风格一一廓清。但对商务谈判实务中典型的、最常见的谈判风格却不难有个明晰的了解。综观中外有关谈判研究的书籍或文章,专家们谈得较多的谈判风格有以下 6 种。

(一) 领导型谈判风格

1. 领导型谈判风格的特点

领导型谈判风格是指谈判人员在谈判中惯于处于主动操纵谈判的位置,又被称为主宰型或权力型谈判风格。它的特点表现为以下方面:

首先,目标明确且坚定。领导型谈判者清楚自己想要达成的目标,并且会坚定不移地朝着这个目标前进。在商务谈判中,他们会明确提出自己对合作模式、利益分配等方面的期望,不会轻易被对方的观点所干扰。他们会将谈判视为实现自己预定目标的战场,主导谈判的方向。

其次,自信且有决断力。谈判者通常对自己的能力和判断充满信心。他们在谈判中能够快速做出决策,不会犹豫不决。当面对对方提出的多种方案时,他们可以凭借自己的经验和直觉迅速筛选出符合自己利益的方案,并果断地表达自己的意见。

再次,较强的控制欲。领导型谈判风格的人往往希望掌控谈判的节奏和进程。他们会主动设定谈判的议程,决定讨论的议题顺序和时间分配。

最后,善于表达观点和施加影响。他们能够清晰、有力地表达自己的观点,并且善于利用各种手段来影响对方。这可能包括运用有说服力的语言、展示权威的数据和案例,或者利用自己的气场和地位来让对方接受自己的观点。

2. 领导型谈判风格的优点

第一,高效推动谈判进程。由于他们目标明确、决策果断并且能够掌控谈判节奏,所以谈判通常能够比较高效地进行。他们不会在无关紧要的问题上浪费太多时间,能够快速聚焦核心议题,促使双方尽快达成协议或者明确分歧。

第二,展现力量和自信赢得尊重。这种风格在谈判中往往能展现出强大的气场,让对方感受到他们的实力和自信。这可能会使对方更加重视他们提出的观点和要求,从而在谈判中赢得一定的尊重和地位。

第三,有效整合资源达成目标。领导型谈判者会积极利用自己所掌握的资源,包括人力、物力、信息等,来支持自己的谈判立场。他们可以协调团队成员的力量,收集有利的信息,为实现谈判目标服务。

3. 领导型谈判风格的缺点

第一,可能引发对抗情绪。他们较强的控制欲和坚定的立场可能会让对方感到压抑或者受到威胁,从而引发对抗情绪。如果对方也是比较强势的人,可能会导致谈判陷入僵局,双方互不相让。例如,在价格谈判中,领导型谈判者强硬地压低价格,可能会引起对方的反感,使对方不愿意继续合作。

第二,缺乏灵活性。这类谈判者可能因为过于坚持自己的目标和计划,而忽视了谈判过程中出现的新机会或者对方合理的诉求。他们可能不愿意做出太多的妥协,这会限制谈判的创造性和灵活性,错过一些可能的双赢解决方案。

(二) 跟随型谈判风格

1. 跟随型谈判风格的特点

跟随型谈判风格又被称为被动型谈判风格。它的特点表现为以下方面:

首先,灵活性高。跟随型谈判者不会主导谈判节奏,而是倾向于顺应对方的节奏和引导。他们能够根据对方提出的议题、观点和节奏来调整自己的谈判方式,比较灵活地应对各种变化。例如,对方希望先讨论价格,他们就会跟着对方的思路讨论价格;如果对方转移到产品质量问题,他们也能迅速跟上。

其次,善于倾听和观察。这类谈判者更注重倾听对方的意见和想法。他们会仔细观察对方的表情、语气和肢体语言,从中获取信息。在谈判过程中,他们通常不会急于表达自己的观点,而是先了解对方的立场和需求,像海绵一样吸收各种信息。

再次,合作意愿较强。跟随型谈判风格的人一般希望通过合作来达成协议,而不是通过对抗。他们愿意配合对方的要求,寻找双方都能接受的解决方案。

最后,决策相对谨慎。他们不会轻易做出决策,而是在充分了解对方意图和各种可能的情况后才会行动。在面对多种选择时,他们会反复权衡利弊,参考对方的意见,确保自己的决策是稳妥的。

2. 跟随型谈判风格的优点

第一,营造和谐的谈判氛围。由于他们善于顺应对方,合作意愿高,所以能够营造比较和谐、融洽的谈判氛围。这种氛围有利于双方充分交流,减少冲突和对抗,增加达成协议的可能性。在跨文化谈判中,这种风格可以缓解因文化差异带来的紧张情绪。

第二,更好地了解对方需求。通过倾听和观察,跟随型谈判者能够深入了解对方的需求和底线。这有助于他们发现对方真正关注的问题,从而在谈判中提出更有针对性的解决方案。

第三,发现潜在的合作机会。他们的灵活性和合作精神使他们更容易发现潜在的合作机会。在谈判过程中,他们能够对对方提出的新想法和建议保持开放的心态,从而挖掘出一些双方可能都没有预见到的双赢方案。

3. 跟随型谈判风格的缺点

第一,可能失去谈判主动权。由于他们过于跟随对方的节奏,可能会在谈判中失去主动权。如果对方是比较强势或者有不良意图的谈判者,他们可能会被对方牵着鼻子走,最终达成的协议可能对自己不利。例如,对方可能会主导谈判议程,将重点放在对自己有利的议题上,而他们只能被动接受。

第二,决策过程缓慢可能导致机会流失。谨慎的决策方式虽然有一定的好处,但在一些需要快速反应的谈判场景中,可能会导致机会流失。当谈判出现转瞬即逝的有利时机时,他们可能因为还在权衡利弊而无法及时抓住,从而影响谈判的最终结果。

第三,容易被误解为缺乏主见。在谈判中,这种风格可能会被对方误解为缺乏主见或者没有实力。对方可能会因此而不够重视他们的意见和要求,降低他们在谈判中的影响力,使他们难以有效地维护自己的利益。

(三)进攻型谈判风格

1. 进攻型谈判风格的特点

进攻型谈判风格是指谈判人员在谈判中惯于主动向对方发起攻击,以求达成谈判成果的做法。这种风格也叫挑剔型谈判风格。它的特点表现为以下方面:

首先,强硬的态度。进攻型谈判者在谈判中通常表现出强硬的姿态。他们会坚定地维护自己的立场,毫不退缩,并且会积极地向对方施压。

其次,主动出击。他们总是率先发起攻势,主动提出要求和主张。无论是在议题的选择还是讨论的节奏上,都试图掌握主动。比如,在谈判一开始就会抛出自己的核心观点和要求,使对方处于被动回应的状态。

再次,善于利用优势。会敏锐地发现自己的优势,如产品的独特卖点、市场地位等,并将这些优势作为攻击对方的武器。例如,一家市场占有率高的公司在谈判中会强调自己的品牌优势,以此来压低对方的价格或争取更有利的合作条件。

最后,较少妥协。这种风格的谈判者不太愿意轻易妥协。他们认为妥协是软弱的表现,会坚持自己的最初目标,只有在对方做出较大让步的情况下才会考虑调整自己的立场。

2. 进攻型谈判风格的优点

第一,快速明确立场。能够让对方清楚地了解自己的立场和要求,避免模糊不清的沟通。这有助于在谈判初期就确定双方的差距,节省时间。

第二,争取最大利益。凭借强硬的态度和主动出击的策略,有可能为自己争取到最大程度的利益。他们通过不断地施压和利用优势,迫使对方做出让步,从而在价格、条款等方面获得更有利的结果。

第三,掌控谈判节奏。主动发起进攻使他们在一定程度上能够掌控谈判的节奏。他们可以引导谈判朝着对自己有利的方向发展,决定先讨论哪些议题,让对方跟着自己的思路走。

3. 进攻型谈判风格的缺点

第一,容易引发冲突。强硬的态度和较少的妥协意愿很容易引发对方的反感和抵触情绪,导致谈判气氛紧张,甚至可能使谈判陷入僵局。

第二,忽视对方利益。过于关注自己的利益和立场,可能会忽视对方的合理利益和需求。这会使对方感到不被尊重,降低达成合作的可能性。

(四)防守型谈判风格

1. 防守型谈判风格的特点

防守型谈判风格是指谈判人员在谈判中惯于处于以守为攻的位置。因为防守的成功需要顽强的谈判,故这种风格亦称顽强型谈判风格。它的特点表现为以下方面:

第一,谨慎稳健。防守型谈判风格的人在谈判中会以一种谨慎的态度对待各种情况。他们不会轻易被对方的提议或策略所左右,而是会仔细地分析每一个细节。例如,在面对一份合同条款时，他们会逐字逐句地研读，考虑各种可能的风险和后果，确保自身利益不受损害。在谈判节奏上也比较稳健，不会贸然跟进对方提出的快速谈判进程。

第二，注重风险规避。这种风格的核心特点是对风险的高度敏感。他们会将重点放在如何防止自己遭受损失上。在谈判过程中，他们会积极寻找可能存在的风险点。比如，在价格谈判中，他们会考虑到汇率波动、原材料价格上涨等因素对自己成本的影响，并且会要求对方在合同中对这些风险进行明确的责任划分。

第三，善于倾听和观察。防守型谈判者更倾向于倾听对方的观点和要求，而不是急于表达自己的立场。他们会通过观察对方的表情、语气、肢体语言等来获取更多信息。例如，当对方提出一个新的合作方案时，他们会认真倾听对方对方案的阐述，同时观察对方的反应，以此来判断对方对这个方案的真实态度和期望。

第四，以守为攻。他们一般不会主动发起进攻或提出激进的要求，但这并不意味着他们完全被动。当自身利益受到威胁时，他们会巧妙地利用规则、条款等进行防御，并在适当的时候以守为攻。

第五，保持冷静和耐心。在面对对方的压力，甚至是进攻型谈判策略时，防守型谈判者能够保持冷静的头脑和足够的耐心。他们不会被对方的情绪或强硬态度所干扰，而是会按照自己的节奏来处理问题。即使对方提高音量或者使用一些带有威胁性的语言，他们依然能够心平气和地回应，继续坚守自己的底线。

2. 防守型谈判风格的优点

第一，稳定谈判局面。防守型谈判者能够在面对压力时保持冷静，通过稳健的防守来稳定谈判局面。例如，当对方提出不合理的要求或者采取进攻性策略时，他们能够沉着应对，避免谈判局面失控。

第二，保护自身利益。他们的主要目的是保护自己的利益不受侵害。在谈判中会谨慎地对待对方的提议，仔细分析其中的风险，确保不会轻易做出对自己不利的让步。比如，在合同条款的谈判中，会认真审查每一个条款，防止出现漏洞。

第三，收集信息优势。这种风格的谈判者更注重倾听和观察，能够充分收集对方的信息。他们通过让对方多表达，来了解对方的真正意图、底线和需求，为自己的决策提供更多依据。

3. 防守型谈判风格的缺点

首先，可能处于被动地位。过于防守可能会使自己在谈判中一直处于被动地位。他们可能会被对方的节奏牵着走，无法有效地引导谈判朝着对自己有利的方向发展。例如，对方不断地提出要求，而他们只能被动地回应，很难主动出击争取更多利益。

第二，谈判进程可能缓慢。由于他们谨慎的态度和对风险的高度敏感，可能会导致谈判进程缓慢。在每一个议题上都需要花费大量时间进行分析和权衡，容易错过一些商业机会。比如，在产品采购谈判中，对价格和质量等问题反复考虑，可能会使谈判周期变长，影响交易的时效性。

第三，给对方留下消极印象。持续的防守姿态可能会让对方认为他们缺乏合作诚意或者没有积极的谈判态度。这可能会影响双方的关系，降低对方与自己合作的意愿。

（五）闪电型谈判风格

1. 闪电型谈判风格的特点

闪电型谈判风格是指谈判人员在谈判中惯于采用快速进攻或结束谈判的方法，亦称快速型谈判风格。它的特点表现为以下方面：

首先，快速决策与行动。闪电型谈判风格的人在谈判中强调速度。他们能够迅速理解谈判的关键问题，并且快速做出决策。例如，在商业收购谈判中，一旦确定目标公司符合自己的基本要求，就会迅速提出收购意向和初步报价，不会花费过多时间进行冗长的调研和分析。

其次，直接切入重点。这种风格的谈判者通常会跳过一些寒暄和铺垫环节，直接进入核心议题。他们希望能够在最短的时间内达成协议，所以会直接讨论价格、主要条款等关键内容。

最后，精力集中且高效。在谈判过程中，他们会高度集中精力，全身心地投入到谈判中。他们的表达简洁明了，避免冗长复杂的表述，使得谈判过程高效。他们会迅速对对方的观点做出反应，不会出现长时间的思考停顿。

2. 闪电型谈判风格的优点

第一，节省时间成本。通过快速决策和直接切入重点，能够大大缩短谈判时间。对于一些时效性较强的商业合作或者交易，这种风格可以有效地抓住时机，避免因为谈判时间过长而错失良机。例如，在商品采购谈判中，如果市场价格波动频繁，快速谈判可以让采购方以较低的价格及时采购商品。

第二，给对方压力获取优势。他们的快速节奏和直接风格可能会给对方带来一定的压力。在对方还没有完全准备好的情况下，这种压力可能会使对方在谈判中处于相对被动的地位，从而为自己争取到一定的优势。比如，对方可能会因为来不及详细考虑而在价格或者条款上做出一些让步。

第三，适应快节奏的商业环境。在当今快速变化的商业环境中，这种风格能够更好地适应市场的变化。例如，在科技行业的合作谈判中，新技术的出现和市场需求的快速变化要求谈判者能够迅速做出反应，闪电型谈判风格有助于在这种环境下高效地达成合作。

3. 闪电型谈判风格的缺点

第一，信息收集可能不全面。由于过于追求速度，可能会忽视一些重要的信息。他们在谈判前可能没有进行充分的市场调研和背景调查，在谈判过程中也可能因为急于求成而没有深入了解对方的需求和底线。这可能会导致他们做出不合理的决策。

第二，容易引发紧张气氛。这种快速、直接的风格可能会让对方感到紧张和不适应。如果对方是比较谨慎或者喜欢慢慢沟通的谈判者，可能会对这种风格产生反感，从而影响谈判的顺利进行。例如，对方可能会因为感到被催促而产生抵触情绪，不愿意合作。

（六）太极型谈判风格

1. 太极型谈判风格的特点

太极型谈判风格是指谈判人员在谈判中惯于软硬兼施、刚柔并济，亦称刚柔兼合型谈判风格。它的特点表现为以下方面：

首先，以柔克刚。太极型谈判风格的人在谈判中不会采取强硬的对抗方式，而是像打太极一样，用柔和的方式化解对方的压力和攻势。

其次，灵活多变的立场。他们的立场不是固定不变的，而是会根据谈判的进展和对方的情况灵活调整。他们会根据对方的情绪、要求和谈判氛围等因素，动态地改变自己的谈判策略。比如，在合作谈判中，如果发现对方对利益分配非常敏感，他们会灵活地调整自己的利益诉求，寻找双方都能接受的平衡点。

再次，注重平衡和和谐。这种风格强调在谈判中保持平衡和和谐的氛围。他们会避免激烈的争论和冲突，通过巧妙的沟通方式来维持双方良好的关系。

最后，循环沟通和引导。他们倾向于采用循环式的沟通方式，不是一次性地把自己的观点全部抛出，而是通过反复的交流，逐渐引导对方理解自己的立场。就像打太极的招式一样，有来有回，在沟通中慢慢渗透自己的想法。

2. 太极型谈判风格的优点

第一，减少冲突维护关系。通过以柔克刚的方式和注重和谐的理念，能够有效地减少谈判中的冲突。这有助于维护良好的合作关系，即使在谈判过程中有分歧，也不会对各方的关系造成太大的伤害。

第二，灵活应对复杂情况。他们灵活多变的立场和循环沟通的方式使他们能够很好地应对谈判中复杂多变的情况。无论是面对对方的强硬要求、突然的变化还是新的议题，他们都能够灵活地调整自己的策略，找到应对的方法。

第三，深入了解对方意图。在循环沟通的过程中，他们有更多的机会深入了解对方的真实意图和需求。通过不断地引导和交流，他们可以挖掘出对方潜在的利益点和关注点，从而为达成双赢的协议提供更多的可能性。

3. 太极型谈判风格的缺点

第一，决策过程可能冗长。由于他们注重循环沟通和灵活调整立场，决策过程可能会比较长。他们需要花费时间来观察对方的反应、调整自己的策略并且达成共识，这在一些需要快速决策的谈判场景中可能会成为劣势。在市场机会稍纵即逝的情况下，这种冗长的决策过程可能会导致机会流失。

第二，可能被误解为缺乏立场。他们灵活多变的立场可能会被对方误解为没有坚定的立场或者缺乏原则。对方可能会认为他们容易妥协，从而在谈判中不重视他们的底线，试图进一步施压。例如，在价格谈判中，对方可能会因为他们没有强硬的态度而不断压低价格。

第三，对谈判者能力要求高。采用太极型谈判风格需要谈判者具备较高的沟通技巧、情绪控制能力和应变能力。如果谈判者不能很好地掌握这些技巧，可能会导致谈判失控或者无法达到预期的效果。在面对对方的强势进攻时，如果不能有效地以柔克刚，就可能会陷入被动。

知识链接 10-1

一位谈判专家代理他的邻居与保险公司交涉的一项赔偿事宜，他运用沉默的策略获得了意想不到的效果。

保险公司的理赔员首先发表意见："先生，我知道您是交涉专家，一向都是针对巨额款项谈判，恐怕我无法承受您的要价。我们公司若是只付 100 美元的赔偿金，您觉得如何？"谈判专家表情严肃，沉默不语，因为他的经验告诉他，当对方提出第一个条件之后，总暗示可以提出第二个、第三个……

理赔员果然沉不住气，接着说："抱歉，请勿介意我方才的提议，再加一些，200 美元如何？"

又是一阵长久的沉默，最后，谈判专家表态了："抱歉，这个价钱令人无法接受。"

理赔员接着说："好吧，那么 300 美元如何？"

谈判专家沉思良久，理赔员显得有点慌乱。他说："好吧，400 美元。"

又是踌躇了好一阵子，谈判专家才慢慢地说道："400 美元？……喔，我不知道。"

"就赔 500 美元吧！"理赔员痛心疾首地说。

就这样，谈判专家只是重复着他良久的沉默，重复着他严肃的表情，重复着说不厌的那句老话。最后，谈判的结果是这件理赔案终于在 950 美元的条件下达成协议，而他的邻居原来只准备获得 300 美元的赔偿金。

（资料来源：https://wenku.baidu.com/view/c81452e125fff705cc1755270722192e45365837.）

四、谈判风格的应对策略

对各种谈判风格的优点，善于运用就可以帮助谈判人员实现谈判目标；对其不足之处，若不妥善处理，就会造成负面影响，阻碍谈判目标的实现。因此，在面对具有谈判风格的对手时，要借用谈判风格的优势推动谈判，利用对方谈判风格的弱点获取利益，以此取得谈判成功。

（一）领导型谈判风格的应对策略

1. 充分准备

（1）明确目标与底线。在谈判前，清晰地确定己方的谈判目标和底线。例如，在价格谈判中，明确能接受的最低价格和最期望达成的价格，同时梳理出产品或服务的关键价值点，以便在谈判中准确地展示己方的优势。

（2）收集信息。深入了解对方的情况，包括业务范围、市场地位、以往谈判风格等。如，了解对方谈判者在以往谈判中的强硬程度、主要关注的利益点等，收集关于对方公司的财务状况、行业竞争态势等信息，为应对谈判提供充分的数据支持。

2. 建立平等对话氛围

（1）保持自信与尊重。在谈判开始时，用自信的态度和恰当的语言回应对方。避免被对方的领导气场压制，但同时要尊重对方的地位和意见。例如，通过坚定的握手、眼神交流和沉稳的语调，展现自己的专业和自信。

（2）强调合作共赢。从一开始就传达合作的意愿，强调双方是平等的合作伙伴，共同寻求互利的解决方案。可提及合作能够带来的共同利益，如扩大市场份额、提升品牌形象等，避免让谈判陷入对方单方面主导的对抗局面。

3. 灵活应对策略

（1）避免直接对抗。领导型谈判者往往比较强势，直接对抗可能会引发冲突，使谈判陷入僵局。如果对方提出不合理的要求，不要立刻强硬拒绝，而是采用拖延战术或者转移话题的方式。例如，对方要求过度的价格折扣时，可以说"这个价格折扣幅度比较大，我们需要时间来评估其对成本和质量的影响,先看看其他合作细节如何?”

(2) 提供替代方案。当对方坚持自己的观点时,尝试提供一些有吸引力的替代方案。这些方案应该既考虑到对方的利益,也能保障己方的底线。比如,对方要求缩短交货期,你可以提出增加一定的物流费用来实现提前交货,但同时要求对方适当提高订单金额。

4. 引导对方关注共同利益

(1) 寻找共同目标。在谈判过程中,不断挖掘双方的共同利益点。例如,在技术合作谈判中,指出双方在技术研发上的互补性,共同目标是推出更具竞争力的产品,获得更多的市场份额。通过强调共同目标,让对方意识到合作是双方获利的最佳选择,而不是一味地争取自己的利益。

(2) 用数据和案例说话。为了更好地引导对方关注共同利益,要提供具体的数据和成功案例。比如,展示类似合作模式下双方的收益增长数据,或者行业内其他成功合作的案例,使对方能够直观地看到合作的价值。

5. 控制谈判节奏

(1) 把握议题顺序。不要完全被对方掌控谈判节奏,要对议题的讨论顺序有一定的规划。可以先提出一些相对容易达成共识的议题,建立良好的谈判氛围,然后再逐步涉及核心且可能存在争议的问题。例如,先讨论合作的市场推广方式,再讨论利益分配。

(2) 适时暂停谈判。如果谈判气氛过于紧张或者对方过于强势,导致谈判难以继续进行,可以适时提出暂停谈判。这可以让双方都有时间冷静思考,调整策略。同时,也避免在对方的高压下做出不合理的决策。

(二) 跟随型谈判风格的应对策略

1. 主动引领谈判节奏

(1) 设定明确议程。由于跟随型谈判者往往顺应对方节奏,在谈判开始前,可以准备一份详细的议程,明确谈判的各个阶段和议题顺序。如,先确定要讨论的内容包括合作模式、利益分配、风险承担等,并且合理安排每个议题的讨论时间,引导对方按照设定的节奏进行谈判。

(2) 把握主导地位。在谈判过程中,主动提出关键问题和观点,不要让对方的跟随性导致谈判方向模糊。比如,在讨论产品采购价格时,先提出定价的依据,如市场行情、产品成本等因素,让对方围绕这些观点进行讨论,而不是被对方带着走。

2. 鼓励对方表达真实想法

(1) 创造开放沟通环境。跟随型谈判者擅长倾听,要营造一个开放、友好的沟通环境,鼓励他们充分表达自己的意见和需求。例如,可以使用温和的语气和开放性的问题,像“您对我们刚才提出的合作方案有什么具体的想法或者建议吗?”这样的提问方式,让对方感到被尊重,愿意分享他们的观点。

(2) 耐心倾听和挖掘。当对方表达观点时,要耐心倾听,并且通过进一步询问来挖掘他们的真实意图。比如,对方对某个条款提出疑问,除了回答疑问,还可以问“您为什么会对这个条款比较关注呢?”这有助于了解他们背后的利益诉求。

3. **防止对方过度依赖和拖延**

(1) 明确时间节点。为避免对方的跟随风格导致谈判进程缓慢，要明确各个环节的时间节点。例如，在讨论合同草案修改时，规定一个合理的时间期限，让对方在期限内完成反馈，这样可以提高谈判效率。

(2) 避免被模糊回应误导。跟随型谈判者可能会给出比较模糊的回应，需要及时澄清。如果对方总是说“我们再看看”或者“我们需要考虑一下”，可以追问具体的考虑因素或者需要多长时间才能有明确的答复，防止对方借此拖延时间。

4. **合理利用对方合作意愿**

(1) 提出共赢方案。鉴于他们合作意愿较强，在谈判中积极提出共赢的解决方案。比如，在市场推广合作谈判中，提出一个联合推广方案，可以共享资源、分担成本，并且合理分配潜在的收益，这样的方案更容易被对方接受。

(2) 建立长期合作愿景。和对方一起描绘长期合作的美好愿景，强调双方在未来合作中的相互支持和共同发展。例如，在技术合作谈判中，提及可以通过持续的技术共享和创新，在行业内占据领先地位，增强对方对合作的信心。

(三) 进攻型谈判风格的应对策略

1. **保持冷静和理智**

(1) 控制情绪。面对进攻型谈判者的强硬态度和压力，一定要保持冷静。不能被对方的激烈言辞或强硬姿态激怒，因为情绪失控可能会导致谈判局面恶化。例如，当对方提高音量或者使用带有攻击性的语言时，可以做深呼吸，让情绪先稳定下来，再继续谈判。

(2) 理性分析对方观点。在对方提出要求和观点时，要以理性的思维进行分析。不要被对方的气势所影响，仔细分辨其中合理的部分和不合理的部分。比如，对方强硬要求降低价格，要分析其背后的原因，是市场竞争导致还是对方的一种谈判策略。

2. **坚守自己的底线**

(1) 明确底线意识。在谈判前，清楚地确定自己的底线，包括价格底线、条款底线等。在谈判过程中，无论对方如何施压，都不能轻易突破自己的底线。例如，在产品销售谈判中，如果成本加上合理利润确定了最低售价，那么就不能因为对方的强硬态度而低于这个价格出售。

(2) 适时表明底线。在适当的时候，要向对方表明自己的底线。这并不是要以强硬对抗强硬，而是让对方知道你的原则和不可逾越的界线。比如，可以用比较温和但坚定的语气说：“这个价格已经是我们的成本价了，再低我们就无法保证产品质量和后续服务了。”

3. **采用灵活的策略回应**

避免直接对抗，不要和进攻型谈判者直接进行激烈对抗，因为这可能会使谈判陷入僵局。可采用迂回的方式回应，暂时避开对方的锋芒，转移话题。

4. **善于利用对方的弱点和需求**

(1) 发现对方弱点。在谈判过程中，观察和分析对方的弱点，包括时间压力、产品依赖、信息不对称等。例如，如果知道对方急需产品来满足市场需求，在谈判中就可以在保证合理利益的前提下，在交货期等方面争取更有利的条件。

(2) 关注对方潜在需求。除了表面的需求,要挖掘对方潜在的需求。比如,对方可能表面上要求降低价格,但潜在需求可能是提高产品性价比或者获得更好的售后服务。针对这些潜在需求,提供满足他们的方案,从而改变谈判的态势。

(四) 防守型谈判风格的应对策略

1. 建立信任关系

(1) 耐心沟通。面对防守型谈判者,要展现出耐心。因为他们谨慎且善于观察,所以沟通时不要急于求成。在谈判过程中,放慢语速,用温和、友善的语气交流,让他们感受到诚意和耐心,从而建立起初步的信任。

(2) 主动分享信息。主动分享一些非敏感的信息,帮助对方更好地了解你的立场和背景。比如,在产品销售谈判中,可介绍公司的生产流程、质量控制措施等,减少对方因信息不对称而产生的防御心理。

2. 打破防御壁垒

(1)寻 找共同话题。尝试找到共同兴趣点或者共同目标。例如,在合作谈判中,提及双方都可能受益的市场拓展计划、行业发展趋势等话题。通过共同话题拉近彼此距离,使对方更愿意放下防御,积极参与讨论。

(2) 理解对方顾虑。对对方的防御心理表示理解。可以说:“我知道您很谨慎,毕竟这样的合作涉及很多重要的细节和风险,我们也希望能和您一起把这些问题都考虑周全。”这种理解的表达有助于缓解对方的紧张情绪,打破防御壁垒。

3. 引导积极互动

提出开放性问题,鼓励对方参与决策。通过问一些开放性的问题,引导对方积极表达想法。例如,在谈判合作模式时,问对方:“您觉得什么样的合作模式能更好地兼顾双方的利益和风险呢?”在谈判过程中,鼓励对方参与决策过程,让对方感受到自己是谈判的重要参与者,而不是被逼迫接受。

4. 灵活调整策略

(1) 提供多种方案。鉴于对方谨慎的特点,准备多种谈判方案。如,在价格谈判中,提供不同价格档次的产品套餐或者合作方案,每个方案都有不同的利益点和风险点,让对方有更多的选择空间,体现灵活性。

(2) 适时、适当让步。在适当的时候做出一些小的让步,显示合作诚意。但要注意让步的幅度和时机,不能让对方觉得让步是无原则的。比如,在谈判交货期时,可以适当延长几天,以换取对方在其他条款上的积极态度。

(五) 闪电型谈判风格的应对策略

1. 提前做好充分准备

在谈判前,尽可能全面地收集与谈判相关的信息,包括对方的需求、市场行情、行业标准等。因为闪电型谈判者节奏快,可能没有耐心等待信息补充,所以提前掌握充分信息才能更好地应对。例如,在产品采购谈判中,要清楚产品的成本构成、市场价格波动范围、竞争对手的价格和服务等情况。明确谈判底线和目标,包括价格底线、质量标准、交付期限等重要因素。这样在对方快速推进谈判时,能够迅速判断对方的提议是否符合己方的利益,不至于因为来不及思考而做出错误决策。

2. 适当控制谈判节奏

(1) 放缓节奏技巧。在谈判开始时,可以用一些方式来放缓节奏。比如,通过询问详细背景、分享一些行业案例或者解释复杂的概念等方式,使谈判节奏不被对方完全掌控。例如,对方急于讨论价格,你可以说:"在讨论价格之前,我想先和您分享一下我们产品的一些独特优势和质量控制环节,这对价格的形成很重要。"

(2) 插入缓冲环节。适时插入一些缓冲环节,如休息片刻、请求进一步澄清问题等。如果对方提出的观点或要求过快过多,你可以说:"您刚才提到的这几点很重要,但我需要一点时间来消化和思考,我们能不能先休息五分钟?"避免被对方的节奏带着走。

3. 确保沟通质量有效

要求详细阐述,并确认理解无误。当对方提出的内容比较简略或者模糊时,要求对方详细阐述,获取更准确的信息。由于对方说话和决策速度快,要频繁确认自己对对方观点的理解是否正确。可以通过重复对方的关键观点或者用自己的语言重新表述来确认,避免因沟通太快而产生误解。

4. 灵活应对决策要求

(1) 争取思考时间。如果对方要求你快速做出决策,不要轻易答应。可以巧妙地争取思考时间,比如,"这个决策很重要,我需要和我的团队或者上级沟通一下,毕竟这涉及到很多方面的因素,希望您能理解。"或者"这个提议很有吸引力,但我需要一些时间来评估它对我们整个项目的影响。"

(2) 提出替代方案。如果觉得对方的快速决策要求不符合自己的利益,可以提出替代方案。在提出替代方案时,也要简洁明了,符合对方快速沟通的风格。

(六) 太极型谈判风格的应对策略

1. 明确对方的关键意图

(1) 积极倾听要点。面对太极型谈判者,要更加专注地倾听他们的观点。因为他们说话方式比较委婉、灵活,很容易在话语中隐藏真实意图。在谈判过程中,仔细分辨他们每一句话背后可能蕴含的利益诉求、担忧或者期望,通过做笔记等方式来帮助自己梳理重点。

(2) 提问挖掘目的。主动提问来挖掘他们的真实目的。可以使用一些有针对性的问题,比如"您刚才提到这个条件,是因为您在成本控制方面有特别的考虑吗?"或者"您对这个条款的灵活性要求这么高,是不是担心市场变化带来的风险呢?"通过这种方式,促使他们更明确地表达自己的立场。

2. 保持谈判方向清晰

明确核心议题重点,设定议程引导节奏。要始终明确谈判的核心议题和目标。由于太极型谈判者可能会通过灵活多变的沟通方式转移话题或者模糊焦点,所以要时刻保持警惕。例如,在商业合作谈判中,如果核心议题是利益分配,当对方试图将话题引向市场推广方式时,要巧妙地将话题拉回到利益分配上。在谈判前设定好议程,并在谈判过程中按照议程引导节奏。这样可以避免被对方牵着鼻子走。

3. 坚持立场原则坚定

清楚自己的底线并坚守。立场表述清晰准确,并明确底线不让步。在表达立场时,要清晰、准确，避免给对方模糊的信号，让他们觉得有机可乘。太极型谈判者可能会通过各种方式试探，要保持清醒，不能轻易妥协。

4. 灵活调整策略应对

适应对方风格沟通，并提出创意方案合作。尝试适应对方的太极风格进行沟通。采用比较灵活、委婉的方式表达自己的观点。鉴于对方注重和谐、灵活的特点，提出一些有创意的合作方案。这些方案要能够体现双赢的理念，并且具有一定的灵活性。

五、谈判风格的定位

大多数人会根据他们所处的情境来采用一种或几种风格，尽管他们很可能比较偏好某种具体的谈判风格。当谈判者和对方互动谈判时，通常会根据对方的行为不断地调整谈判风格。

（一）商务谈判风格的定位需考虑的因素

商务谈判风格的定位需要考虑以下几个关键要素：

1. 自身因素

如果公司强调合作共赢、长期伙伴关系，那谈判风格可以定位为友好、协商式。例如，一家注重社会责任的环保企业，在和供应商谈判原材料采购时，会更倾向于寻找能共同成长、符合环保理念的合作伙伴，风格比较温和。性格外向、果断的人可能采取更主动、强硬的谈判风格；而性格沉稳、谨慎的人或许会偏向于稳健、灵活的风格。有丰富谈判经验的人，会根据以往成功案例来定位自己的风格。

2. 谈判对手因素

面对不同国家或地区的对手，风格要适当调整。和日本企业谈判，由于对方注重礼仪和团队决策，谈判风格应更尊重对方，避免过于强硬和直接；和欧美企业谈判，风格可以相对直接，但也要注意他们注重法律和契约的特点。如果对手是竞争型风格，比较激进，己方可以考虑采用灵活合作型风格来平衡，避免冲突升级；如果对手是友好协商型，己方也应该以比较积极合作的风格回应。

3. 谈判目标和议题因素

当谈判目标是达成长期战略协议，且对己方非常重要时，风格应该是谨慎、寻求共赢的。比如企业要和重要的技术研发公司合作一个核心项目，需要定位为以建立良好关系为基础的风格。如果只是一次性的简单交易，风格可以相对灵活、效率至上。

对于复杂的技术转让或合作议题，谈判风格可能是专业、细致的，需要深入讨论各种细节；对于简单的商品采购谈判，风格可以简洁明了。

（二）谈判风格定位的调整方式

由于各种商务谈判风格都存在缺陷，在择优选择之后，还存在一个完善的过程。商务谈判风格的定位调整方式分为内涵式调整和外延式调整两种。

1. 内涵式调整

内涵式调整是指基于自身内部理念、价值观和基本策略层面的改变。它是一种深度的调整，涉及谈判者的核心观念和基本行为方式。如果一个企业原本的谈判风格是比较强硬、竞争式的，基于内涵式调整，它可能会在理念上更加注重合作的价值。比如，企业认识到长期稳定的合作伙伴关系对于市场拓展和成本控制更有利，所以在谈判中会从单纯争取自身最大利益，转变为思考如何让双方都能获利。这可能涉及改变对利益分配的看法，从“我多你少”的思维转变为“合理分配，共同成长”的思维。在具体谈判行为上，会更多地倾听对方的需求，而不是急于表达自己的观点和要求。

2. 外延式调整

外延式调整更侧重于外在表现形式和策略技巧的改变。这种调整相对灵活，主要是为了更好地适应不同的谈判场景和对手风格。如果谈判者原本的表达风格比较含蓄委婉，在面对喜欢直来直去的欧美谈判对手时，进行外延式调整，使自己的沟通方式变得更加直接、简洁。例如，调整语言表达，减少模糊的措辞，开门见山地阐述观点和条件；或者调整谈判节奏，加快谈判进程，以符合对方高效的风格。再如，在谈判场合的选择、谈判团队的构成等方面进行调整，以展现出更符合对手期望和谈判情境的外在形象。

第二节 团队谈判风格

谈判团队是由不同的谈判个人构成的，团队中成员都具有独特的智慧结构、文化背景及性格类型。团队谈判风格是指谈判的团队在谈判过程中，所选择的基于团队本身所具有的特点的基础上，与对方谈判人员明显不同的关于谈判的思想、策略和行为方式等方面的特点。

一、意见一致型

意见一致型团队谈判风格是指团队成员在谈判前就对各种观点、策略和目标达成了高度统一。在谈判过程中，整个团队表现出高度的一致性，就像一个紧密结合的整体。成员之间互相支持，对外呈现统一的立场和口径。比如，在回应对方的提案或提问时，团队成员会给出相同的观点，不会出现内部意见分歧而导致的混乱局面。这种风格能够给谈判对手一种团结、坚定的印象，让对手感觉到这个团队很难被突破，增强了己方在谈判中的气势。同时，由于内部已经提前协调好观点，在决策过程中也相对高效，能够迅速对谈判中的情况做出反应。为了达到这种高度一致，团队往往需要在谈判前花费大量时间和精力来沟通协调。

（一）特征

团队成员在谈判前就对所有观点和策略达成高度一致。在谈判过程中，几乎像一个人在发言一样，呈现出统一的立场和口径。他们互相支持，不会出现内部矛盾的情况。

（二）优势

(1) 增强团队凝聚力。团队成员在谈判前就达成高度一致，这需要成员之间深入地沟通和协调，能促进团队内部的紧密合作。在谈判过程中，成员们相互支持，能提升团队整体的凝聚力。

(2) 展示坚定立场。给对手一种团结一心、坚不可摧的印象。这种一致性让对方很难找到团队内部的矛盾点来突破，在谈判桌上能够有效地传达己方的强硬态度，使对手不敢轻易地提出不合理的要求。

(3) 决策高效。因为已经提前统一了思想,在谈判中遇到需要决策的情况时,团队能够迅速做出反应。不需要在谈判现场花费额外的时间来讨论和协调内部意见,有助于把握谈判的节奏和时机。

(三) 弊端

(1) 前期准备成本高。为了确保团队成员在所有观点和策略上达成一致,需要投入大量的时间和精力进行内部沟通、讨论和协商。这可能会使谈判的准备阶段变得冗长而复杂。

(2) 灵活性不足。一旦确定了统一的立场和策略,在谈判过程中就很难根据对方的反应和突发情况进行快速调整。如果对手提出了意料之外的观点或要求,团队可能会因为要保持一致而难以灵活应对。

(3) 创新受限。团队过于追求一致,可能会抑制成员的个性和创造力。在谈判策略的制定和问题解决方面,可能缺乏多样化的思路和创新的观点。

(四) 注意事项

(1) 在前期准备阶段,要保证每个成员都有机会表达自己的意见,并且理解最终达成的一致意见背后的原因。只有这样,成员才能在谈判中真正坚定地维护团队的立场。

(2) 虽然团队追求意见一致,但也要考虑到谈判中可能出现的意外情况。应该建立一种应急机制,规定在遇到何种情况时可以进行有限的内部调整,以及如何调整,避免在突发状况下团队陷入僵化。

(3) 要防止团队成员为了追求一致而隐藏自己真实的想法。在内部沟通时,应该营造一个开放、诚实的氛围,让成员能够毫无顾虑地提出自己的观点,确保达成的一致是真正深入和有效的。

二、平行组型

平行组型谈判风格表现为团队成员地位平等,各自负责谈判的不同部分或议题。就像一组平行线,成员们同时开展工作,每个部分的谈判成果最终汇聚起来服务于整体谈判目标。例如,在一个技术设备采购谈判中,可能有成员负责技术规格方面的谈判,另一个成员负责价格和付款方式的谈判,还有成员负责售后服务的谈判。

(一) 特征

(1) 分工明确。团队成员之间有清晰的分工界线,每个成员都负责谈判中的特定部分或议题。例如在一个跨国并购谈判中,有的成员专门负责财务条款,如资产估值、股权分配和支付方式等;有的成员重点关注法律事务,像合同条款的合法性、知识产权的转移等;还有成员聚焦于运营整合,包括员工安置、业务流程衔接等。这种分工是基于成员的专业技能和知识背景进行的,以确保每个环节都能得到专业的处理。

(2) 地位平等。在平行组型风格中,成员之间不存在明显的层级关系,每个成员在自己负责的领域都有充分的决策权。他们可以根据谈判的实际情况和自己的专业判断,独立地与对方进行协商和沟通。比如,负责技术条款谈判的成员在技术细节的确定上不需要经过其他成员的层层审批,能够自主地开展工作,这有助于提高谈判的效率和灵活性。

(3) 同时推进。各个成员负责的谈判部分是同时开展的,就像多条平行线一样并行不悖。这种同时性可以加快谈判进程,因为不是所有的议题都要依次解决。例如,在商业合作谈判中,在讨论合作模式的同时,也可以同步协商市场推广计划和利润分配方式,而不是先完成一个再开始另一个,使得谈判能够在多个维度上迅速展开。

(4) 目标整合。虽然成员各自负责不同部分,但所有的谈判成果最终会整合在一起,共同服务于团队的整体谈判目标。每个成员都清楚自己的工作是为了实现这个大目标的一部分,并且在谈判过程中会根据其他成员的进展和整体目标的要求,适时调整自己的策略。例如,当负责市场拓展的成员在谈判中了解到对方的一些资源优势后,会与负责产品开发的成员沟通,以便调整产品定位,更好地实现合作后的市场占领目标。

(二) 优势

(1) 发挥专业优势。能够充分利用每个成员的专业知识和技能。不同成员专注于自己擅长的领域,比如技术专家可以深入探讨产品的技术细节,财务人员能够精准地协商价格和财务条款,从而提高谈判的专业性和质量。

(2) 高效处理复杂议题。对于复杂多样的谈判内容,这种分工方式可以让谈判过程更加条理清晰。各部分同时推进,能有效节省时间,避免所有问题都集中在一个人或一个环节处理而导致进度拖沓。

(3) 增强成员责任感。成员对自己负责的部分有明确的职责,会更加积极主动地去完成任务。这种明确的分工有助于激发成员的责任感,促使他们深入研究相关议题,为团队争取更有利的条件。

(三) 弊端

(1) 沟通协调挑战大。成员之间可能会因为沟通不畅或对彼此负责的部分理解不够深入,而导致整体谈判缺乏连贯性。每个成员的谈判进度和结果可能会相互影响,如果信息不能及时共享,就容易出现矛盾或重复劳动的情况。

(2) 整合观点困难。在面对涉及多个议题相互关联的复杂谈判时,可能难以迅速整合观点。例如,技术条款的变化可能会影响价格和售后服务,需要成员们频繁地沟通和协调来调整整体策略,但这一过程可能会比较复杂和耗时。

(四) 注意事项

(1) 建立有效的沟通渠道和定期的信息共享机制是关键。成员之间要及时交流谈判进展、遇到的问题和对方的反应,确保每个成员都能了解整体谈判情况,避免出现信息孤岛。

(2) 尽管成员负责不同部分,但要培养成员的整体意识。让他们明白自己负责的部分与其他部分是相互关联的,鼓励他们从整体谈判目标出发思考问题,避免只关注局部利益。

(3) 团队中最好有一个人或一个小组负责协调各个部分的谈判成果,当出现冲突或需要调整策略时,能够及时进行整合和决策,保证谈判的连贯性和整体性。

三、牛仔型

牛仔型团队谈判风格是以一位核心的强势成员为主导进行谈判的风格。

(一) 特征

(1) 核心主导。团队中有一个类似“牛仔”的关键人物,在谈判进程中起绝对的领导作用。这个核心成员往往具有鲜明的个性、卓越的能力，能够凭借自身的判断和决策掌控谈判的走向。比如，在面对复杂的利益博弈时，核心成员可以迅速做出决策，主导谈判节奏。

(2) 辅助配合。其余团队成员主要起辅助作用。他们在谈判中支持核心成员，按照核心成员的指示提供必要的信息、数据或专业意见。例如，在技术细节讨论环节，技术背景的成员会根据核心成员的要求提供技术可行性等相关信息。

(3) 个人魅力驱动。核心成员的个人魅力和能力对谈判风格有很大影响。其坚定的意志、自信的态度等可能会感染对方，在一定程度上左右谈判的氛围和走向。例如，一个极具说服力的核心成员能够让对方更容易接受己方的观点。

(二) 优势

(1) 决策高效。这种风格最大的优势在于决策速度快。当谈判过程中出现需要快速回应的情况时，核心成员能够凭借自己的经验和判断力迅速做出决策，避免因团队内部冗长的讨论而错失时机。例如，在面对竞争对手突然提出的优惠条件时，核心成员可以马上决定是否跟进或提出更有吸引力的反制措施。

(2) 核心能力发挥。能够充分发挥核心成员的个人能力和魅力。如果核心成员在谈判技巧、行业知识或对市场的洞察力等方面有突出优势，就可以很好地利用这些优势来引导谈判走向。比如，一个经验丰富的销售总监作为核心成员，他的沟通能力和对客户心理的把握可以有效地推动谈判进程。

(3) 明确指挥系统。团队成员职责明确，有清晰的指挥链。其他成员主要是辅助核心成员，他们知道自己的角色是按照核心成员的要求提供支持，这有助于减少团队内部的混乱和冲突，让谈判过程更加有序。

(三) 弊端

(1) 过度依赖核心成员。整个谈判过程过度依赖核心成员的判断，这是牛仔型谈判风格的最大风险。如果核心成员出现判断失误，可能会导致整个谈判陷入困境。

(2) 信息利用不充分。由于核心成员在决策中占据主导地位，可能会忽视其他成员的意见和建议。其他成员可能拥有一些对谈判有价值的信息，但没有被充分利用。比如，技术人员发现的产品技术细节问题可能因为核心成员的忽视而没有在谈判中得到妥善处理。

(3) 内部矛盾隐患。长期来看，这种风格可能会导致团队内部矛盾。如果核心成员过于独断，其他成员可能会感到自己的价值没有得到充分体现，从而产生不满情绪。这种内部矛盾在压力较大的谈判环境下可能会被放大，影响团队的稳定性。

(四) 注意事项

(1) 核心成员需要养成倾听其他成员意见的习惯。在谈判准备阶段和休息期间，应该鼓励其他成员分享他们所掌握的信息和观点，确保这些信息能够为谈判决策提供参考。

(2) 核心成员要通过沟通和行动让其他成员信任自己的决策能力，同时也要对其他成员表示信任。这样可以增强团队的凝聚力，减少内部矛盾的产生。

(3) 尽管核心成员主导决策，但应该建立一个应急机制，以便在核心成员无法正常工作，如突发疾病等，或出现严重决策失误时，团队能够有相应的措施来继续谈判或纠正错误。

知识链接 10-2

一家小型科技公司 A,主要研发和销售智能穿戴设备。公司的销售团队由经验丰富的销售经理汤姆带领,团队成员包括销售助理和市场专员。在一次重要的产品代理谈判中,他们展现出了牛仔型谈判风格。

汤姆作为团队核心,个性强势、经验丰富。在与潜在代理商 B 公司的谈判中,他几乎主导了整个谈判进程。在谈判开场,汤姆就凭借自己对产品的深入了解和自信的态度,详细地介绍了产品的优势、市场潜力和公司的发展愿景,给 B 公司留下了深刻的印象。

当 B 公司提出对产品代理价格和市场推广支持的疑问时,汤姆没有与团队成员进行长时间的讨论。他根据自己对市场的判断和以往的销售经验,迅速提出了一个包含价格优惠策略和初步市场推广计划的方案。他认为,通过降低首次进货价格来吸引代理商,同时提供一定的市场推广资源,可以有效达成合作。这个方案让 B 公司看到了 A 公司的诚意和效率。

团队中的销售助理在汤姆提出方案后,迅速提供了相关产品的销售数据和市场调研报告,以支持汤姆的观点。市场专员也适时地补充了一些关于产品在不同渠道的推广案例和效果,增强了方案的说服力。

最终,A 公司成功与 B 公司达成了产品代理协议。汤姆的果断决策和团队成员的有效辅助使谈判过程顺利进行,双方对合作都充满信心。

综上,牛仔型谈判风格的优势明显。汤姆的快速决策能力避免了冗长的内部讨论,抓住了 B 公司的兴趣点,及时回应了对方的疑问,使谈判能够高效地推进。他的个人魅力和主导地位也让 A 公司在谈判中展现出坚定的立场,给对方留下了专业、自信的印象。

然而,这种风格也存在一定的风险。如果汤姆对市场的判断出现失误,例如,他提出的价格优惠策略可能会使公司利润受到较大影响,或者市场推广计划不符合实际情况,那么整个谈判结果可能会对 A 公司不利。而且,团队成员主要是辅助角色,他们的意见可能没有得到充分的考虑,如果长期如此,可能会影响团队成员的积极性和创造力。

四、团队型

团队型谈判风格是一种强调团队成员相互协作、紧密配合,以团队整体力量进行谈判的风格。

(一) 特征

(1) 高度协作性。成员之间相互协作是这种风格的核心。他们会共同制定谈判策略,在谈判过程中,彼此支持、配合默契。例如,在讨论价格条款时,成员们会根据各自的观察和专长,相互补充观点,共同应对对方的论点。

(2) 角色明确性。每个成员都清楚自己的角色和职责,同时也明白其他成员的角色。就像在一场体育比赛中,每个队员都知道自己是前锋、中场还是后卫,并且了解队友的位置和任务。例如,在一个产品采购谈判中,有的成员负责评估产品质量,有的负责谈价格,有的负责沟通交货期,各司其职,协同作战。

(3) 沟通顺畅性。团队内部有着良好的沟通机制,信息能够及时、准确地在成员之间传递。无论是在谈判桌上还是休会期间,成员之间都会不断交流想法、分享信息,确保对谈判的进度和内容有统一的认识。例如，通过定期的内部小会议或者即时通讯工具，成员能随时沟通最新情况。

(4) 灵活应变性。在面对复杂的谈判局面或意外情况时，团队能够灵活调整策略。成员之间可以迅速重新分工或者改变谈判重点，因为他们对彼此的能力和整个谈判局势有清晰的理解。比如，如果对方突然改变了谈判议题，团队能够马上做出反应，重新安排负责应对的成员和策略。

(二) 优势

(1) 协同效应显著。团队成员紧密协作能够充分发挥团队的协同效应。通过整合各种资源和专业知识，团队可以应对谈判中的复杂问题。例如，在涉及技术、财务、法律等多领域的大型项目谈判中，不同专业背景的成员可以相互配合，提供全面的解决方案。

(2) 策略灵活调整。这种风格使团队在谈判中能够灵活地调整策略。成员之间相互补位的特点让他们可以根据谈判的实际情况，迅速改变战术。比如，当发现对方对某一议题的态度发生变化时，团队可以快速重新分配谈判重点和人员安排。

(3) 良好的合作氛围。团队成员相互协作，有利于建立良好的团队氛围。这种积极的氛围不仅可以提升团队的凝聚力，还能在谈判中向对方展示己方的团结，给对方留下良好的印象，有助于建立长期合作关系。

(三) 弊端

(1) 对成员素质要求高。要求团队成员具备良好的团队合作精神、沟通能力和专业知识。如果成员在这些方面存在不足，可能会影响团队的整体表现。例如，一个沟通能力差的成员可能无法及时准确地传递重要信息，导致谈判出现问题。

(2) 团队建设和磨合成本高。为了达到高度协作的状态，团队需要投入一定的时间和精力进行建设和磨合。在这个过程中，可能会出现成员之间的矛盾和冲突，需要时间来解决。例如，新组建的团队可能需要经过多次模拟谈判和内部讨论，才能形成默契。

(四) 注意事项

(1) 团队要建立持续的沟通机制，确保成员之间的信息流畅。同时，要注重成员团队合作能力和专业知识的培训，不断提升团队的整体素质。例如，可以定期组织内部培训和经验分享会。

(2) 在谈判前，要明确团队的谈判目标，并根据成员的能力和特点进行合理分工。确保每个成员都清楚自己的任务和责任，以及如何与其他成员配合。例如，通过详细的任务清单和流程表来明确职责。

(3) 建立合理的激励机制，鼓励成员积极参与团队协作。同时，要有良好的反馈机制，让成员能够及时了解自己的表现和团队的整体进展。例如，设立奖励制度，对在谈判中表现出色的成员给予表彰。

五、等级型

等级型团队谈判风格是指团队内部有明显的等级结构，在谈判过程中决策主要由高层成员做出的一种谈判风格。

（一）特征

(1) 层级分明。团队成员存在明显的层级划分，上级与下级的角色和权限明确。比如，在企业并购谈判中，可能会由高层领导、部门经理和普通员工组成谈判团队，高层领导拥有最终决策权，部门经理负责传递和解释高层意图，普通员工主要负责收集和提供基础信息。

(2) 信息单向流动为主。在谈判过程中，信息和观点通常是从低层级向高层级传递，指令则是从高层级向低层级下达。例如，基层员工将对方提出的初步条件和现场细节等信息汇报给中层管理者，中层管理者汇总后再上报给高层领导，高层领导做出决策后层层下达指示给基层员工去执行。

(3) 决策集中于高层。谈判中的关键决策，如价格底线、合作条件的最终确定等权力集中在高层成员手中。以大型设备采购谈判为例，是否接受对方的报价、是否同意特殊条款等重要决定都由团队中的高层领导来拍板。

(4) 强调组织纪律性。这种风格注重团队的组织纪律，低层级成员需要严格按照高层的指示行事。例如，在跨国贸易谈判中，一旦高层确定了谈判策略和底线，基层成员在谈判过程中就要严格遵守，不能随意更改谈判方向。

（二）优势

(1) 决策符合战略利益。具有明确的指挥系统，能够保证谈判策略和决策符合组织的整体战略和利益。高层成员通常具有更广阔的视野和对组织战略更深入的理解，他们做出的决策能够确保谈判方向与组织长期目标相一致。例如，在公司进行大型项目合作谈判时，高层可以从公司的战略布局出发，考虑合作对市场份额、品牌形象等多方面的影响，从而做出最有利于公司整体发展的决策。

(2) 资源协调高效。在大型企业或者机构的谈判中，这种风格可以有效地协调各方资源。高层成员能够调动公司内部的各种人力、物力和财力资源来支持谈判，使谈判团队在技术支持、财务分析等方面得到充分保障。比如，当谈判涉及复杂的技术细节时，高层可以协调公司的技术部门提供专业人员和相关资料。

（三）弊端

(1) 决策过程繁琐。由于需要层层上报和审批，决策过程可能比较缓慢。在快节奏的谈判环境中，这种决策方式可能会导致错过最佳时机。例如，在面对对方限时提出的优惠条件时，需要经过多个层级的传递和讨论，等决策下达时，可能已经过了对方规定的时间。

(2) 基层积极性受限。低层级成员的积极性和创造性可能会受到一定的限制。他们主要是执行上级的指令，可能会觉得自己的意见和建议没有得到足够的重视，从而缺乏主动参与谈判的动力。例如，基层员工在谈判现场发现了一个可以为公司争取更多利益的机会，但由于没有决策权，需要向上层层汇报，最后可能因为流程复杂而放弃这个机会。

(3) 信息失真风险。信息在传递过程中可能会出现失真的情况。每经过一个层级的传递，信息可能会因为个人理解、主观筛选等因素而发生变化，导致高层最终接收到的信息与实际情况存在偏差。例如，基层员工在汇报对方的态度和要求时，可能会加入自己的主观判断，使高层做出不准确的决策。

（四）注意事项

(1) 尽量简化不必要的层级环节，建立快速反应机制。可以规定在某些紧急情况下，基层成员有一定的临时决策权，或者可以直接向高层汇报重要信息，减少决策延迟。例如，对于一些时效性强的谈判议题，可以设置紧急沟通渠道。

（2）营造一个鼓励低层级成员积极参与的氛围，重视他们的意见和建议。例如，设立奖励机制，对提供有价值信息和建议的基层员工给予奖励，或者定期组织内部会议，让基层员工有机会直接向高层汇报想法。

（3）加强对信息传递环节的管理，提高团队成员的沟通能力和信息处理能力。可以通过培训、标准化信息模板等方式，减少信息在传递过程中出现失真的情况。例如，制定详细的信息汇报模板，要求基层员工按照模板如实填写谈判现场的情况。

六、部门型

部门型谈判风格是指谈判团队成员来自不同部门，每个成员在谈判过程中带有本部门的利益诉求、专业视角和工作重点，团队需要整合各部门观点来进行谈判的风格。

（一）特征

（1）成员背景多样化。团队成员来自不同的部门，如研发、生产、销售、财务、法务等。他们有着不同的专业知识、工作经验和思维方式。例如，研发部门成员关注技术的先进性和创新性，而财务部门成员更注重成本控制和资金流动。这种多样化的背景为谈判提供了丰富的视角和专业知识。

（2）部门利益导向明显。每个成员在谈判中会首先考虑自己部门的利益和目标。比如，在产品合作谈判中，销售部门代表会努力争取更有利的销售渠道、市场推广支持和销售量承诺，因为这直接关系到部门的业绩考核；而生产部门代表则会重点关注产品的生产流程、质量标准和供应稳定性，以确保本部门的生产计划能够顺利进行。

（3）外部立场相对统一。尽管内部存在部门利益差异，但在面对谈判对手时，团队会努力呈现出一个相对统一的立场。成员们明白，最终的谈判结果要符合公司整体利益，所以会在内部协调后，以公司代表的身份与对方进行谈判。例如，在对外报价时，各部门代表会根据事先协商好的价格进行报价。

（二）优势

（1）专业知识全面覆盖。不同部门成员能够带来多领域的专业知识，如财务人员精通成本核算和资金运作，法务人员擅长法律条款审查，这使得谈判团队在面对涉及多方面专业知识的复杂议题时，能够提供全面的解决方案。

（2）多部门利益平衡。有助于平衡公司内部各部门的利益。因为成员代表各自部门参与谈判，所以最终的谈判结果能够考虑到各部门的合理诉求，避免了单一部门决策可能导致的对其他部门利益的忽视。

（3）提升公司内部协同性。通过跨部门合作谈判，能加强各部门之间的沟通和协作。成员在谈判过程中有机会深入了解其他部门的工作重点和需求，促进公司整体业务流程的协同优化。

（三）弊端

（1）部门间冲突频发。由于各部门成员优先考虑本部门利益，很容易引发部门间的利益冲突。例如，销售部门希望降低产品价格以增加销量，而财务部门为了保证利润可能坚持较高价格,这种冲突会增加内部协调的难度,甚至可能影响谈判的顺利进行。

(2) 决策过程复杂耗时。整合不同部门的观点和利益是一个复杂的过程,需要花费大量时间和精力进行沟通、协商。每个部门都有自己的立场和理由,要达成一致意见可能需要多轮讨论,这可能导致决策效率低下,错过最佳谈判时机。

(3) 对外反应可能迟缓。内部的意见分歧和复杂的协调过程可能使团队在面对谈判对手的快速变化或紧急情况时,难以及时做出统一、有效的反应。例如,对方突然提出新的合作条件,团队可能因为还在内部协调而无法迅速回应。

(四) 注意事项

(1) 要让团队成员明确,虽然代表部门利益,但最终目标是实现公司整体利益的最大化。通过定期的公司战略培训和会议,加深成员对公司整体利益的理解,使他们在谈判中能够自觉地从公司全局出发思考问题。

(2) 搭建畅通的跨部门沟通平台,如定期的跨部门会议、实时的信息共享系统等。确保成员之间能够及时、准确地交流信息,减少误解和沟通成本。同时,培养成员的沟通技巧,提高沟通效率。

(3) 制定清晰的内部决策规则。例如,对于部门间的利益冲突,可以设定按公司战略重要性排序、投票表决、高层领导裁决等协调机制。确保在出现分歧时能够快速、公正地解决问题,保证谈判能够顺利推进。

知识链接 10-3

一家大型制造企业准备采购一套先进的自动化生产设备,为此组建了一个跨部门谈判团队,成员包括采购部门的负责人李明、生产部门的主管王强、技术部门的专家张工和财务部门的代表陈姐。

李明作为采购部门负责人,关注的重点是设备的采购价格、供应商的信誉和交货期。他希望通过谈判获得最低的价格、可靠的供应商和最短的交货时间。在谈判中,他不断地向供应商询问价格是否还有下降空间,以及交货时间能否提前。

王强从生产的实际需求出发,更在意设备的生产效率、质量稳定性和操作便利性。他要求供应商详细介绍设备的生产速度、次品率以及操作流程,并且希望设备能够与现有的生产线无缝衔接,减少安装调试的时间。

张工则聚焦于设备的技术参数和技术支持。他对设备的先进程度、技术创新点以及售后服务中的技术保障部分提出了诸多问题。例如,他详细询问设备所采用的新技术是否成熟,出现技术故障时供应商的响应时间和解决方式。

陈姐主要考虑成本和付款方式。她仔细核算设备的采购成本、运营成本以及维护成本,并且对付款方式提出了自己的意见,如分期付款的期限和比例,确保公司的资金流能够合理安排。

在谈判过程中,部门之间的利益冲突逐渐显现。例如,采购部门为了压低价格,可能会选择一些技术参数稍低的设备,但这与技术部门追求先进技术的要求产生了矛盾;生产部门希望设备能够快速交付和安装调试,这可能会影响采购部门对价格的谈判,因为供应商可能会因加急服务而提高价格;财务部门严格的付款方式可能也会对谈判的其他方面产生限制。这些矛盾需要团队内部进行协调。

为了达成整体的谈判目标，团队成员在内部会议中进行了多次讨论。他们首先明确了公司的核心利益是获得一套既能满足生产需求又具有性价比的设备。通过综合各部门的意见，制定了一个相对平衡的谈判方案。对外谈判时，他们以公司整体利益为出发点，向供应商提出了包括合理价格、满足生产要求的技术参数和质量标准、合适的交货期和付款方式等一系列条件。

经过几轮艰苦的谈判，最终与供应商达成了协议。采购的设备在价格上控制在预算范围内，技术参数符合技术部门的基本要求，能够有效提升生产效率和质量稳定性，交货期和付款方式也让各部门能够接受。

通过部门型谈判风格，各部门发挥了自身的专业优势，全面考虑了设备采购过程中的各种因素。这种综合考虑避免了单一部门决策可能带来的片面性，确保了采购的设备能够在多个方面满足公司的需求。

部门之间的利益冲突明显增加了谈判的复杂性和内部协调的难度。如果内部协调机制不健全，可能会导致谈判陷入僵局或做出不合理的决策。在这个案例中，团队花费了大量时间进行内部沟通和协调，这在一定程度上影响了谈判的效率。

◆内容提要

本章主要介绍了谈判风格的概念，学习谈判风格的作用，个人风格的六种类型，介绍了各种谈判风格利弊和应对方法，如何对谈判风格进行定位以及如何对定位进行调整。介绍了团队风格的定义和团队风格的六种类型。

◆关键词

个人谈判风格　领导型谈判风格　团队谈判风格

◆复习思考题

1. 进攻型谈判风格的利和弊有哪些?
2. 决定谈判风格定位的主要因素有哪些?
3. 意见一致型谈判风格有哪些特点?

第十一章　国际商务谈判

学习目标

理解影响国际商务谈判风格的文化因素；掌握欧洲商人的谈判风格；掌握美洲商人的谈判风格；掌握亚洲商人的谈判风格；掌握大洋洲商人和非洲商人的谈判风格。

导入案例

一家中国汽车零部件制造企业（中方）与德国一家汽车整车生产企业（德方）开展合作。中方希望为德方提供高质量且性价比高的零部件，德方则希望找到可靠的供应商以保障供应链稳定。

双方在德国举行初次洽谈。中方团队提前到达会场，并准备了详细的企业资料和产品样本，资料中包含大量的企业荣誉和发展历程介绍。德方团队则更注重当前的技术参数和生产能力数据。中方在介绍时注重整体氛围的营造，讲话风格比较委婉、谦虚，而德方则希望中方直接切入重点，这种开场就出现了理解上的小分歧。

中方邀请德方来参观自己的生产工厂。在参观过程中，中方安排了隆重的欢迎仪式，员工们整齐列队欢迎。德方更关注的是工厂的生产设备、卫生条件和生产流程的规范性。中方在介绍生产流程时，强调工人的经验和团队协作，德方则对自动化设备的使用比例、质量检测环节的标准化程度等方面提出了较多问题。

在讨论合作条款的商务会议上，中方通常需要团队成员集体商议后才能做出决策，这一过程可能需要较长时间的讨论和向总部汇报。德方则期望中方能够有更快速的决策机制，因为在德国企业中，谈判代表往往有较大的授权范围。此外，中方在表达对某些条款的不同意见时，措辞比较委婉，德方有时不能准确理解中方的态度，认为中方已经默认。

双方在合作过程中逐渐意识到这些跨文化差异。通过组织专门的文化交流研讨会，中方了解到德方对效率和数据的重视，德方也理解了中方的集体决策模式和委婉表达背后的含义。之后双方调整了沟通方式，中方在资料准备上更突出关键数据，在决策环节也提前明确流程和时间范围；德方则在理解中方文化的基础上耐心等待中方决策，并积极询问中方意见以确保理解无误。这次合作因双方对跨文化交往的重视而得以顺利推进。

第一节　影响国际商务谈判风格的文化因素

在国际商务谈判过程中，谈判者的思想和行为都受孕育自己的文化所左右。在正式谈判之前，谈判者需要熟悉对手的文化背景及其差异，并在此基础上扬长避短，制定出合理的谈判策略。正式谈判过程中才能避免触犯对方的文化习俗,有利于谈判的顺利推进。影响国际商务谈判风格的文化因素包括以下 6 个方面。

一、语言及非语言行为

语言是由语音、词汇、语法构成的符号系统,是文化的重要载体之一,也形成了不同文化间的重要区别。据统计,目前世界语言共有 7000 多种,要想在谈判中取得成功,谈判者不但需要掌握语言的合理运用方式,而且需要清楚地知道某些语义的特殊意思或传统意义上的差异。

语言的差异性是最直观明了的,要想解决因语言差异而带来的交流问题,可以雇佣一位翻译或者用共同的第三语言进行交谈。然而在现实的国际商务谈判过程中,由于翻译不当引起的交流不畅,致使双方发生不愉快的现象层出不穷。这主要因为文化差异影响下,一词一字背后都蕴含着不同的历史文化含义,代表着不同国家的精神风貌。不同的词在不同国家的人的眼中,其意义甚至完全不同,因此即使是专业的翻译人员也有可能陷入僵局。比如如果中方代表团把中国的二级企业翻译成了“second-class enterprise”,容易造成美方代表团误解其是一家很差劲的企业,从而可能引发谈判的失败。

国际商务谈判除了受语言的影响,非语言同样也会影响国际商务谈判的顺利开展。非语言主要指人们通过面部表情和身体动作相互交流思想和感情的一种沟通方式。非语言因素的影响通常没有明显的规则可循,具有隐蔽性特征。因此,当外国伙伴发出不同的非语言信号时,具有不同文化背景的谈判对手极易误解这些信号,而且很难意识到所发生的错误,如表 11.1 所示,相同的非语言符号,在不同的国家其意义存在完全相反的现象,虽然在本国是积极的、正面的表达方式,但是在其他国家很有可能是消极的、负面的表达方式。如果在谈判过程中,不能理解这些非语言符号,不知不觉中所产生的个人摩擦得不到及时纠正,就会影响商务谈判的顺利开展,不利于最终的谈判成功。

表 11.1 异文化中非言语符号的含义对照举例

大拇指和食指围成圆圈	日本:钱 法国:零或无价值
竖起大拇指	英国:好、不错、赞扬 伊朗:不满意、卑鄙下流
伸出食指并用食指弯曲	美国:请人过来 日本:召唤动物过来
点头	中国:同意 希腊:不同意
讲话时抬下巴	英国:自信、礼貌 美国:傲慢自大
双手举过头顶鼓掌	美国:战胜对手后的骄傲 俄罗斯:友谊

(资料来源:李爽,刘萍,于湛波,等. 商务谈判[M]. 北 4 版. 北京:清华大学出版社,2021.)

不管是语言还是非语言，都对国际商务谈判的开展具有非常重要的影响。不同的国家由于文化背景的不同，其语言及非语言都具有多样性、复杂性的特征。在国际商务谈判过程中，谈判人员不仅需要提前熟悉对手的文化背景、掌握语言技能，还需要在谈判过程中善于察言观色，通过谈判对手所释放出的非语言信息捕捉他们内心的真正想法，从而增加商务谈判的成功率。

二、表达方式

在语言的表达方式上，一般会分为低语境国家和高语境国家。在低语境国家，语言内容是表达的核心，直接坦率是低语境国家谈判的明显标志，西方国家大多数是低语境国家；而高语境国家是指这些国家的人在交流的过程中，更看重“言外之意”，注重说话人的神态、动作等非语言信息。

例如，东方文化讲究“和气”，东方人为人处世方面比较谦逊、不张扬，绝大多数信息是通过含蓄的、委婉的或间接的方式传递。在商务谈判过程中，喜欢进行铺垫，比较隐晦地提出实质性的要求，不善于直接拒绝对方提出的要求；而西方人会开门见山地表达自己的要求和想法，会直接拒绝他们不接受的要求，并且非常注重合同的法律性。合同一旦签订，很难有进一步商量的余地。

三、价值观

价值观对国际商务谈判行为的影响最为隐晦，价值取向的不同体现在是非判断的原则上，也体现在对不同事物的重视程度上。不同国家的人信仰不同、道德观念不同、原则性不同，对待同一种事物，容易存在不同的判断和选择。价值观对国际商务谈判行为的影响主要表现为客观性、时间观和平等观的差异所引起的误解。

（一）客观性

国际商务谈判中的客观性反映了行为人对“人和事物”的区分程度。

例如，德国人在商务谈判中展现出高度的客观性。他们对产品质量和技术标准要求极为严格，这些标准通常是基于国际认可的工业标准或德国自身的高质量工业传统。在谈判涉及技术产品时，会拿出详细的技术参数手册，以客观的技术指标来衡量产品是否符合要求。例如，在汽车零部件谈判中，会根据精确的机械尺寸、材料强度等技术参数来判断产品质量。德国文化中的严谨性和秩序性决定了他们在谈判中追求客观性。他们注重规则和秩序，认为只有基于客观的质量、技术等标准，才能保证商业合作的顺利进行。这种文化价值观使得他们在谈判中对模糊的、没有根据的说法难以接受。

美国人在商务谈判中通常有较强的客观性。他们倾向于以事实和数据为依据进行决策。例如，在评估一个商业项目时，会参考市场调研公司的报告、财务分析数据等。在产品定价方面，很注重成本核算和市场供需关系，会对原材料成本、生产成本、运输成本等进行详细分析，再结合市场上同类产品的价格来确定合理价格区间。这是因为美国文化强调个人主义和实用主义。个人主义使得谈判者注重自身利益的实现，需要通过客观的数据来证明自己的观点，为自己争取有利的谈判地位。实用主义则促使他们关注实际的经济利益和效率，以客观的市场和商业规则来衡量谈判价值。

（二）时间观

不同国家的时间观念不一致。英国人严格遵守约定的时间。中国人一般会提前到达，表示尊重和礼貌。而有些国家不太重视时间，如中东和拉丁美洲的时间观念较弱，在他们看来时间是弹性的，时间应当用来享用。

爱德华·霍尔（Edward T. Hall）把时间的利用方式分为两类，即单一时间利用方式（M-time）和多种时间利用方式（P-time）。单一时间利用方式强调“专时专用”和“速度”，北美人、瑞士人、德国人和斯堪的纳维亚人具有此类特点。单一时间利用方式就是线性地利用时间。而多种时间利用方式则强调“一时多用”，中东和拉丁美洲文化具有此类特点，如墨西哥、沙特阿拉伯等。多种时间利用方式涉及关系的建立和对言外之意的揣摩。在多种时间利用方式下，人们有宽松的时刻表、淡薄的准时和迟到概念、意料之中的延期。对这些就需要有较深的私交和“静观事态发展”的耐性。

因此，在国际商务谈判中，当两个采用不同时间利用方式的经营者遇到一起时，就需要彼此适应，以便建立起和谐的关系，并要学会适应不同时间利用方式的工作方式，只有这样才能避免由于“本地时间”与“当地时间”不一致所带来的不安和不满。

（三）平等观

在国际商务谈判中，平等观是指谈判双方都认可彼此在地位、权利和机会等方面是对等的。这意味着双方都有平等的机会表达自己的观点、提出建议和要求，并且这些观点和要求都能得到公正的对待。例如，无论谈判的一方是大型跨国公司还是小型本土企业，都应被视为具有同等价值的谈判主体。

当双方都感受到平等的对待时，更容易建立起信任。比如，在谈判桌上，如果一方总是主导谈话，不给对方充分发言的机会，就会让对方产生被忽视的感觉，从而破坏信任。相反，尊重对方的平等地位，能为双方营造一个积极、开放的谈判氛围，有利于长期合作关系的建立。

平等的交流环境能够促进信息的有效传递。双方可以更自由地表达自己的真实想法、需求和底线。例如，在讨论合作条款时，双方能够坦诚地说明自己对价格、交货期、质量标准等方面的期望，而不用担心因为地位不平等而受到不合理的压制。

比如，美国文化强调个人主义和平等，在商务谈判中表现为每个谈判者都希望自己的观点和利益能够得到充分尊重。谈判代表会积极维护自己的立场，并且期望对方能够以平等的方式回应。例如，在团队谈判中，即使是团队中的年轻成员也会被鼓励表达自己的想法，团队内部的沟通方式也比较平等。日本文化虽然有一定的等级观念，但在商务谈判中也注重平等交流。他们通常会以团队形式参与谈判，团队内部等级分明，但在与对方谈判时，团队整体会与对方团队进行平等的对话。例如，在交换意见环节，日本团队会认真倾听对方的观点，并且会通过内部讨论后，以团队的名义给出回应，体现出团队与团队之间的平等地位。阿拉伯文化重视人际关系和尊重，在商务谈判中，平等体现在对人的尊重上。他们会以热情好客的方式对待谈判对手，让对方感受到被尊重和平等对待。例如，在谈判开始前，会有一系列的社交礼仪，如提供茶点、进行友好的交谈等，这些环节都是为了营造一个平等、融洽的谈判氛围。

四、风俗习惯

每一种文化背后都有不同的风俗习惯,风俗习惯会在无形中影响人们做事情的方式,制约着人们的行为举止。在国际商务谈判过程中,如果谈判人员不了解当地的风俗习惯,很有可能在无形中会触碰谈判对手的忌讳之处,从而引发谈判的不愉快甚至造成最终谈判的失败。

每个国家都有独特的习俗,就算是同一国家不同民族,地方习俗的差异也非常大。

阿拉伯人见面时,通常会在同性之间行拥抱礼和亲吻脸颊。问候语比较热情,会使用一些宗教祝福语。他们对宗教信仰和传统文化非常尊重,在涉及违背宗教教义的条款时,会坚决反对。例如,在斋月期间进行谈判,他们的工作时间和精力可能会受到一定影响,需要尊重他们的宗教习俗。

印度是一个宗教多元化的国家,其中印度教影响深远。牛在印度教中被视为神圣的动物,所以在印度的街道上,牛可以自由行走,人们不会驱赶它们。在社交和商务场合,人们见面通常是双手合十,微微低头,互道“Namaste”(合十礼,表示问候和敬意)。印度人多数是素食主义者,在商务宴请等场合要注意尊重这一习惯。而且印度人用手抓饭进食,一般是用右手,因为左手被认为是不洁净的。印度有许多盛大的节日,比如排灯节。在排灯节期间,人们会点亮各种油灯和蜡烛,象征着光明战胜黑暗、善良战胜邪恶。这个时候如果进行商务活动,需要考虑到节日对人们工作和情绪的影响,因为大部分人会沉浸在节日的氛围中。

巴西人热情好客,见面时通常会拥抱和亲吻脸颊,通常是在脸颊两侧各吻一次。巴西狂欢节举世闻名,这是一个全民参与的盛大节日。在狂欢节期间,整个国家几乎陷入狂欢状态,商业活动可能会暂停或者受到很大影响。这个节日展示了巴西人对舞蹈、音乐和欢乐的热爱,桑巴舞是狂欢节的标志性舞蹈。此外,巴西人对足球有着极高的热情。在商务交往中,足球是一个很好的话题切入点。了解一些巴西足球明星和球队的情况,有助于拉近与巴西人的关系。

韩国人非常注重礼仪和等级观念。在见面和告别的时候,他们会行鞠躬礼,鞠躬的角度根据场合和对象的身份有所不同。韩国人用餐时使用筷子和汤匙。在和韩国人一起用餐时,长辈先动筷,晚辈才能开始吃。韩国料理以泡菜、烤肉等为代表,在商务宴请中,这些传统美食经常出现。韩国的春节和中秋节是最重要的传统节日。在这些节日期间,家庭团聚是主要的活动内容。如果在这个时候进行商务活动,要注意韩国人的休假安排和可能受到节日氛围影响的工作效率。

五、思维方式

思维方式与日常生活环境息息相关,处在不同的环境中,思维方式也会潜移默化地受到影响。在国际商务谈判过程中,因为思维方式的不同引起的谈判冲突也屡见不鲜。

如图 11.1 所示,小圆的内部为思维的内部空间,是对外封锁的保密的思维内核;小圆的外部为思维的外部空间,是可以向外面敞开的外层思维领域。从图中可以明显地发现,日本人的内部思维空间非常大,外部的思维空间非常小,所以日本人不喜欢直接向对方传达自身的真实想法。虽然在国际商务谈判过程中,会看到他们始终保持微笑,但是很难猜透他们的真实想法,所以时常会令很多别的国家的谈判对手非常头疼。但是,在国际商务交往的过程中，只要能使日本人满意，获得他们的信赖，他们就容易敞开心扉，成为忠诚合作伙伴的可能性非常大。和日本人相反，美国人的思维内圆小而外圆思维空间大，表明美国人在谈判过程中很容易打交道，他们会直接说明自己的想法和需求。但是他们不会随便向对方袒露内心秘密，即美国人的内部思维空间虽然小但是封闭性很强。

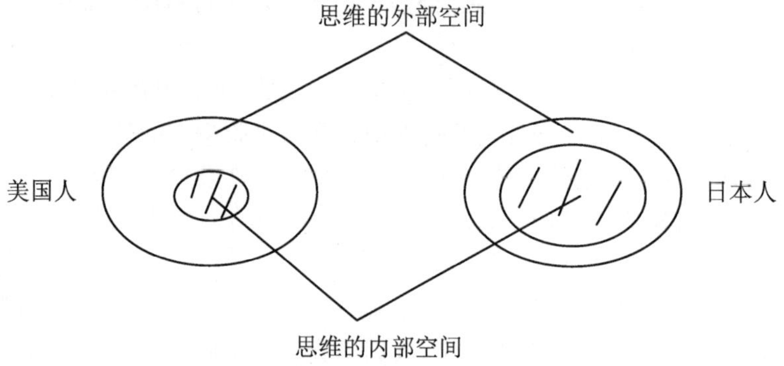

图 11.1　东西方不同的思维模式

（资料来源：周娟美. 影响国际商务谈判的文化因素[J]. 华北工学院学报(社会版)，2003，19(3)：8-10.）

一般来说，东方以形象思维为主，比较重视整体大局原则等方面的内容，谈判风格的特征之一是"先谈原则、后谈细节"，一揽子协议是东方人的习惯。西方以抽象思维为主，善于运用逻辑理性思维，西方人会仔细准备谈判工作，如准备精准的数据以便决策，他们注重事实，先个体再整体，习惯于顺序解决的方式。

六、人际关系

成功的谈判要求始终保持畅通无阻的信息交流，然后不同的文化背景使国际商务谈判者之间的信息交流面临许多障碍和冲突。因此，国际商务谈判人员必须能够在谈判中和对手保持良好的人际关系，保证良好的沟通以便谈判顺利进行。对此，美国学者温克勒指出："谈判过程是一种社会交往的过程，与所有其他社会事务一样，当事人在谈判过程中的行为举止、为人处世，对于谈判的成败至关重要，其意义不亚于一条高妙的谈判策略。"

日本人的等级观念很重、地位意识浓厚，在谈判过程中，不仅要善于使用敬语、自谦语及礼貌语，还需要提前了解他们的职位与级别。在德国，谈判者比较注重头衔，所以在谈判过程中，需要在适当的时候称赞对方的头衔。

综上所述，包括语言表达、风俗习惯、价值观、人际关系等要素的文化差异塑造了不同国家的谈判风格。谈判人员要想顺利推进谈判并取得最终的成功，就必须提前了解对手的文化差异。接下来，我们将对主要国家的谈判风格逐一进行分析。

知识链接 11-1

议程安排——先谈原则还是先谈细节

中国人在谈判思维方面的习惯之一是"先谈原则、后谈细节"，这与西方人思维习惯有所不同。例如，美国人在参与世界事务中的典型观念是"先谈细节，避免陷入原则讨论之中"，因为时间资源的短缺和工作的快节奏不允许他们说话绕弯子。这种差异常导致中美之间交流的困难。事实上，随着中国经济的高速发展，东部和沿海地区的生活工作节奏变得越来越快,人们说话也开始喜欢开门见山了。我们在这里并不刻意强调这些变化只是中美之间的差异,随着商业交往次数的增加,会发现这些在不同地区间也存在着。

中国人喜欢在处理麻烦的细节问题之前先就双方关系的一般原则取得一致意见,把具体的问题安排到以后的谈判中,由双方的下一级部门或人员去谈判。研究表明,这种谈判风格在多数情况下可以为中方在以后的讨价还价中谋得有利的地位。

有些谈判者注意到,对于必须谈判的问题,可以寻求在一般性的交往中安排一些有利于双方沟通感情的活动,有效地把对一些问题的原则性看法传递给对方,为以后细节谈判打下基础。将“招呼”打在了前面,对推进后续的细节谈判能起到良好的作用。

美国人通常认为细节是问题的本质,如果细节不清楚,即便原则问题谈得再好,问题实际上没有得到解决。他们更愿意在细节问题上多动脑筋,对于原则性的讨论则比较随意。大多数西方人都觉得原则只不过是一些仪式性的声明而已,只要没有对细节进行具体的规定,原则就是虚盘。由于中西方对谈判原则的重视程度不同,两种环境下的谈判结果截然不同,在中方的文化环境下,或者在中方可以控制局面的环境下,如果能坚持先谈原则,总体上对后续细节谈判的制约作用更大;反之,在异域文化环境下谈判,制约作用较小。

(资料来源:张强.商务谈判理论:理论与实务[M].北京:中国人民大学出版社,2010.)

第二节　欧洲商人的谈判风格、礼仪与禁忌

一、英国商人的谈判风格、礼仪与禁忌

(一) 英国商人的谈判风格

英国的全称是大不列颠及北爱尔兰联合王国,是世界上资本主义开始最早的国家,它率先进入工业革命时期,并迅速成为世界头号经济大国。英国在早期虽然发展快速,但是第一次世界大战后,英国殖民体系逐步动摇和瓦解,经济实力进一步削弱。近年来,虽然英国的经济增长率不高,发展较为缓慢。但英国人依然保留岛国民族的特性,比较保守和怕羞,并且显得高傲、矜持,给人难以接近的印象。

1. 注重礼仪和传统

英国商人在谈判中通常比较注重礼仪。他们会以一种礼貌、谦逊的方式进行交流,讲话语气较为温和,很少出现情绪过于激动或言辞激烈的情况。这种风格源于英国深厚的文化传统,使得谈判氛围相对比较正式和稳重。

例如,即使在谈判出现分歧时,他们也会尽量克制自己的情绪,使用比较委婉的措辞来表达不同意见,像“Perhaps we could consider another perspective ...(也许我们可以考虑另一个角度……)”。

2. 严谨和务实

英国商人在谈判过程中表现得十分严谨。他们会对谈判的议题、产品细节、合同条款等进行深入的研究和分析。在讨论产品质量、价格、交货期等关键问题时,会要求精确的信息和数据支持。

比如，在采购机械产品的谈判中，他们会仔细查看产品的技术参数、质量认证等文件，并且对成本核算和市场价格有清晰的了解，以此来确保谈判的内容具有实际价值。

3. 重视等级和秩序

在谈判团队中，等级观念比较明显。通常由职位较高、经验丰富的人主导谈判进程，团队成员会严格按照分工进行工作。在与对方交流时，也会比较重视对方团队的职位和身份对等。例如，在正式的商务谈判中，双方团队的负责人会首先进行沟通，然后再根据议题安排相应职位的人员进行细节讨论。

4. 决策过程相对缓慢

英国商人的决策过程可能会比较谨慎和缓慢。这是因为他们需要综合考虑多方面的因素，包括商业利益、风险评估、公司政策以及对长期合作关系的影响等。比如，在考虑是否签订一份长期的供应合同，他们可能会进行内部多轮的讨论，征求不同部门的意见，还会对市场前景和潜在风险进行评估，这一过程可能会持续较长时间。

（二）英国商人的礼仪

1. 见面礼仪

初次见面时，通常会握手。握手力度适中，时间不长，并且会保持眼神交流和微笑。在正式场合，会称呼对方的头衔加上姓氏，如“Mr. Smith”“Dr. Johnson”等。如果是比较熟悉的商业伙伴，可能会用比较轻松的问候语，像“How are you today?”（你今天过得怎么样?）。

2. 着装礼仪

英国商人非常注重着装。在商务谈判场合，男士一般会穿着深色的西装、搭配领带和皮鞋，整体造型整洁、得体。女士通常会选择套装或者连衣裙，颜色和款式也比较端庄。这种着装风格体现了他们对商务场合的尊重和专业性。

3. 沟通礼仪

在谈判过程中，他们说话声音适中，语速平稳。会认真倾听对方的观点，并且在表达自己的想法时，逻辑清晰、条理分明。例如，在阐述一个复杂的商业方案时，会按照先介绍背景、再说明目标、最后阐述具体措施的顺序进行讲解。同时，他们比较注重语言的规范性和准确性，避免使用模糊或粗俗的语言。

（三）英国商人的禁忌

1. 避免过于随意的行为和语言

在商务谈判中，英国商人不喜欢过于随意的姿势，如跷二郎腿或者身体过度倾斜。在语言方面，避免使用俚语或过于口语化的表达，除非双方关系非常熟悉。因为他们认为这些行为和语言不符合商务场合的正式性和专业性。

2. 不要催促对方做决策

由于英国商人决策过程比较谨慎，所以不要试图催促他们快速做出决定。这种催促可能会被视为不礼貌，甚至会让他们对合作产生疑虑。比如，频繁地问“Can you make a decision now?”（你现在能做个决定吗?）这样的问题是不合适的。

3. 注意话题选择

避免涉及一些敏感话题，如宗教、政治观点等。英国社会在这些方面比较多元，不同人可能有不同的观点，谈论这些话题容易引发争议和不愉快。最好选择一些比较安全的话题，如，天气、体育(尤其是足球、板球等英国传统体育项目)、文化艺术等。

二、德国商人的谈判风格、礼仪与禁忌

(一) 德国商人的谈判风格

德国商人的特点是倔强、自信、自负，办事刻板、严谨、富有计划性，注重工作效率，追求完美，具有很强的竞争性。

德国商人对商业事务极其谨慎，对人际关系也正规刻板，拘于形式礼节。特别是在德国北部，商人极其喜欢彰显自己的身份地位，对有头衔的人一定要称呼头衔，在交谈中，避免用昵称、简称等不正式的称呼。在起初的几次会面中，德国人较拘谨和含蓄，甚至略显生硬，但不等于说他们没有人情味，他们实际上很亲切，容易接近，只是需要时间来熟悉对方。一旦建立商务关系且赢得他们的信任后，便有希望长期保持良好的关系。因为德国商人求稳心理强，不喜欢“一锤子”买卖。

德国人时间观念很强，非常守时，公私事皆如此。所以在商业谈判和交往中十分忌讳迟到，对迟到者，德国人几乎毫不掩饰他们的不信任和厌恶。勤奋、敬业是德国企业家的美德。在德国，企业家一般既是企业的所有者又是管理者，工作积极、一心一意、执着投入。在欧洲，德国人工作时间较长，8 点以前上班，有时要晚上 8 点下班。

德国商人谨慎保守，但办事雷厉风行，考虑事情周到细致，注重细枝末节，力争任何事都完美无缺。在谈判前，他们要收集详细的资料，准备工作做得十分周密。不仅包括产品性能、质量，还包括对方的业务开展情况、银行资信及经营组织状况等，他们都了解得很清楚，充分的准备使他们在谈判一开始便占据主动，谈判思维极有系统性、逻辑性。为此，对方也应有准备，尤其对产品技术等专业性问题，要能够随时应答德国商人详细的质询，假如遇到一个事前不充分准备，谈判时思维混乱的对手，德国商人一般会表示出极大的不满和反感。

德国商人自信而固执，他们对本国产品极有信心，在谈判中常会以本国的产品为衡量标准。德国企业的技术标准相当严格，对出售或购买的产品都要求很高的质量。因此，只有让德国商人相信你的产品能够符合交易规定的高标准，他们才会与你做生意。德国商人的自信与固执还表现在他们不太热衷于在谈判中采取让步的方式。他们考虑问题周到系统，缺乏灵活性和妥协性。他们总是强调自己的方案的可行性，千方百计迫使对方让步，常常在签订合同之前的最后时刻还在争取使对方让步。

德国人素有“契约之民”的雅称，他们崇尚契约，严守信用，权利与义务的意识很强。在商务谈判中，他们坚持己见，权利与义务划分得清清楚楚，涉及合同的任何条款，他们都非常细心，对所有细节认真推敲，要求合同中每个字、每句话都准确无误，然后才同意签约。德国商人对交货期限要求严格，一般会坚持严厉的违约惩罚条款，外国商人要想成功地同德国人打交道，就得严格遵守交货日期，可能还要同意严格的索赔条款。德国人受宗教、法律等因素影响，比较注意严格遵守各种社会规范和纪律。在商务往来中，他们尊重合同，一旦签约，他们就会努力按照合同条款一丝不苟地执行，不论发生什么问题都不会轻易毁约，而且签约后，他们对交货期、付款期等条款的更改要求一般不予理会。

（二）德国商人的礼仪与禁忌

德国商人注重礼节，社交场合中握手随处可见，见面与告别时行握手礼应有力。与德国商人约会要预约，一定要准时到场。德国谈判者的个人关系是很严肃的，因此不要和他们称兄道弟。他们极重视自己的头衔，当与他们一次次握手、一次次称呼其头衔时，他们必然格外高兴。穿戴也勿轻松随便，有可能的话，在所有场合都应穿西装。交谈时不要将双手插入口袋。如果德国商人坚持要做东道主，可以愉快地接受邀请。应邀去私人住宅用晚餐或参加聚会时，应随身携带鲜花、香槟等礼物。习惯上，就餐前说"Cutten appetit"（好胃口）。主人举杯祝酒后方可喝酒水。如果有人向你举杯，你应在随后的就餐期间回敬答礼。就餐期间，双手要放在桌面上，直到最后一位客人用餐完毕并上过咖啡和白兰地后，才能吸烟。客人要在晚餐或聚餐临近尾声时，主动提出告辞，不要逗留过晚。

谈判时，穿着要整洁，举止要得体，处事要克制，不要主动提出没有依据的观点。在谈判时切忌迟到。德国人在称呼对方时，常常在对方的姓氏之前冠以"先生""夫人"或"小姐"。对博士学位获得者和教授，则在其姓氏之前添加"博士""教授"。因此，知道谈判对手的准确职衔很重要，要在会谈中重视并以职衔相称。

谈判时语气一般比较严肃，不会用开玩笑的方式打破沉默。他们希望人与人之间保持距离，直到谈判有结果为止。但年轻的德国商人则随和一些，比较小型的会议也能使气氛轻松一些。

德国商人素来讲究效率。他们作风果断，厌恶谈判对方的支支吾吾、模棱两可和拖拉推诿，忌讳与他们闲聊。

三、法国商人的谈判风格、礼仪与禁忌

（一）法国商人的谈判风格

法兰西民族天性乐观、开朗、热情、幽默，极富有爱国情怀和浪漫主义。与作风严谨的德国人相比，法国人更注重生活情趣，他们具有浓郁的人情味，非常重视互相信任的朋友关系，并以此影响生意。在商务交往上，法国人往往凭着信赖和人际关系去进行，在未成为朋友之前，他们不会同你进行交易，而且习惯先用小生意试探。

法国公司以家族公司起家的较多，因此讲究产品特色，但不大重视以大量生产的方式来降低产品成本。法国人一般不轻易逾越自己的财力范围，也不像日本人那样努力地做成大笔生意。法国公司的组织结构简单，自上而下的层次区别不多，重视个人力量，很少集体决策。从事谈判也大多数由个人承担决策责任，并能够迅速决策。

法国人生活的节奏感十分鲜明，工作时态度认真投入，讲究效率，休息时总是痛痛快快地玩一场。他们很会享受生活，十分珍惜假期，会毫不吝啬地把一年辛苦工作积累下来的钱在度假中花光，绝不愿意像德国人那样为了公司业务而牺牲自己的节假日。通常 8 月是法国人的假期，这个时候不要去打扰他们，不然会引起对方的反感。法国不仅 8 月份开展不了什么业务，甚至 7 月末的生意也可能被搁置。对美酒佳肴，法国人也十分看重。与其他国家不同的是，热情的法国人将家庭宴会作为最隆重的款待。但是，绝不能将家庭宴会上的交往视为交易谈判的延伸。一旦将谈判桌上的话题带到餐桌上来，法国人会极为不满。

与一本正经的德国商人相比，在谈判过程中，法国人不喜欢自始至终只谈生意，他们乐

于谈判开始时，聊一些社会新闻、文化方面的话题，以营造一种轻松友好的气氛，否则将被视为“枯燥无味的谈判者”。

法国人偏爱横向谈判，谈判的重点在于整个交易是否可行，而不重视细节部分。对契约的签订，法国人似乎过于“潇洒”。在谈妥主要问题后便急于签约，他们认为具体问题可以日后再商讨或是今后发现问题时再修改也无关紧要。所以，时常发生昨天才签约合同，到明天就可能修改的事便不足为奇了。法国人这种“边跑边想”的做法总让对手很头疼，也影响合同的履行。所以，即使是老客户，和法国人谈判最好尽量将各种条款及其细节反复确认，否则难免有误会或改约、废约等不愉快的事情发生。总的来说，法国商人还比较注重信用，一旦合同建立，会很好地执行。

法国人十分热爱自己的语言和传统文化，在商务洽谈中多用法语，即使英语说得很好，他们也坚持用母语，法国人也会坚持用法语起草文本。有时对手不得不坚持用两种文字，并且商定两种文字的合同都具有同等效力。

（二）法国商人的谈判礼仪

1. 见面礼仪

法国人在商务场合见面时，通常会先进行简单的问候，如“Bonjour（你好）”。握手是常见的见面礼节，握手力度适中，并且会有短暂的眼神交流。同时，他们也很注重亲吻礼，不过亲吻的次数和方式因地区而异，一般在脸颊两侧各亲吻一次或两次，不过这种亲吻礼通常用于比较熟悉的商业伙伴之间。交换名片在法国商务谈判中也很重要。在交换名片时，要用双手递出名片，并稍微介绍一下自己的公司和职位。接到对方名片后，应该认真看一下，表示尊重。

2. 着装礼仪

法国商人非常注重着装，他们的穿着风格通常比较时尚、精致。在商务谈判场合，男士一般会穿高质量的西装，搭配色彩协调的领带、衬衫和皮鞋，整体造型注重细节。女士则会选择优雅的套装、连衣裙或者时尚的裤装，搭配适当的首饰和高跟鞋，展现出品味和专业形象。

3. 沟通礼仪

法国人很重视自己的语言，在商务谈判中，即使双方都会说英语，他们也可能希望先用法语交流。如果谈判人员能够使用一些简单的法语问候语或商务词汇，会给对方留下好印象。在表达观点时，他们的言辞比较优美，注重逻辑和修辞。

法国人在谈判过程中会认真倾听对方的观点，但也会积极地表达自己的想法。他们在回应时，可能会带有一定的热情和情感色彩，与德国人的严谨风格有所不同。并且在讨论过程中，他们很注重互动，会频繁地提出自己的见解和建议。

4. 餐饮礼仪(如果涉及商务宴请)

在正式的商务宴请中，座位安排有一定的讲究。通常会根据身份、地位或者主宾关系来安排座位，最重要的客人会坐在主人的右侧。

法国人用餐时的礼仪较为复杂。例如，正确使用餐具，刀叉的摆放有特定的含义。用餐过程中，应该保持优雅的姿势，细嚼慢咽。而且法国美食文化丰富，品尝葡萄酒等饮品时也有相应的礼仪，如品尝葡萄酒时，应该先观察颜色、闻香气，再品尝味道。

（三）法国人的谈判禁忌

1. 避免忽视礼仪细节

在法国商务谈判中，礼仪细节非常重要。忽视问候、握手、亲吻礼等见面礼仪，或者着装不得体，会被视为不尊重对方，可能会影响谈判氛围和结果。

2. 不要过于直接和生硬地谈判

法国人不喜欢过于直接、强硬的谈判风格。与他们谈判时，避免像在一些其他国家，如美国，那样开门见山地谈价格或合同条款，而应该先进行一些友好的交流，建立融洽的氛围。如果谈判方式过于生硬，可能会引起他们的反感。

3. 注意话题选择

避免谈论一些可能引起争议的话题，如政治、宗教等敏感话题。法国人有自己强烈的观点，在这些话题上可能会产生分歧，从而影响商务关系。可以选择谈论文化、艺术、旅游、美食等比较轻松愉快的话题。

4. 避免不尊重法国文化和产品

法国人对自己的国家文化和产品有很高的自豪感。在谈判过程中，不要贬低法国的文化、历史、美食或产品。例如，不要说一些对法国葡萄酒、时尚品牌等不利的话，否则会让对方感到不悦。

课堂讨论 11-1

中国不同的地域因为文化差异也形成了很多地域型的谈判风格，那么，你们都了解哪些地区的谈判风格、礼仪与禁忌呢？

第三节　美洲商人的谈判风格、礼仪与禁忌

一、美国商人的谈判风格、礼仪与禁忌

（一）美国商人的谈判风格

1. 干脆直爽、不兜圈子

由于美国是一个比较年轻的国家，加之其经济大国地位的影响，使得美国人充满自信和优越感，在谈判桌上气势逼人。在实际谈判过程中，他们精力充沛，头脑灵活，会在不知不觉中将一般性交谈迅速引向实质性谈判，并且一个事实接着一个事实地讨论，直爽利落，不讲客套话，并总是兴致勃勃。对谈判对手的直言快语，不仅不反感，而且很欣赏。由于美国人这种干脆的态度，与美国人谈判时，表达意见需要直接，“是”与“否”必须清楚。如果美国谈判人员提出的条款、意见是无法接受的，就必须直截了当地拒绝，不能回答得模棱两可，使对方抱有希望。

2. 重视效率、速战速决

美国商业经济发达，生活节奏极快，造就了美国商人信守承诺、尊重进度和期限的习惯。

在国际商务谈判过程中,许多美国谈判者约好时间,走到办公室,坐下来就谈正事。他们认为直截了当就是效率,是尊重对方的表现,这表明自己知道对方很忙,不愿意浪费对方的时间。在谈判过程中,最成功的谈判人员就是能熟练地掌握把事务用最迅速、简洁、令人信服的语言表达出来的人。他们十分重视办事效率,尽量缩短谈判时间,力争使每一场谈判都能速战速决。如果谈判一旦突破其最后期限,谈判很可能破裂。除非特殊需要,同美国人谈判的时间不宜过长。

3. 追求实利、崇尚能力

美国商人在谈判活动中讲究谋略。对此,美国商人丝毫不加掩饰。不过由于美国商人对谈判成功充满自信,所以,总希望自己能够战胜高手,即战胜那些与自己一样精明的谈判者。在这种时候,他们或许会对自己的对手肃然起敬,其心情也为之振奋不已。

美国人喜欢自由自在的生活方式,不太受权威与传统观念的影响。他们相信,一个人主要凭借个人努力和竞争去获得理想的社会地位。在他们眼中,这是一个允许失败,但不允许不创新的社会。所以,美国人对角色等级和协调的要求较低,更尊重个人作用和个人在实际工作中的表现。

美国崇尚个人主义、能力主义的企业文化模式,使好胜而自我表现欲很强的美国谈判者乐意扮演"牛仔硬汉"或"英雄"的形象,在谈判中表现出一种大权在握,能自我掌握命运的自信姿态。在美国人的谈判队伍中,很少见到大规模的代表团,除非谈判非常复杂,而且对公司的未来至关重要,代表团人数一般不会超过七人,甚至单独一个人也不奇怪。即使是有小组成员在场,谈判的关键决策者通常也只有一两个人,遇到问题,他们往往有权做出决定,"先斩后奏"之事时时发生。但不要以为美国人的集中决策过于简单、匆忙,实际上,为了能干脆、灵活地决策,美国谈判者通常都会在事先做充分、详细、规范的资料准备。在谈判中,他们认真仔细的程度不亚于他们的日本同行。

4. 重视契约、一揽子交易

美国是商业文明高度发达的国家,他们将不以人际关系为转移的契约作为保障生存和利益的有效手段,形成了重视契约的传统。作为一个高度法制的国家,人们习惯于通过法律途径解决矛盾纠纷。在商业活动中,保护自己利益最公平、妥善的方法便是依靠法律,通过合约来约束保证。

美国商人受美国经济大国的地位所影响,在谈判方案上喜欢搞全盘平衡,一揽子交易。所谓一揽子交易,主要是指美国商人在谈判某一项目时,不是孤立地谈它的生产或销售情况,而是将该项目从设计、开发、生产、工程、销售到价格等一起洽谈,最后达成一揽子交易方案。

虽然美国谈判人员普遍具有上面所说的共同特点,但是美国地域宽广、种族众多,不同地域的美国人的处事方式和商业习惯或多或少有些差异,谈判人员在正式谈判之前有必要分别进行研究,这样才能在谈判中更加得心应手。

(二)美国商人的谈判礼仪与禁忌

跟美国商人在一起时,不必要过多地握手与讲客套话,他们大多性格外向、直爽热情。美国商人即使昨天还是未见过面的陌生人,今天一见面就会立刻显露出仿佛有多年之交的老朋友亲热,直呼其名,甚至当天就可以做成一笔生意。美国商人见面与离别时,都面带微笑地与在场的人们握手。彼此问候比较随便,大多数场合下可直呼其名。对年长者和地位高的人，在正式场合下，则使用“先生”“夫人”等称谓，对婚姻状况不明的女性，不要冒失地称其为夫人。比较熟识的女士之间或男女之间会亲吻或拥抱。美国商人习惯保持一定的身体间距，交谈时，彼此站立间距约 0.9 米，每隔 2 至 3 秒有视线接触，以表达兴趣、诚挚和真实的心理状态。他们的时间观念很强，约会要事先预约，赴约要准时。美国商人喜欢谈论有关商业、旅行方面的内容以及当今潮流和世界大事，喜欢谈政治，但不乐意听到他人对美国的批评，因此，最好对他们多听少讲。在美国，多数人随身带有名片，但是，他们的名片通常是在认为有必要时才会进行交换。因此，美国商人在接收别人的名片时往往并不回赠。不管是否有人在场，都不要与女士谈论有关她个人的问题，如婚姻状况等。

一般性的款待在饭店举行。小费通常不包括在账单里，一般是 15%。进餐时，宾主可以谈论生意。餐巾一般放在膝上，左手经常放在腿上，他们认为把肘部放在餐桌上是不文雅的举动，当然不少美国商人也不介意。美国商人有着不同的文化背景，也反映在丰富的食品上，他们重视健康，会进食大量蔬菜和水果，同时，牛肉、猪肉和鸡肉也是大众化肉食。

美国商人在周六、周日休息，此外，法定假日有元旦、感恩节、哥伦布日等，不宜在这些时间找美国商人洽谈。美国商人进入谈判时总是充满信心，只简单寒暄几句就进入正题，答复明确肯定。因此，谈判时不要过于低估自己的能力，需要保持自信心，不然会令对方瞧不起。

二、拉美商人的谈判风格、礼仪与禁忌

拉丁美洲是指美国以南的美洲地区，包括墨西哥、中美洲和南美洲，共有 30 多个国家。大部分拉美国家，受历史因素的影响，经济比较落后，经济单一化严重，贫富两极分化明显。虽然如此，但是拉美国家的商人都以自己悠久的传统和独特的文化而自豪，他们反对甚至痛恨那些发达国家的趾高气扬、自以为是的态度，不愿意听北美人或欧洲人教训式的谈话，他们总是希望对方能在平等互利的前提下进行商务合作，他们希望对方尊重他们的人格，尊重他们的历史。

（一）拉美商人的谈判风格

拉美商人的性格比较开朗、直爽，与处事敏捷的北美商人不同，拉美商人比较悠闲、恬淡，比较放得开。拉美国家的假期很多，如秘鲁的劳动法就规定，工作一年，可以请一个月的带薪假期。往往在一笔生意商谈中，洽谈的人突然请了假。因此，谈判不得不停下来，其他国家的商人需要耐心等待洽谈的人休完假归来，洽谈才能继续进行。所以，同拉美人谈生意，必须放慢节奏。

在与拉美人进行商务谈判过程中，感情因素显得很重要。彼此成为知己之后，你如果有事拜托他们时，他们会毫不犹豫地为你优先办理，并充分考虑你的利益和要求。这样，的洽谈自然而然会顺利进行下去。

在拉美历史上，政变曾经十分频繁，即便发生了政变，人们也不会紧张骚动。政变对一般的商业交易几乎没有影响，一旦涉及政府交易，影响则不可轻视。

在商务活动中，拉美商人有不遵守付款日期、无故延迟付款的情况。正如一位银行家所说的那样，他们是会付货款的，只是生性懒散，不把当初约好的付款日期当回事而已。

由于大多数拉美国家属于发展中国家，商品在国际市场上缺乏竞争力，因而造成国家的进口大于出口，外汇比较紧张。所以，拉美国家大多采取了奖出限入的贸易保护主义政策。

拉美国家的教育水平较低，能够管理业务的经理人才不多，有的商人对信用证付款的观

念薄弱，甚至还有商人希望同国内交易一样使用支票付款。因此，交易时应注意寻找靠得住的对象，确保谈判成功，降低风险。

在拉美做生意，至关重要的是寻找代理商、建立代理商网络。大多数拉美国家普遍存在代理制度。如果当地没有代理商，做生意时会困难重重。虽然你可以向这些国家派驻代表，但他们同样必须与当地代理商打交道。外国人在拉美的首次谈判很可能发生在与期望成为其代理商的拉美人之间。在选择代理商时必须非常谨慎，要仔细审查，看其是否符合开展业务的需要。如果不慎选中了一个不合格的代理商，日后想摆脱他就会遇到很大的麻烦。因为大多数拉美国家的法律保护当地的代理商，禁止随便解雇他们，即使可以解雇，雇主也必须赔偿由于其“任意”解雇而给代理商造成的损失。选定代理商后，必须与其签订代理合同，在合同中明确规定双方的权利与义务，更为重要的是，应该详细清楚地规定代理权限，以免日后发生纠纷。

（二）拉美商人的礼仪与禁忌

拉美各国的商人，有相同点，也有着不同点。巴西人酷爱娱乐，他们不会让生意妨碍其享受闲暇的乐趣。当举世闻名的巴西狂欢节来临之时，千万别去与拉美人谈生意，否则会被视为不受欢迎的人。巴西人重视与个人的良好关系，他们愿意和自己喜欢的人做生意。

阿根廷人比较正统，非常欧洲化。他们在同你一见面时就会不停握手。阿根廷商人会在商谈中不厌其烦地与对方反复握手。

哥伦比亚、智利、巴拉圭人非常保守。他们穿着讲究，谈判时服饰正规，也特别欣赏彬彬有礼的客人。

厄瓜多尔人和秘鲁人的时间观念不强，他们大多不遵守约会时间。但作为谈判另一方，在这点上千万不能“入乡随俗”，而应遵守时间、准时出席。

分析案例11-1

合同执行问题的谈判

美国某公司向中国石家庄某公司出口了一套电视生产设备，安装调试的结果一直不理想。一晃时间到了圣诞节，美国专家都要回国过节。于是生产设备均要停下来，玻璃的熔炉也要保温维护。美方人员过节是法定的，中方生产停顿是有代价的，两者无法调和。

美方人员走后，中方专家自己研究技术问题，着手解决问题，经过一周的日夜奋战，他们将问题最大的成型机调试好了，可以生产出合格玻壳。当美方人员过完节，回到中方工厂已是三周后了。美方人员一看到工厂的玻壳，十分惊讶，问“怎么回事？”当中方人员告诉美方人员自己已调通设备后，美方人员转而大怒，认为：“中方人员不应动设备，应该对此负责任。”并对中方对外签约的外贸公司提出严正交涉：“以后对工厂的生产设备将不承担责任，若影响其回收货款还要索赔。”

1. 你如何看待美方人员的意见？如何看待中方人员自己调试设备的行为？
2. 中方人员面对美方人员的立场会如何回答？最终谈判结果应如何？
3. 整个履约过程的安排是否出了什么问题？

（资料来源：龚荒. 商务谈判与沟通：理论、技巧、案例[M]. 北京：人民邮电出版社，2022.）

第四节　亚洲商人的谈判风格、礼仪与禁忌

一、日本商人的谈判风格、礼仪与禁忌

（一）日本商人的谈判风格

1. 团队精神或集团意识强

单个日本人与其他民族的人相比，在思维、能力、创新精神或心理素质方面往往都不见得出类拔萃。但是，日本人一旦结为一个团体，就能发挥强大的团队力量。日式企业，决策往往不是个人所决定的，而是在公司内部反复磋商，凡是相关的人员都具有发言权。企业高层领导通常派项目负责人整理资料，集中各方的意见，然后再做出决策。谈判内部分工明确，每个人都有发言决策权，他们实行谈判共同负责制。在谈判过程中常常会遇到这样的情形：碰到日方谈判团事先没有准备过或内部没有协商过的问题，他们很少立马下决定，而是需要在内部进行协商后才给予答复。集体观念使日本人不太欣赏个人主义和自我中心主义的人，他们往往率团前去谈判，同时也希望对方也能派出相对等的人数参加谈判。

2. 彬彬有礼地讨价还价

日本人非常注重礼仪，说话谦逊恭敬，对于年长者、地位级别高的人会尤其注意用语和措辞。在国外，他们尊重所有国家和地区的礼节和习惯。在谈判过程中，日本人的报价往往水分很大，然后再经过漫长的讨价还价过程以实现成交。所以，对日本商人的报价要特别留心，要认真做好比较工作，做到心中有数。相反，日本人在还价时往往杀价较狠，但只要你拿出有说服力的资料或证据，他们还是愿意接受的。不要担心日本人杀价过狠从而动摇谈判的信心。

3. 固执、坚毅、不轻易妥协

在国际商务谈判中，日本人几乎毫不退让地坚持原有条件。一次又一次地商谈，他们始终重复原有的主张，提出同一个目标，日本人谦恭的外表下隐藏着不屈服的决心。不到最后时刻，只要能找到一点办法，他们就认为有可能突破敌阵。日本人的这种耐心和固执己见，不仅是终身雇佣制度的结果，或许还与他们相信坚持不懈就能克服多重障碍，不屈不挠会使得谈判对手厌倦并最终妥协有关。

4. 保持沉默，静观事态发展

在许多场合，日本谈判者不愿率先采取行动并表明自己的意图，因此会长时间保持沉默，采取静观事态发展。在遇到出乎意料的问题时，日本人对任何要求都不作答复。日本人认为“沉默是金”“祸从口出”，只要沉默就可避免麻烦，他们多半回答：“这是一个很好的问题，反过来我想问一下你是怎样认为的？”有时他们也会摇摇头，微微一笑说，“对整个问题我一点也不明白”“实际上我也搞不清楚”；或者“此事还是问一下别人为好”。日本人在故作镇静、掩盖事实和感情方面是很高明的，他们把能否将心事不表露在脸上而隐藏在内心作为衡量谈判者是否成熟的标志。

5. 注重最后期限，有耐心

日本谈判者特别有耐心。他们认为，不耐烦是一个人的严重缺点，只要耐心等待肯定会有效果，许多合同、协议都是在最后期限签订的。因此，日本谈判者大多会通过各种渠道千方百计地打探谈判对手的最后期限。在谈判过程中，日本谈判者为使对方放弃自己的条件，使用的最好办法就是把对方逼到墙角，使对方没有时间再拖下去。因此，同日本谈判要保持冷静，表明自己有充裕的时间。

6. 重视贸易的长远效应

日本人在国际商务活动中，重视销售额远胜于重视利润，很注意规模效益，喜欢薄利多销，把提高市场占有率放在首位。他们善于在国际贸易中运用"吃小亏占大便宜"和"卡关键、放长线、钓大鱼"等经营策略。对此，交往中一定要保持头脑清醒，冷静分析，不要为小利而冲动，要全面长远地进行权衡。特别是大型商务谈判，必须对他们埋下的伏笔十分敏锐，万分小心，尽可能周密。例如条件问题、维修问题、综合配备因素以及结算货币等多个方面都要考虑到。

7. 重视相互信任和相互尊重

日本人倾向于信任与尊重的道德观，往往把合同视为一份婚约而非商业协议。他们非常重视相互的信任与尊重。如果在商务谈判中，你把律师带去，日本人会认为这是不信任的表现，反而会增加谈判的阻力，唯一的途径是消除怀疑心理，营造出一种相互信任的气氛。当合同双方发生争执时，日本人通常不选择通过法律这条途径。因为在日本漫长的历史中，不是靠法律而是求助权贵的仲裁来解决争端的。与日本人进行交易，不能一接触就谈生意，往往要花费大量的时间用于开场白，强调诚意和对方的好处，这些诚意要反复强调，并贯穿整个洽谈过程中。

8. 等级观念根深蒂固，重视尊卑秩序

日式企业大多数是年功序列制，除了考虑职员的能力之外，还非常重视职员的工作年限，即看重职员的工作经验，公司的领导层基本都是在企业工作了10年以上的老员工。企业内部非常重视尊卑秩序，对地位高的领导层，尤其注重与其对话的用词与姿势。在商务谈判过程中，他们不愿意相信年轻的对手，认为他们能力不够，也没有真正的决策权。他们更希望对手能够派出和他们地位对等的决策人员进行谈判。在日本，女性在职场的地位相对较低，由于受产假、育儿等因素影响，女性职位提升的速度没有男性快，在企业的决策层里很少看到女性的身影。此外，很多婚后的女性，为了家庭而放弃工作的情况也非常常见。日本传统观念认为，女性最主要的职责是相夫教子，她们的成功不是在职场，而是把家里打理得井井有条，能够做到完全不让丈夫操心。所以，日本人不喜欢在谈判的场合看到女性，他们会表现出对其能力的怀疑和不信任。利用日本人尊老敬长的心理，与日方代表谈判时，派出场的人员最好官阶、地位都比对方高一级，这样从对话、谈判条件、人际相处等方面均有利于谈判的进行。

9. 重视人际关系

日本商人善于把生意关系人性化，他们通晓如何与谈判对方不同层次的人交际，从而探明情况、研究对策、施加影响、争取支持。并且日本谈判人员总是善于创造机会，与谈判对手的关键领导拉关系。在谈判中，日本人尽力避免直接争论，因为在激动时会说出不得体的言辞，从而导致个人冲突，这对双方都不利。通常日本人不会直截了当地拒绝对手的建议，使对方难堪，他们总是老练地运用彬彬有礼和模棱两可的言辞来消除意见的分歧。日本商人在同外商进行初次商务交往时，喜欢先进行面对面的直接交流，而不喜欢通过书信交往。对找上门来的客商，他们则更倾向选择那些经熟人介绍来的。因此，在初访日商时，最好事先托朋友、本国使馆人员或其他熟悉的人介绍。

（二）日本商人的谈判礼仪与禁忌

日本人非常注重礼仪和服饰。在商务谈判时，一定要注意自身的穿着，最好所有的场合都穿着西装，也需要打理自己的发型和进行面部清洁。除此之外，女性需要化妆，以淡妆为宜。在日本传统文化中，如果女士素颜见人，被视为对对方的不尊敬。他们也非常注重称呼，一般喜欢称呼对方为“先生”“女士”，需要加在对方姓氏的后面，切忌直呼对方的姓名。如果直呼对方其名，会被认为是对他们的不尊重和非常不礼貌的行为。在正式谈判之前，日本人会和在座的每个人进行名片交换，交换名片时，他们会鞠躬 30 度并双手奉上，以表示尊敬。当接到日本人的名片时，不能随意放置，最好提前准备好名片夹保存好他们的名片。同时，也要把自己的名片递给日本人。当交换名片时，日本人会进行自我介绍，比如“我叫山田，请多指教”。这个时候，谈判对手也要在递给日本人名片时进行自我介绍，比如“我才要请您多关照，我叫杰克”。

日本商人通常在酒店或高级餐厅款待客人，他们会找一位地位级别较低的相关职员作为宴会主持人。宴会开始之前，首先由地位级别非常高的日方领导层致辞，致辞结束后，宴会所有人都需要干杯，这意味宴会的正式开始。之后是宴会的自由交流和喝酒的时间，日本人会在看到对方空杯时主动给其倒酒。反之，客人也可以给日方代表团倒酒，但是一定要注意倒酒的礼仪。比如，酒瓶要与对方的酒杯保持一定距离，不能触碰到对方的酒杯。宴会中途，会委托客人的代表进行致辞。在宴会尾声，作为东道主的日本人会再找一位日方领导层进行宴会即将结束的发言。最后，大家需要拍手，这意味着宴会的正式结束。日本商人除了注意宴会时的礼仪，在宴会结束后，还会当面向宴会的所有参与人员一一进行问候或者发送邮件进行问候，以此再次表示感谢。所以，在与日本谈判方一起参加完宴会后，需要积极主动向他们问候，从而增加他们的好感度，使他们感受到被尊重。

日语的用词非常复杂，尤其涉及正式场合的用语。日语中不仅有敬语，还有自谦语与礼貌语，不同的场景需要采用不同的措辞。比如，在介绍自己公司的业务时，需要用到自谦语；在说到对方公司事务时，需要用到敬语和礼貌语。因此，在用日语交谈时，一定要熟练掌握日方的用语习惯，或者找一位资深的翻译专家进行会议内容的翻译，从而避免在交谈中引起误解，增加谈判的成功率。

二、韩国商人的谈判风格、礼仪与禁忌

（一）韩国商人的谈判风格

韩国商人非常重视商务谈判中的准备工作。在谈判前，他们会千方百计对对方的情况进行咨询和了解。一般是通过海内外的有关咨询机构了解对方情况，如经营项目、生产规模、企业资金、经营作风以及有关商品的市场行情等。了解掌握有关信息是他们谈判前的前提条件。一旦韩国商人愿意坐下来谈判，就可以肯定他们早已对这项谈判进行了周密准备。

韩国商人很注重谈判礼仪。他们十分在意谈判地点的选择，一般喜欢在有名气的酒店、饭店会晤洽谈。如果由韩国商人选择了会谈地点，他们定会准时到达，以尽地主之谊；如果由对方选择地点，他们则会推迟一点到达。当进入谈判会场时，一般走在最前面的是主谈人或地位最高的人，多半也是谈判的决策者。

韩国商人重视在会谈初始阶段就创造友好的谈判气氛。他们一见面总是热情地打招呼，向对方介绍自己的姓名、职务等。就座后，若请他们选择酒水，他们一般选择对方喜欢的，以示对对方的尊重和了解。然后再寒暄几句与谈判无关的话题，如天气、旅游等，以此营造和谐融洽的气氛，之后才正式开始谈判。

韩国商人逻辑性强，做事条理清楚，注重技巧。谈判时，他们往往先将主要议题提出讨论。按谈判阶段的不同，主要议题一般分为五个方面：阐明各自意图、报价、讨价还价、协商、签订合同。对大型谈判，他们更乐于开门见山、直奔主题。在谈判时，韩国商人远比日本商人爽快。在不利的形势下，他们往往以退为进，稍微让步以战胜对手。在签约时，韩国商人喜欢用三种具有同等法律效力的文字作为合同的使用文字，即对方国家的语言、朝鲜语和英语。

（二）韩国商人的礼仪与禁忌

韩国商人见面时通常会稍鞠躬。呈递与接受名片时都要用双手。称呼人的习惯与中国人相同。交换礼物是常见的交往礼节，收到礼物后，不要当面打开，而且一定要回赠食品和小纪念品等礼物。饭店中一般没有收小费的习惯，服务费已包括在账单内。韩国人的个性中，既有爱面子、缺乏坦诚的一面，又有独立性强、讲话直率的一面。他们保留了东亚人的传统：爱面子。一个韩国人极不愿意说出“不”字来拒绝你。在阐述己方的情况时，不要过于咄咄逼人、言辞激烈或带有威胁性，关键在于应当冷静而有条理地叙述清楚，这样韩国人才有可能对你的建议做出有力的回应。韩国人不喜欢高声大笑和做出过分的姿态，也不喜欢喧闹的行为。虽然他们直言不讳，但也不喜欢太鲁莽的行为。他们珍视一种“内在”的气质。

一个习惯于同外国人打交道的有礼貌的韩国人，会一直听你讲话而不打断你。在他看来，他正在“操纵”你，也就是说，正在控制局面，他占有上风。可是，当他们急于进入更深一层的会谈或者他忍不住要以自己的理解方式来阐述某个观点时，他也会打断对方的话。这时候就不太注意面子，也不在意谁处于上风。打断谈话时，你也不要感到不快，这常常是好迹象，表明其心急，心急意味着真心希望谈判成功，达成交易。

如果韩国人找上门来洽谈某项交易，而你并不感兴趣，也不要直接表明你不喜欢。要记住韩国人对人的感情非常敏感，他们非常注意人们的反应和感情，也希望你与他们的感情协调起来。他们不愿意说“不”字来拒绝人家。同时，也不希望你说出“不”字来伤他们的面子。他们认为在与你说话的时候，尤其是与陌生人说话的时候，为了尊重对方，应让对方先把话说完，等对方说完以后，再表示自己同意与否。

与韩国人谈判时，最好找一个中间人做介绍。韩国是一个组织严密的社会，所有有影响的人物大家都熟悉，如果由其出面介绍与一家韩国公司接触，而不是贸然前去，那就先有了声誉。也可以请双方都尊重的第三者出面介绍。

韩国人经常是在不知不觉之中转入业务问题，应当予以警惕。开始时，可简明扼要地介绍一下将要讨论的问题。如果对方立即向你提出问题，也不要惊慌。这是一个好迹象，不要着急，考虑自己是否把话说清楚了，慢慢讲，逐步谈些细节，这些可能会引起对方的反应。谈判中间可能会有反复，因此要做好充分准备。

由于韩国在历史上屡遭侵略，因此韩国人的防卫意识很强，他们不想被人利用，韩国人也不希望你在他们国家待的时间比他们任务需要的时间长。因此，谈判结束后应当及时离开。

知识链接 11-2

日本商人说“Hi”的含义

一个到日本去谈判的美国商务代表团，直到他们要打道回府前，才知道贸易业务遇到了语言障碍，没有达成协议。在谈判价格的确定上，双方开始时就没有统一。谈判快要告一段落时，美方在价格上稍做了一点让步，致使日本方面的回答是“嘿!”。结束后美方如释重负地准备“打道回府”。但结果其实并非如此，实际上，日本人“嘿”，意味着“是，我理解你的意思(但还有隐含有‘我不一定认同你的意见’的意思)”。此外，日本商人常用“嘿”来回答对方并同时做出点头的姿势，这并不意味着日本商人认同了对方的意见，而是他们在表达自己非常认真地聆听了对方的说话内容，以此来表达自己对对方的尊敬。

沟通方式的差异容易引起误解，入乡随俗对涉外人员是很重要的。

(资料来源：蒋小龙. 商务谈判与推销技巧[M]. 北京：化学工业出版社，2015.)

第五节　大洋洲商人和非洲商人的谈判风格、礼仪与禁忌

一、澳大利亚商人的谈判风格、礼仪与禁忌

大洋洲包括澳大利亚、新西兰、斐济、巴布亚新几内亚等 20 多个国家和地区。居民多是欧洲各国移民，其中以英国和法国的移民后裔居多，多数国家通用英语。其中澳大利亚是大洋洲比较发达、较为重要的国家。以下我们将以澳大利亚为例进行介绍。

(一) 注重办事效率

通常，澳大利亚商人和约好的客人第一次见面时，简短寒暄过后，就着手进行商业谈判。澳大利亚商人在商务谈判中很重视办事效率，他们派出的谈判人员一般都具有决定权，同时也希望对方的谈判代表同样具有决定权，以免在决策中浪费时间。他们极不愿意把时间花在不能做决定的空谈中，也不愿意采用开始高报价，然后慢慢讨价还价的做法。他们采购货物时大多采用招标方式，以最低的报价成交，根本不给对方讨价还价的机会。

(二) 具有较强的时间观

澳大利亚的普通员工一般都很遵守工作时间，不迟到、不早退，但也不愿多加班，下班时间一到就会立即离开办公室。所以在预约商务谈判时，一定要在澳大利亚的工作时间进行联系，不要打扰他们的休息时间。

（三）签约谨慎

澳大利亚商人认为招待与生意无关，是两项活动，可以公私分明。所以与他们交往，不要以为在一起喝过酒生意就好谈了，恰恰相反，澳大利亚商人在签约时非常谨慎，不大容易签约，但一旦签约，也较少发生毁约现象。他们重视信誉，加上全国行业范围狭小，信息传递速度快，如果谈判中有不好的言行就会产生广泛的不良影响。

（四）精于谈判

澳大利亚人坦率直接，在谈判中擅长争辩，因此谈判者应该做好充分准备去应对澳大利亚人的质疑。澳大利亚人在谈判时的争辩是就事论事，并非挑衅或者有敌意，他们的话有时候可能会被东亚和东南亚人误认为很无礼。

澳大利亚人差异很大，有的善于表达，有的不善言辞，这取决于他们的族裔背景。例如，希腊裔或者意大利裔的澳大利亚人，较其父辈来自英国、伊朗和北欧的同伴，会使用更多的肢体语言，更大声说话或者更常常打断他人的话语。澳大利亚人是典型的比美国人使用更少和更小的手势的人。澳大利亚人的身体接触要比拉丁文化和地中海文化的少，但是比东亚和东南亚的要多。

二、非洲商人的谈判风格、礼仪与禁忌

非洲是面积仅次于亚洲的世界第二大洲，东临印度洋，西濒大西洋，北隔地中海与欧洲相望，东北角通过苏伊士运河与亚洲相连，地理位置十分重要。非洲大陆有 50 多个国家，近 6 亿人口，绝大多数属于发展中国家，人民健康水平低，卫生状况差，教育和福利水平落后，经济贸易不发达。

按地理习惯，非洲可分为北非、东非、西非、中非和南非五个部分。不同地区、不同国家的人民在种族、历史、文化等方面的差异极大。因而，他们的生活、风俗、思想等方面也各具特色。

（一）非洲商人的谈判风格

1. 注重人际关系

非洲商人在谈判中非常看重人际关系。他们往往希望先建立起友好、信任的私人关系，然后再谈生意。例如，在谈判开始前，可能会花较多时间互相问候家人、了解彼此的生活情况等。这种关系导向的谈判风格使得合作不仅仅基于商业条款，还基于双方之间的情谊。在谈判过程中，如果已经建立了良好的关系，他们可能会在条款上表现出一定的灵活性，愿意为朋友做出一些让步。

2. 节奏相对较慢

谈判节奏通常比较慢。这是因为他们注重交流的过程，希望充分了解对方和谈判内容。在讨论问题时，可能会反复询问细节，也会讲述自己的想法和情况，不会急于进入下一个议题。例如，在产品采购谈判中，对于产品的质量、性能、价格等方面都会详细询问，并且可能会结合当地市场的实际情况，和对方深入探讨如何更好地适应非洲市场。

3. 团队决策倾向

很多非洲国家的商业文化有比较强的集体主义倾向，在谈判决策过程中，往往不是个人

说了算，而是需要团队成员共同商议。这可能会导致决策过程相对复杂和耗时，因为需要考虑到团队中不同人的意见和利益。比如，在涉及重大合同谈判时，公司的高层领导、技术专家、市场人员等可能都会参与决策过程，从不同角度评估谈判内容。

（二）非洲商人的谈判礼仪

1. 见面礼仪

非洲商人见面时通常会有非常热情的问候方式。在许多非洲国家，握手是常见的见面礼节，而且握手的时间可能会比较长，同时伴有眼神交流和灿烂的笑容。在一些地区，还会有拥抱礼、碰肩礼等。

如果有长辈或者地位较高的人在场，会给予特别的尊重。例如，先向他们问候，在交流过程中也会注意使用尊敬的语言和姿势。交换礼物在非洲商务礼仪中也比较常见。礼物可以是具有本国特色的物品，如手工艺品等，这有助于增进双方的感情。

2. 沟通礼仪

非洲商人在沟通中语言比较生动，会使用丰富的肢体语言来辅助表达。他们在表达观点时，可能会比较委婉，不喜欢直接拒绝对方，而是通过一些暗示或者讲述困难来表达不同意见。在交流过程中，他们希望对方也能尊重非洲的文化和习俗。例如，在涉及宗教、部落传统等方面的内容时，要以尊重的态度对待。

3. 着装礼仪

非洲商人的着装因国家、民族和场合而异。在商务谈判场合，一般会穿着整洁、得体的服装。在一些较为传统的场合，可能会穿着具有民族特色的服装，如长袍、彩色的布料服饰等，这些服装也体现了他们的文化自豪感。

（三）非洲商人的谈判禁忌

1. 避免不尊重当地文化和宗教

非洲大陆文化和宗教多样，每个国家和民族都有自己的禁忌。例如，在一些以伊斯兰教为主的非洲国家，要尊重斋月等宗教习俗，避免在斋月期间在穆斯林面前进食或饮水。同时，对于当地的部落传统和信仰也要给予充分的尊重，不要做出亵渎或冒犯的行为。

2. 不要急于求成

由于非洲商人谈判节奏较慢，且注重人际关系，所以不要在谈判中表现得过于急切。急于求成可能会被认为是不尊重对方或者只关注利益，从而破坏良好的谈判氛围。

3. 注意沟通方式和话题选择

在沟通中避免使用居高临下或者傲慢的语气。同时，要注意话题选择，避免涉及一些可能引起争议的话题，如非洲国家的内部矛盾、贫困问题等。可以选择一些积极向上的话题，如当地的发展机遇、文化特色等。

◆内容提要

本章主要介绍了影响国际商务谈判风格的文化因素，对具有代表性的各个地域和国家的谈判风格、礼仪与禁忌进行了详细分析。

◆**关键词**

谈判风格 文化因素 礼仪 禁忌

◆**复习思考题**

1. 谈判风格的概念是什么?
2. 价值观对国际商务谈判行为的影响表现在哪些方面?
3. 欧洲商人具有哪些谈判风格?

◆**思考案例**

被邀请到家中谈判

中国某公司与阿拉伯某国的公司(简称“阿方”)谈判出口纺织品的合同。中方给阿方提供了报价条件,阿方说需要研究,约定次日9:30到某饭店咖啡厅谈判,9:20中方小组到了阿方指定的饭店,等到10点钟还未见阿方代表,咖啡已喝了好几杯了。这时有人提议“走吧!”,也有人抱怨:“太过分了。”中方组长说:“既按约至此,就等下去吧。”一直等到10:30,阿方人员才晃晃悠悠地来了,一见中方人员就高兴地握手致敬,但未说一句道歉的话。

在咖啡厅双方谈了一个钟头,没有结果,阿方要求中方降价。中方组长让阿语翻译告诉对方:按约定9:20来此地,我们已等了一个小时,桌上咖啡杯的数量可以做证,说明诚心和对方做生意,价不虚(尽管有余地)。对方笑了笑说,我昨天睡得太晚了,谈判条件难以接受。中方建议认真考虑后再谈。阿方沉思了一下,提出下午3:30到他家来谈。

下午3:30,中方小组准时到了他家,并带了几件高档丝绸衣料作为礼品,在对方西式的客厅坐下后,对方找来他的三个妻子与客人见面。三个妻子岁数不等,脸上没有平日阿拉伯妇女戴的面纱。中方组长让阿语翻译表示问候,并送上礼品。三位妻子很高兴,见过面后,就退了下去。这时,阿方代表说:“我让她们见你们,是把你们当朋友。不过,你们别见怪,我知道在中国是一夫一妻制。我还有权按规定再娶一个,等我赚到钱再说。”中方人员趁机祝他早日如愿,并借此气氛将新的价格条件告诉了对方。对方高兴地说:“中方说研究就拿出了新方案。”于是,他也顺口讲出了自己的条件。中方一听该条件虽与自己的新方案仍有距离,但已进入成交线。

翻译看着中方组长,中方组长很自然地说:“贵方也很讲信用,研究了新方案,但看来双方还有差距。怎么办呢?我有个建议,既然来了您家,我们也不好意思只让您让步,我们双方一起让步,如何?”阿方看了中方组长一眼,说:“可以考虑,但价格外的其他条件呢?”中方组长说:“我们可以先理清然后再谈价。”于是双方又把合同的产品规格、交货日期以及合同文本等详细看了一遍,确认、廓清和订正。阿方代表说:“好吧,我们折中让步吧,将刚才贵方的价格与我方价格进行折中成交。”中方组长说:“贵方的折中是个很好的建议,不过该条件对我方来说,还是过高些,我建议将我方刚才的价与贵方同意折中后的价进行折中,并以此价成交。”阿方大笑说:“贵方还真能讨价还价,看在贵方昨天等我一个小时的诚意上,我们成交吧!”于是他的手握住了中方组长的手。

(资料来源:龚荒.商务谈判与沟通:理论、技巧、案例[M].北京:人民邮电出版社,2022.)

问题:

1. 你如何看待中方人员对对方迟到的处理,为什么对方未就迟到一事而道歉呢?
2. 你如何看待阿方代表把中方人员请到家里谈判的做法?
3. 通过双方成交的过程,评价中方的准备工作。

◆应用训练

1. 训练背景：某日本石油企业计划将润滑油出口到韩国，通过中间人找到了一家较为合适的代理商，想要尽快完成后续的合作谈判。

2. 训练要求：以日本商人与韩国商人的谈判风格、礼仪与禁忌为基准，组成日方代表团与韩方代表团，进行商务谈判模拟。

3. 会谈主要内容：价格、产品种类、交货期、付款方式、运输方式等，各小组可自由添加。

参考文献

[1] 周中兴.商务谈判原理与技巧[M].南京:东南大学出版社,2003.
[2] 史蒂文·布拉姆斯,艾伦·泰勒.双赢之道[M].北京:中国人民大学出版社,2003.
[3] 金正昆.商务礼仪[M].北京:北京大学出版社,2005.
[4] 刘园,李魁,郑毅.国际商务谈判[M].北京:对外经济贸易大学出版社,2005.
[5] 周庆.商务谈判:实训课程[M].武汉:华中科技大学出版社,2007.
[6] 刘园.国际商务谈判[M].3版.北京:对外经贸大学出版社,2008.
[7] 汤秀莲.国际商务谈判[M].北京:清华大学出版社,2009.
[8] 张强.商务谈判理论:理论与实务[M].北京:中国人民大学出版社,2010.
[9] 杜宇.商务谈判[M].哈尔滨:哈尔滨工业大学出版社,2011.
[10] 方其.商务谈判:理论、技巧、案例[M].3版.北京:中国人民大学出版社,2011.
[11] 李雪梅,张弼.国际商务谈判[M].北京:清华大学出版社,2011.
[12] 孙平.国际商务谈判[M].武汉:武汉大学出版社,2011.
[13] 李品媛.现代商务谈判[M].大连:东北财经大学出版社,2011.
[14] 刘宏,白桦.国际商务谈判[M].大连:东北财经大学出版社,2012.
[15] 丁建忠.商务谈判[M].北京:中国人民大学出版社,2012.
[16] 王倩.商务谈判[M].北京:北京大学出版社,2013.
[17] 刘园.国际商务谈判[M].4版.北京:首都经济贸易大学出版社,2014.
[18] 王建明.商务谈判实践经验与技巧:对五十位商务谈判人员的深度访谈[M].北京:机械工业出版社,2015.
[19] 蒋小龙.商务谈判与推销技巧[M].北京:化学工业出版社,2015.
[20] 胡月英.商务谈判[M].长春:吉林大学出版社,2016.
[21] 李品媛.现代商务谈判[M].大连:东北财经大学出版社,2016.
[22] 丁宁.管理沟通:理论、技巧与案例分析[M].北京:人民邮电出版社,2016.
[23] 刘园.国际商务谈判[M].2版.北京:北京大学出版社,2016.
[24] 张守刚.商务沟通与谈判[M].北京:人民邮电出版社,2016.
[25] 聂元昆.商务谈判学[M].2版.北京:高等教育出版社,2016.
[26] 蒋小华.国际商务谈判[M].重庆:重庆大学出版社,2017.
[27] 徐文,谷泓,陈洁.商务谈判[M].3版.北京:中国人民大学出版社,2018.
[28] 杨再春,董晓东.商务谈判与推销技巧[M].2版.北京:高等教育出版社,2018.
[29] 张传杰,黄漫宇.商务沟通:方法、案例和技巧[M].北京:人民邮电出版社,2018.
[30] 白远.国际商务谈判:理论、案例分析与实践[M].5版.北京:中国人民大学出版社,2019.
[31] 惠亚爱,舒燕.沟通技巧与团队合作[M].3版.北京:人民邮电出版社,2019.
[32] 殷庆林.商务谈判[M].大连:东北财经大学出版社,2019.
[33] 莫群俐.商务沟通:策略、方法与案例[M].北京:人民邮电出版社,2019.
[34] 刘园.国际商务谈判[M].北京:对外经济贸易大学出版社,2020.
[35] 杨剑英,常军.商务谈判理论与实务[M].南京:南京大学出版社,2020.

[36] 王军华. 商务谈判与推销实务[M]. 2版. 北京：中国人民大学出版社，2020.
[37] 徐文，蔺子雨，王莉红. 商务谈判[M]. 4版. 北京：中国人民大学出版社，2021.
[38] 贾贵浩，赵秀玲. 商务谈判[M]. 上海：上海财经大学出版社，2021.
[39] 李爽，刘萍，杨辉. 商务谈判[M]. 北京：人民邮电出版社，2021.
[40] 李爽，刘萍，于湛波，张宇慧. 商务谈判[M]. 北京：清华大学出版社，2021.
[41] 李静. 商务谈判实务[M]. 北京：中国人民大学出版社，2021.
[42] 李逾男. 商务谈判与沟通[M]. 3版. 北京：北京理工大学出版社，2021.
[43] 刘宏，白桦. 国际商务谈判[M]. 大连：东北财经大学出版社，2021.
[44] 刘园. 国际商务谈判[M]. 3版. 北京：北京大学出版社，2021.
[45] 王军旗. 商务谈判：理论、技巧与案例[M]. 6版. 北京：中国人民大学出版社，2021.
[46] 白远. 国际商务谈判：理论、案例分析与实践[M]. 6版. 北京：中国人民大学出版社，2022.
[47] 龚荒. 商务谈判与沟通[M]. 北京：人民邮电出版社，2022.
[48] 刘园. 国际商务谈判[M]. 5版. 北京：中国人民大学出版社，2022.
[49] 谢红霞. 沟通技巧[M]. 4版. 北京：中国人民大学出版社，2022.
[50] 韦宏，陈家闯. 商务谈判与沟通技巧[M]. 3版. 北京：高等教育出版社，2022.
[51] 袁其刚. 国际商务谈判学[M]. 北京：高等教育出版社，2022.
[52] 郭秀君. 商务谈判[M]. 2版. 北京：北京大学出版社，2022.
[53] 田南生. 商务谈判与礼仪[M]. 北京：清华大学出版社，2022.
[54] 段淑梅，张晓. 商务谈判[M]. 3版. 北京：机械工业出版社，2023.
[55] 杜海玲，许彩霞. 商务谈判实务[M]. 4版. 北京：清华大学出版社，2023.
[56] 周娟美. 影响国际商务谈判的文化因素[J]. 华北工学院学报(社会版)，2003，19(3)：8-10.
[57] 陈莺. 中国“入世”后首起中美反倾销案胜诉始末[J]. 铸造技术，2004(4)：305-306.
[58] 左小平. 国际商务谈判中的文化因素[J]. 商业研究，2005(6)：23-25.
[59] 周春兵. 商务谈判技巧：充分领悟对方需求[J]. 理财，2006(4)：43.
[60] 董美友. 浅析文化差异对国际商务谈判行为的影响[J]. 中国多媒体与网络教学学报，2018(4)：112-113.
[61] 田佳琳. 论文化差异对国际商务谈判的影响[J]. 中国国际财经，2018(4)：8-9.
[62] 司延安. 文化差异视角下国际商务谈判的策略选择、影响与对策[J]. 湖北经济学院学报(人文社会科学版)，2021，18(2)：39-42.
[63] 武鹏翔，郭亚卿. 跨文化商务谈判中风俗习惯差异影响研究[J]. 企业改革与管理，2021(19)：217-220.
[64] 周婷，张歆莹. 文化差异对国际商务谈判的影响及对策研究[J]. 江苏商论，2022(1)：58-61.